郑州文化基因解码丛书

主编 叶光林

郑州地名历史文化故事

河南人民出版社

·郑州·

图书在版编目(CIP)数据

郑州地名历史文化故事 / 叶光林主编 . — 郑州 ：
河南人民出版社，2025. 1. -- ISBN 978-7-215-13433
-1

Ⅰ. K926.11-49

中国国家版本馆 CIP 数据核字第 20257SM931 号

河南人民出版社 出版发行

（地址：郑州市郑东新区祥盛街 27 号 邮政编码：450016 电话：0371-65788058）

新华书店经销　　　　　　河南新华印刷集团有限公司印刷

开本　710毫米×1000毫米　　　　1/16　　　　印张　19.5

字数　269 千

2025 年 1 月第 1 版　　　　　　2025 年 1 月第 1 次印刷

定价：68.00 元

本书编委会

主　　编:叶光林

副主编:秦贤卿　秦凤云　马　飞　韩玉斌
　　　　梁中彪　张桂周

序言

叶光林

郑州是河南省省会,国家历史文化名城,中国八大古都,历史悠久,文化灿烂。为进一步挖掘郑州地名文化内涵,弘扬传承郑州地名历史文化,讲好郑州地名历史文化故事,我们面向全市征稿,各区(县)市、市直单位、学校等广大干部群众踊跃参与,积极投稿,我们从中选取了59篇生动有趣的地名历史文化故事结集成册。

编辑出版《郑州地名历史文化故事》不仅是郑州市宣传文化工作"十大工程"的重点工作,也是我们学习贯彻习近平新时代中国特色社会主义思想的重要举措。本书收录的既有关于山川、河流、湖泊的历史文化故事,也有道路、村落、街区、建筑等历史文化故事,通俗易懂,生动有趣,多侧面、多角度地展现了郑州地名深厚的历史文化底蕴和优秀传统文化精神。

在编辑出版《郑州地名历史文化故事》的过程中,我们得到了有关部门的大力支持,尤其是得到了郑州市委党史和地方史志研究室的大力支持,得到了社会各界人士的鼎力相助,在此,我们表示衷心的感谢。同时,本书在编辑过程中,由于时间仓促,尚存不足之处,还望读者多加批评指正。愿《郑州地名历史文化故事》的出版,为传承郑州历史文化、展现郑州历史文化内涵、增强文化自信起到积极作用。

目 录

郑州地名历史文化故事

目录

百姓的心灵之塔

——情愫演绎二七纪念塔的设计与建造

1964 年的《河南日报》发出通告,在全省范围内公开征集"郑州二七纪念碑"设计方案……

是碑,不是塔! 这其后有一段充满郑州市民情愫的历史,"二七纪念塔"是老百姓口耳相传给叫出来的名字,在当年属于"非官方"。

现在矗立于二七广场的二七纪念塔是 1971 年建造的,但回顾这段历史需要再上溯 20 年。1951 年 11 月,郑州举办了城乡物资交流大会,就在这个时候郑州修通了北二七路(当时名为新市场街),修建了二七广场中的木塔,以此在物资大会中发挥宣传和导向作用,为大会招商引资,烘托氛围。塔高 21 米,宽 6 米,"发展经济 保障供给""城乡互助 内外交流"两个条幅饰于塔身,很是醒目。会后木塔留置于原地,成为郑州市街景的焦点。挺拔的木塔为二七广场增添了更多的肃穆,纪念意义在市民百姓心中油然而生,不知什么时候,口耳相传,木塔有了它的学名"二七纪念塔"。木塔终究是非永久性建筑,看着木质"纪念塔"在风雨中慢慢腐朽,1964 年,一位老工人写信给市领导,要求向武汉市学习,"建造一座真材实料的二七纪念碑"。郑州市政府将此事立即列入日程,到全国展开调研,并在《河南日报》上发出关于"郑州二七纪念碑"设计方案征集的公告。

公告一出,反响强烈,全省大专院校、设计院所投入创作,在很短的时间内征集到了一大批很具特色的设计成果。后经市政府反复挑选研究,河南省建筑设计院一位姓孟的工程师提交的设计"多棱体纪念碑"被确定为实施方案。可这时已经到了1965年年初，纪念碑改建工作因故延宕，后来又因"文化大革命"再无人谈及，就连征集到的方案也都荡然无存。

1968年，木塔出现严重安全隐患，原设计方案也跟不上当时的思想意识形态发展，郑州市建设局成立了设计组，提出几个改建方案，但争来议去，无人定稿。之前在全国开展纪念碑调研、参与此次设计的总工叶运奎被下放到新密（当时叫密县）劳动改造，因此建造又一次被搁置。

1971年，木塔在大雨滂沱的初夏颓然倒塌。全市人民议论声四起，万众瞩目。因为木塔虽非纪念二七所建，但早已化作二七的肖像、符号印刻在了那一代市民的心中。木塔一夜间遽然无踪，人们如同回家路上找不到路标与方向，内心充满茫然与空寂。就像亚历山大在1989年《建筑模式语言》中所讲："如果他们居住于其中的物质世界不能维系这种历史性因素，人们就不能维系他们精神上的根及其与往昔的关系。"

二七木塔存在的这20年，正是这座城市与城中百姓将二七这段本土历史内化成民族情深与乡土情怀的孕育过程，"二七纪念塔"是郑州市民精神文化的支撑。

1971年，真正的二七纪念塔拔地而起的时间到了。

这是因为二七纪念塔和期盼二七纪念性建筑重新屹立的广大市民遇见了两个重要人物。一个是出生于京汉铁路工人大罢工当年，接受过战火洗礼和俄罗斯文化熏陶，时任中共郑州市委第一书记的王辉；一个是"文化大革命"期间下放于河南，设计了中南海怀仁堂（改建）、北京首都剧场、北京电报电信大楼、中国驻波兰大使馆和北京国际饭店的北京工业建筑设计院、建筑部建筑设计院总建筑师——林乐义。

重建二七纪念塔，这一历史使命与机遇降临在时任中共郑州市委第一书记的军人王辉身上。下令重建，果敢刚毅的军人风范尽显无疑。后来，王辉老先生在对二七纪念塔设计与建造的一次次追忆中，强调要把两位二七烈士在此牺牲的壮烈场景和纪念塔的设计联系在一起。当时，他提出设计要求：一要有纪念意义，二要考虑城市规划,并主张建一个古老中有现代感的建筑。具体地讲:能代表"二七工运"的意义;能代表两位烈士;能成为永久性建筑;能成为郑州的标志。

设计的主导思想和立意都十分明确,但设计工作却几经周折。"文化大革命"期间,设计院所大多瘫痪解体,实力雄厚的河南省建筑设计院直接被迁到了荥阳。省会郑州各部门规划建筑设计人员前前后后共拿出了二十多个方案,书法家协会、美术家协会和市政协的美术工作者绞尽脑汁研究设计造型、制作模型,但大家对二七纪念塔的设计一直未能形成建筑表达上的共识。就在此时,时任郑州市市政公司负责人(原城建局局长)董耀荣推荐:听说北京有个著名建筑设计师林乐义,下放在河南,建议请他出手相助,参与创作。王辉立即寻找,把林乐义从当时下放的荥阳接到郑州,在碧沙岗旁西门对面,嵩山路友爱路交叉口附近给他腾出一间房子,请他主持二七纪念塔设计工作,且就此打开了二七纪念塔设计的新局面。

王辉在对林乐义谈设计意图时说:在二七广场抛头颅洒热血的烈士有两位,最好建成双塔;层数宜为 7 层,纪念"二七工运";把五角星形状套用进来,强调这是一处革命圣地;纪念"二七工运",塔上搞火炬;建筑要坚固。林乐义问:要坚固到什么程度? 王辉坚定地说"炮也打不倒"。一周后,林乐义的设计样图出来,王辉第一眼感觉到"矮了",达不到心里预期的壮观。当晚便登门找林乐义商讨,一起把方案改为 14 层。在整个设计过程中,郑州地方上的设计师,主要从事图纸清绘和结构设计上的事务。据当年作为青年技术员、担任林乐义助手并参与设计的胡诗仙介绍:在双塔首端设置两座钟亭,在钟亭上方再用巨大的旗杆收拢,实行二元归一,形成一个针点,是林乐义的建议;双塔底部设置三层阅台,参见天安门广场上的人民英雄纪念碑的台基是三层、天坛的台基也是三层,这是纪念、祭祀建筑的最高等级,也是林乐义的想法。塔顶的大钟设计与北京西长安街电报大楼不无联系;二七塔塔身的层层叠叠的绿瓦白墙,让世人感受到"文革"期间林乐义的建筑创作依然保持他作为建筑大师内心的宁静与对建筑设计的执着。这令世人敬佩,令郑州感到荣幸。

为了将设计化为现实,主持建造的王辉用心良苦。现如今前来二七纪念塔参观的观众,无一不感慨二七纪念塔建造的神奇。它创下了中国建筑史上"百日会战"的奇迹。在 2007 年采访王辉时,他说道:"施工是郑州市一建、二建,施工现场共抽调二三百人参加施工,总指挥是我,副手是董耀荣,我要求第一保质量,第二保速度,5 天建一层,100 天建成。"谈及为什么要建这么快的原因,王辉老先生说:"一是越快越省钱;二是怕因政治原因发生变化。"

1971 年 7 月至 9 月,王辉用组织战役的方式打了一次漂亮的闪电战,迅速落成二七纪念塔。但据市一建公司副经理崔巍回忆:工程开展并不顺利,操作场地小,建筑工程量大,工人的临时住宿和所有的施工材料都散落在周边。挖基坑挖土方用了整整一个星期,基础工程从地下开始,施工至地平面用了 25 天,塔身第一层用了 12 天,第二层用了 8 天 7 夜,当时王辉和现场指挥都急了眼,"照这样下去,100 天的计划和国庆节建成开放都是空话"。施工倒排了工期,所有工作以小时计算工程时间,交叉施工,24 小时不停工。现场施工昼夜交替,保持在 200 ~ 300 人的规模,调整后塔身第三层施工时间减至 56 小时。

王辉书记每天在施工现场要吸四包"散花"(郑州卷烟厂生产的一种中档香烟品牌),与施工指挥人员和设计人员天天在一起,发现问题现场决策。当塔身建造到第七层时,王辉下令"增加两层"。临时增高,主要是为了让二七双塔争得河南最高建筑的桂冠,超过开封宋朝铁塔。他现场指挥道:"既然修建新塔,何不高宋人一头!"两层增加上去,塔地面以上高度达到 63 米,比开封铁塔高 1.3 米。

创下百日会战的都市传奇,亦得利于全市人民的团结合作。郑州市交通部门为这个工程调集了 30 台车,材料、装备等运输什么时候要就什么时候送到;水泥、钢筋都是从其他工地调运过来的;绿色的琉璃瓦由中原窑厂研制,王辉书记找到窑厂的王厂长,王厂长说没有烧过这样的瓦,给三天时间研制,三天后答复能烧,还特意在材料里添加白银增加亮度;塔顶直径 2.7 米的大钟由郑州市邮电局精心设计,郑州纺织机械厂制造,亦属孤品;塔尖上的红星玻璃,也是郑州玻璃厂突击研制的,因无制作的模具,先将琉璃铸成玻璃饼,后用手工刨出来,具有坚固、耐高温、耐温差的特性。二七纪念塔施工工区内 24 小时不停工会战,工区外全市大动员,各企业单位围绕建筑配件生产和技术革新做文章。

多年后,王辉书记回忆二七纪念塔建造时的细节,依旧历历在目,"二七塔的设计稿挑檐上有风铃,后考虑铃声太响,干扰居民生活,施工现场郑州纺织工业局局长王振兴提出每层角上设计一个灯,将风铃换成灯泡。塔顶装有大喇叭,由郑州广播器材厂、收音机厂制作,声音全城都能听见;每层塔身窗户设计为木框方格,框用钢材制作,防止在高层向外观看产生眩晕感坠塔;塔南北大门里的柱子上的字是在山西用四两黄金制作成金铂字贴到上面的,为防止脱落,吴天平找人把字刻到柱子上,再嵌入金铂,非常细致。建塔所用材料只有一种外墙上的白水泥不是郑州生产的,其他均为郑州制造。其中,钟表、玻璃、琉璃瓦等许多项目都是郑州市各部门做贡献支援来的。建塔花了不到 80 万元,加上设备总共不到90 万元。动工时间是 1971 年 7 月 1 日,建成用了 96 天,对外宣布是 99 天正式开放,即当年的国庆节。

二七纪念塔对外开放后,全城轰动三个月。1973 年,周总理参观洛阳后来到郑州,乘车回中州宾馆途经二七塔时,听见塔顶传来悠扬的《东方红》乐曲声,便吩咐司机停一下,拉开车窗看了看(没下车),问:这是什么建筑? 陪同人员说:"二七纪念塔。"总理又问:"什么时候建的?""71 年。"回宾馆后,周总理安排随行人员到二七纪念塔了解情况。半个月后,20 世纪 70 年代影响最为广泛的《解放军画报》用二七纪念塔大幅夜景照片当作封底,二七纪念塔第一次在全国亮相,成为全国人民关注的焦点。

二七纪念塔是郑州人民智慧和汗水的结晶。1971 年,郑州市经济已然不宽裕,人民尚过着布衣粗食的生活。城市以火车站为中心,向四面八方铺展开来。一座塔状冲天建筑以风驰电掣的速度拔地而起,创下中国建筑史上的奇迹。郑州能得如此之建筑,离不开设计者和建造者,更离不开郑州全市人民的齐心协力。古朴又富有新意的二七纪念塔通过各种途径,运用其无声的语言与城市对话,见证和书写着郑州的地方史,守护着一代代郑州人的成长。对于郑州市老百姓来说,48年如一日的《东方红》乐曲声,早已成为生命的给养,二七纪念塔则成为人们精神的指引,为一代代郑州人指明前进的方向。二七纪念塔是市民百姓的心灵之塔。

（**张超** 郑州二七纪念馆）

出佛潭的传说

如果说郑州新郑国际机场是郑州航空港区一顶金碧辉煌的王冠,那么美轮美奂的机场航站楼就是王冠上一颗熠熠生辉的明珠,是机场的标志性核心建筑。可是,你知道在她脚下的土地上流传了几百年的出佛潭的故事吗?

这一片土地原先属于新郑市龙王乡平庄村,现在属于郑州航空港区银河办事处平庄社区,村民已搬迁至西南 20 里外的牛社区村安置。平庄是一个古老的村庄,村里老一辈人都能津津乐道地讲起出佛潭的故事。

出佛潭位于平庄村西南,水面辽阔,方圆有 200 多亩,往西到小范庄东地,相传潭底有十几个桶口粗的泉眼,常年向外哗哗冒水,因为河水大都是自西北向东南流,而这条河是从西南向东北流去,当地人称为倒流河,后来以大水潭为中心建起了平庄水库,一年四季库水碧波荡漾,鱼跃雁飞,岸边芦苇青青,荷花飘香。听 84 岁的老人平银治说,他年轻的时候,村里分鱼,人们都跳到水库里捉鱼,他抱住的一条大鱼,差不多有三尺长。

相传,大约是在宋代,岳飞率领岳家军在朱仙镇和金兀术大战,潭水里面藏的三尊佛爷按捺不住,准备帮助岳飞抗击金兵,当时正巧有一个赶脚的走夜路,走到潭边,已是后半夜,忽然看见潭水像开了锅一样哗哗地向上翻,只见从漩涡正中间升起一尊铜佛爷,金光闪闪,口里念着咒语:"我是铜,我去把守汴梁城!"说罢一道金光驾着红云向东而去。随后又是哗的一声,漩涡中又腾起一尊铁佛爷,起光发亮,口里念着咒语:"我是铁,中岳庙里把金兵灭!"说罢一道金光驾着黑云向西而去。话音未落,潭水又是哗哗作响，漩涡中又腾起一尊石佛爷，高大魁梧，粗声粗气地说："我是石老三，黄河岸边把敌歼！"忽地一阵风，就要驾白云往北而去，赶脚的吓呆了，车上的驴也吓惊了，猛地往前一蹿，赶脚的赶紧拉住缰绳，大喝一声："吁——站住！"手中的炸鞭一响，石佛爷正要驾云上天，听见人声，泄了真气，扑通一声从云头上栽了下来，落到了胡岗南地的北坊寺门前。

　　天亮了，村里的人发现街上多了一个石佛爷，就在他站的地方建了一座房，来供奉他。可是，没几天工夫，人们就发现石佛爷头顶的屋脊给撑破了，露出了石佛爷的头部。人们不敢怠慢，赶紧修缮屋脊。没想到，几天后，石佛爷的头又把屋脊拱出了一个洞。这时，人们才明白，石佛爷是会长个的，助岳抗金的心愿未了。泥瓦匠几次三番地修缮屋脊，心里好生懊恼，忍不住用瓦刀在石佛爷的额头上狠狠地砍了一下，并说："我叫你还长！"说也奇怪，自此石佛爷再也没有把屋脊顶破，安心地享受人间香火。人们都说石佛也是有记性的，不想再给善男信女添乱了，至今，石佛额头上的那道瓦刀印痕仍清晰可辨。

石佛像

不过，没多久，那个泥瓦匠在别处干活时从房顶上摔了下来，刚好磕住额头，好了以后，留了个疤，大家才发现，和他砍石佛爷的地方是一模一样的，才知道是石佛爷显了灵，他赶紧买了些黄表纸和香火，给石佛爷赔了赔罪，才算平安无事。这个美丽而神奇的传说，像长了翅膀一样，在周围十里八村代代流传，从此这个潭叫"出佛潭"。

如今，铜佛爷在朱仙镇岳王庙里安身；铁佛爷在中岳庙里镇守一方，庙里的道人还又铸了三个铁人，凑齐四方之数；石佛爷则在北坊寺破败之后，被郑州市文物保护所运走保存。现在的机场航站楼和跑道就建在出佛潭旧址之上，出佛潭美丽的民间传说和机场航站楼都在人们心目中留下了美好的记忆。

（口述人：**平银治**，84 岁，郑州航空港区银河办事处平庄村人，农民。搜集整理：**郭伟民**，男，新郑市委宣传部；**王明贵**，男，郑州航空港区梅河小学。）

孙膑雪恨马陵岗

民谣"四十五里马陵道,狼虫虎豹"。马陵岗坐落于郑州航空港区,南北长 45 里许,分别属于滨河办事处、三官庙办事处、龙王办事处、明港办事处和八千办事处分段管辖。据传说,早些年马陵岗是一个古战场,有清凉寺、孙子庙、庞涓坟、斩龙岗、鸡鸣寺等古迹遗存,这一切都与传说中战国时期孙膑、庞涓在马陵岗的一次决战有关。现在已建成了风景名胜区。

孙膑,战国时期军事家,山东人,他是兵圣孙武的后代。孙膑曾经与庞涓同窗,跟随鬼谷子学习兵法,因为受庞涓迫害而遭受髌刑,身体残疾,人们便称他为孙膑。后来他在齐国使者的帮助下投奔齐国,被齐威王任命为军师,辅佐齐国大将田忌两次击败庞涓,取得了桂陵之战和马陵之战的胜利,奠定了齐国的霸业基础。

庞涓出仕魏国,被任命为将军,主掌魏国兵马,但是他认为自己的才能比不上孙膑,于是派人将孙膑请到魏国,孙膑到魏国后,庞涓捏造罪名,将孙膑处以髌刑和黥刑(髌刑就是挖掉犯人的膝盖骨,黥刑就是在犯人的脸上刺字),想使他埋没于世,不为人知。后来,齐国来的使者偷偷地去见孙膑,使者觉得孙膑不同凡响,于是偷偷地用车将他载回齐国。

孙膑逃亡到齐国,齐国名将田忌赏识孙膑的才能,收他为门客。田忌经常与齐国的王公大臣赛马,设下重金作为赌注。孙膑仔细观察,发现马的脚力都差不多,可分为上、中、下三等,于是建议田忌加大赌注,并且向他保证必能取胜。在一次赛马时,孙膑向田忌提出了以下马对上马、以上马对中马、以中马对下马的赛马方法,赢得了比赛。孙膑的才能开始被世人重视,这就是历史上有名的"田忌赛马"的故事。

公元前354年,魏国以庞涓为将,率军伐赵,兵围邯郸。次年,邯郸在久围之下已岌岌可危,而魏军也因久攻不下,损失很大。齐国应赵国之请,以田忌为将,孙膑为军师,率军击魏救赵。孙膑令一部轻兵乘虚直趋魏国都城大梁(今开封市),而以主力埋伏于庞涓大军归途必经的桂陵。魏国因为主力远征,都城十分空虚。魏惠王见齐军逼近,急令庞涓回师自救。围困邯郸的庞涓听说大梁告急,急率疲急之师回救。行至桂陵时,遭到齐军迎头痛击,几乎全军覆灭,庞涓仅以身免,这便是历史上著名的"桂陵之战"。此战被列入三十六计之一,称为"围魏救赵"。

12年后,公元前342年,魏国在国力恢复之后,再次发动战争,将矛头指向了韩国。韩国难以抵挡强大的魏军,韩昭侯派使者向齐国求救。齐威王准备派兵,孙膑说:"如果我们现在出兵救韩国,实际上是替韩国承担损失啊,不如等两国相争,彼此疲惫之际,再出兵救韩,胜算也更大!"齐威王采纳了孙膑的建议,在魏韩两国几经激战、韩危魏疲之际,再次以田忌为将、孙膑为军师,出兵救韩。

孙膑依然采用围魏救赵的计策,率兵长驱魏境,兵锋直逼大梁。魏国鉴于桂陵之战的教训,遂撤韩国之围,调集十万大军,以太子申为上将军,庞涓为副将,准备与齐军进行一场战略性决战。孙膑为调动敌人,创造战机,果断引兵东撤。一路上,他用减灶计造成齐军大量逃亡的假象,以诱敌深入。庞涓果然上当,便丢下步兵,率轻骑精锐,兼程穷追。至马陵岗(位于今郑州航空港区中部)时,遭到齐军主力伏击,庞涓智穷力竭,愤愧自杀。齐军遂全歼魏军,俘获太子申,取得了马陵之战的重大胜利。经此一战,魏国元气大伤,失去战国初期的霸主地位。

马陵之战后,田忌遭到宰相邹忌的陷害,被迫流亡楚国。孙膑辞官归隐,潜心军事理论研究,终于写成了流传千古的军事名著《孙膑兵法》。孙膑的军事思想主要集中于《孙膑兵法》。在战争观方面,孙膑主张重视、慎重地对待战争,他强调战争是国家政治生活中解决问题的一种重要手段,只有以强有力的武力作为保障,才能够使国家安定、富强。但是他反对穷兵黩武,指出作战胜利能够挽救濒临灭亡的国家,但战败也同样会失去土地、危害社稷,一味好战必然会灭亡,自取其辱,所以必须慎重地对待战争,不可不用也不可滥用。孙膑主张积极地做好战争的准备工作来获得胜利,这样才能做到以战争遏制战争。

《孙膑兵法》从隋代以后,便不见于历代正史文献著录,以致人们怀疑它是否存在。1972 年,在山东省临沂市银雀山汉墓出土了大量竹简,其中就有失传了 1700 多年的《孙膑兵法》,震惊世人。

毛泽东评价孙膑:攻魏救赵,因败魏军,千古高手。

(搜集整理:**郭伟民**,男,新郑市委宣传部;**王明贵**,男,郑州航空港区梅河小学。)

"观音菩萨"出生地：荥阳"魁星楼"

据当地老者介绍，荥阳古城东街的"魁星楼"是为传说中的"魁星"而建。长期以来，许多当地人每逢考试，都会前来祭拜。抗日战争期间，它被日本人改为炮楼。战争胜利后，它被改建为中山纪念塔。2017年3月才开始修复，石匾"魁星楼"重新嵌入门内。

荥阳魁星楼

原魁星楼为八角形青砖结构，直径4米，高10米。原来的基地前面有四扇门，都是拱门。建筑物的屋顶覆盖着一个拱门，屋檐的每个角落都绑着一个铁马风铃。微风拂面，叮当作响，悠闲的声音传遍全县;离顶部两米远的地方有一层楼,形成一个房间,两边各有一扇窗户,用来放置檀香木雕成的雕像。雕像栩栩如生,其头部如怪异的鬼形,一足向后翘起像"魁"字的大弯钩,一足独立似独占鳌头之状;左手端一方砚,右手高举朱笔,这是按照"魁星点状元"之说塑造出的"魁星踢斗"形象。当然这雕像早已毁于战乱了。

魁星楼的顶层原来是一个斗拱,后来被占领荥阳的日本人拆除,变成了一座角楼。魁星楼上的无数弹痕见证和记录了日本侵略者和土匪的暴行。20世纪60年代和70年代,国家测绘局在魁星楼上设立了测绘点标志。从那以后,很少有人参观过这座大楼。目前,荥阳戏曲艺术学院入驻该地。

由于多年的失修,魁星楼已成为一座危险的建筑,严禁攀爬建筑物观看。随着中原古民居保护志愿者队伍的不断呼吁,这座古建筑引起了当地政府的关注,并于2017年3月开始修复。

同时,与之一起重见天日的还有一块石匾——镶嵌在魁星楼基座门头上的"中山纪念塔"匾额,在5个空心大字左右两边,还分别竖向刻有落款和日期:"长沙左宗濂敬建""中华民国三十年四月"。

"中山纪念塔"匾额

可见,"中山纪念塔"牌匾是左宗濂于1941年4月敬建的。那么,左宗濂是谁?

据考证,左宗濂1901年1月生于湖南长沙。1940年9月任河南省荥阳县县长,1985年4月死于长沙。

左宗濂的妻子郑福秋是20世纪30年代湘剧五大名角之一。值得一提的是,左宗濂的女儿也是一位名人,甚至在许多人眼中是一位真正的"女神"。他的女儿左大玢出生于1943年9月。1954年,她参加湖南省戏曲团演员培训班,随孔艳兰学习。后得其母郑福秋亲授,成为中国著名的湘剧表演艺术家、湖南省文联前副主席、电视剧《西游记》中的观世音扮演者。1986年版的《西游记》是许多人的共同记忆。老一辈艺术家以精湛的演技和专业精神,为观众展现了一个神奇且神秘的世界。许多演员也因在剧中扮演的角色而被贴上了标签,这在今天是众所周知的,其中包括观音菩萨扮演者左大玢。2017年9月19日,左大玢专程从湖南前往河南荥阳,这是她70多年来第一次回到自己的出生地。左大玢说,虽然她住在湖南,但她始终记得自己也是河南人。

电视剧《西游记》中的观音菩萨剧照

荥阳是左大玢的出生地,以前很少有人知道。这一次,在70

多年后,左大玢回到了她的出生地荥阳进行探访,有着一段不为人所知的渊源。

荥阳市文物部门修复旧城魁星楼时,魁星楼基座门顶上出现了一块刻有"中山纪念塔"的牌匾,牌匾两侧刻有"长沙左宗濂敬建"和"中华民国三十年四月"的字样。据中原古民居保护志愿者团队发起人金鑫介绍,魁星楼前有一栋建筑。在维修期间,魁星楼前的墙壁被拆除后,魁星楼的基础才完全暴露出来。与此同时,魁星楼地基门上的"中山纪念塔"牌匾也露了出来。

据悉,左宗濂曾是国民党少将、高级参谋,民国时期在河南工作多年,曾任荥阳县、汝州县县长。1940年9月,任河南省荥阳县县长。1942年大饥荒期间,他尽最大努力为国民党驻军征募军队和粮食,并动员10万人修建河防工事以抵抗日本侵略者。1943年,他调任临如县县长,施行新县制,推行保甲制度,大力促进生产。在此期间,他枪杀了恶霸阎阁岑,得到了人们极大的支持。1949年,当人民解放军南下时,左宗濂说服李默庵与共产党合作,8月,他在长沙随部起义。

中华人民共和国成立后,左宗濂是湖南省人民政府参事办公室的参事,左大玢是左宗濂的女儿。除了石匾外,河南还留下了许多与左宗濂有关的文物。

县长左宗濂的文书

2017年9月19日下午,左大玢从湖南长沙坐了3个多小时的火车到郑州,立即直奔荥阳老城。当在荥阳魁星楼修复过程中发现左宗濂题写的"中山纪念塔"匾额时,记者联系了左大玢,左大玢说她会来荥阳看看父亲在哪里工作。然而,左大玢无法立即前往,因为她当时正在接受治疗。

在荥阳老城区魁星楼和老县衙门,左大玢看到这些老建筑,非常激动,并用手机拍照。"我父亲很少谈论过去。我母亲告诉我们很多关于我父亲的事。"左大玢认为,她的父亲左宗濂给她留下了诚实正直的印象。左大玢和大姐都出生在荥阳。她很小的时候,随着父亲的工作调动,全家从荥阳搬到西安,然后回到湖南长沙的老家。左大玢说,近年来,每当她在外面表演听到河南方言时,都会感到非常友好,河南的胡辣汤在她的记忆中仍然是一道美味。左大玢说,虽然她住在湖南,但她始终记得自己也是河南人。

"事实上,很多年前我就想回到荥阳。我花了70多年才回到荥阳。我回来晚了。"20世纪80年代和90年代,她曾在河南省开封和郑州演出。当时,她也想过去荥阳看看。然而,由于交通不便和时间紧迫,她没有去。"事实上,这些年来,我一直在考虑回来看他们,不仅是我,还有我的兄弟姐妹。"

左大盼(右三)在荥阳的照片

当左大玢回到自己的出生地,参观荥阳市老城区的荥阳县衙门和魁星楼时,荥阳市文物管理保护中心相关工作人员表示,魁星楼已经修复。

据荥阳市文物管理保护中心相关人员介绍,民国时期荥阳县县长左宗濂题写的"中山纪念塔"石匾,此前在魁星楼修缮过程中被发现,将移至魁星楼前安置,让更多的人了解这段历史。据悉,在抗日战争期间,魁星楼曾被日军用作炮楼而被部分损毁。如今,在魁星楼上留下的累累弹痕,也见证和记录了侵华日军和土匪的暴行。

(杨坤鹏 郑州中建深铁轨道交通有限公司)

郑州古塔故事

郑州历史悠久,文化荟萃,古塔建筑众多,文化传说极具特色。据统计,郑州现存古塔数量有 270 余座。郑州地区的古塔建筑不仅年代较早,而且数量庞大,种类多样,延续时代较长,堪称露天的东方古塔博物馆,无论在中国古塔史、中国建筑史上还是在中国古代文化艺术史上都散发着人类智慧的光芒。现存最早的佛塔——北魏嵩岳寺塔,历经了唐、五代、宋、金、元、明、清诸朝。郑州古塔持续建造,多数保存至今,其间基本没有大的时代缺环。这些古塔,不仅具有较高的艺术景观价值,而且具有重要的历史文化价值。一方面,以古塔建筑为载体保存了大量珍贵塔额、塔铭、碑刻和经卷等重要历史文献资料,能够对传统文献起到印证和补充的重要作用。另一方面,以塔体建筑为基础,承载了很多的历史文化和传说故事。如关于北魏嵩岳寺塔内部仅余筒体结构而无木质塔棚和登塔梯道的原因,流传着"锁塔烧蟒"的故事;少林寺塔林流传有"乾隆数塔"或"塔林幻影"的传说;新郑凤台寺塔有"凤凰衔书"和"仓颉造字"的传说;中牟寿圣寺双塔流传着唐代李世民敕建寺院和宋代建塔镇风水的传说;荥阳千尺塔流传着为宋仁宗曹皇后登楼望乡(塔)的故事;荥阳无缘真公禅师塔,流传着朱元璋御赐"国舅塔"的传说;新密屏峰塔流传着清代咸丰年间提振当地文风、期盼多出人才的传说。此类传说故事,无疑是郑州历史文化遗产的重要组成部分。

锁塔烧蟒

登封嵩岳寺塔建于北魏正光元年（520），塔顶重修于唐。为青砖、黄泥砌筑的 15 层密檐式砖塔。塔高 36.78 米，平面呈十二边形。该塔由基台、塔身、宝刹三部分组成。塔内呈空筒状结构，挑出叠涩檐 8 层，直通塔顶。从常理而言，塔内这么大的空间，应该设有棚板和木梯，以供游人登临。为何塔只留下一空筒呢？据说很早以前，寺中有个小和尚专门负责清扫塔房。突然有一天，小和尚正在塔内扫地时，突然感到自己的两只脚慢慢离开了地面，逐渐升到了空中，然后又徐徐落下。此后数日，他每次去清扫塔房时，都要升空一次，而且一次比一次升得高。他觉得事出有因，就把情况告诉师父。老和尚一听，也感到十分蹊跷。第二天一早，陪小和尚来到塔房。果然看到他两脚慢慢离地，身体越升越高。小和尚开心得大叫："师父，快看！"老和尚抬头一看，不禁大吃一惊。原来塔棚口上，一条巨蟒正张开血盆大口，把小和尚使劲往肚子里吸。他赶快大喝一声："有黑蟒！"黑蟒受惊，一下子缩回了头，小和尚扑通一声摔落在地。老和尚把吓瘫的小和尚往肩上一扛，背出塔房，并急忙命人锁上塔门。随后组织众人，在塔的周围堆满干柴，放火烧死了巨蟒，也烧掉了塔内棚板和木梯。从此，嵩岳寺中便只剩下一座没有塔棚和木梯的空塔了。

塔林幻影

嵩山少林寺塔林曾有"塔林幻影"和"乾隆数塔"的传说。塔林位于少林寺常住院西南约 300 米处的山坡上，是少林寺历代僧人的墓地。塔林整体呈扇形分布，由北向南、从高到低按照师徒辈分和时间早晚依次展开。其中现存唐、宋、金、元、明、清时期各个朝代砖石墓塔共 228 座，古塔建筑形制和建筑工艺演变序列清晰而又完整。但这些数量众多、造型各异、大小错落的古塔，很容易使人眼花缭乱，产生"塔林幻影"，具体数量一下子很难数得清楚。乾隆皇帝有次巡游到此，就对古塔数量产生了兴趣，便问随行方丈，方丈竟然笑而不答。乾隆想了想说："我来替你数一数。"随后，便命令御林军每人抱住一塔，等所有塔都有人抱上时，再命令抱塔士兵集体报数，塔的数量自然就清楚了。显然，乾隆数塔是运用了数学中的对应思维，而事实并非如此简单。令人奇怪的是，塔林真实的墓塔数量，至今仍存争议。千百年来，塔林到底建有多少墓塔，谁也不知；历代掩埋地下、遭到破坏损毁仅存塔基及众多散存地面的古塔构件，如果不设一个统计标准，确实难计其数。

凤凰衔书

新郑凤台寺塔位于新郑市郑韩故城外西南部双洎河边的一处高岗上，是北宋时期的一座六角九层密檐式砖塔。传说黄帝统一华夏之后，感到用结绳的方法记事远远满足不了现实需要，就命他的史官仓颉设法造字。于是，仓颉就在当时的洧水河边的一个高台上住下来，整天苦思冥想，也没造出字来。突然有一天，从远处飞来一只凤凰，嘴里叼着的一件东西掉了下来，正好掉在仓颉面前。仓颉捡起来一看，发现上面有一个蹄印，由于辨认不出是什么野兽的，就去请教猎人。猎人看了看说："这是貔貅的蹄印，与别的蹄印不一样。"仓颉听了猎人的话很受启发。他想，万事万物都有自己的特征，如能抓住事物的特征，把它画出来，大家不就认识了吗？从此，仓颉便仔细观察各种事物的特征，如日、月、星、云、山、河、湖、海，以及各种飞禽走兽和日常器物等，并按其特征，画出图形，便造出了许多象形字来。仓颉把他造的这些象形字献给黄帝，黄帝看后非常高兴，几乎一看便懂，于是立即召集九州酋长，让仓颉把造字法讲给他们，于是象形字便开始应用推广起来。为纪念仓颉的造字之功，后人就把仓颉造字的地方称为"凤凰衔书台"，简称"凤凰台"。后来又在这里建立了一座寺院，就叫"凤台寺"。宋朝时还在这里建了一座塔，就是现在的"凤台寺塔"。

风水宝塔

中牟寿圣寺双塔传说为唐太宗李世民敕建的寺院。宋代在此建塔镇风水。寿圣寺双塔位于中牟县城南约30公里原为寿圣寺的一处台地上,是宋代建造的两座东西并列的六角楼阁式砖塔。清朝初期的寿圣寺碑文中记载有:"寿圣寺始建于唐,兴于宋。"据说唐贞观年间,太宗李世民曾许诺不让魏徵斩杀泾河龙王却未能阻止,后来泾河龙王便向唐太宗托梦,结果导致太宗被吓得魂入阴间,甚至还要进行治罪,多亏崔判官借了开封府中牟县王老夫妇两库银子,通过上下打点、左右周旋,又超度了被李世民消灭的十八家反王和六十四路烟尘的亡魂,才算得以还魂。此后,李世民设法归还王老夫妇银子,但被二位老人拒收。为表达谢意,贞观二十二年(626),李世民便在中牟敕建寿圣寺,还派其得力大臣尉迟敬德做监工。寿圣寺香火曾一度兴旺。到了北宋末年的一天,突然有两只凤凰落在寺院所在的土岗上,民间疯传此处要出娘娘。如此一来,还会有真龙天子降生。可是天无二日,到时必定天下大乱。寿圣寺落凤凰的事很快传到京城,当朝皇帝真以为真龙天子要降生,皇后娘娘转世,便急忙召集大臣们计议对策。一位大臣上奏道:皇上莫急,只需在落凤凰的地方修建两座宝塔就可以镇住风水。皇帝一听,连说妙计,就派这位大臣到中牟主持修塔事宜。可是塔未完工,金兵南下,便留下了现在双塔顶部均为残缺不全的样子。

曹皇后塔

荥阳千尺塔相传是宋仁宗为曹皇后所建。千尺塔,耸立于荥阳市东南的大周山山顶,是一座平面为六角形的七层密檐式砖塔。相传,曹皇后原是大周山下朱家峪村的一个民女。她幼时不仅勤劳善良,还酷爱文墨。但因头脸长疮,遭到嫂嫂虐待,被赶到山中放牧。由于她十分执着,就用草根在石头上习书练画。后来,这种精神感动了天地山神,山腰间便涌出一股墨汁,供其使用。经过一段时间山风和泉水滋养,这位姑娘就出落得如花似玉一般楚楚动人。这一消息传至汴京城中,宋仁宗便派人把她选入皇宫,当上了皇后。由于过不惯锦衣玉食的生活,曹皇后常常闷闷不乐。仁宗问明原因后,遂命令在京城修建了一座望乡楼,同时还在其家乡修建了一座千尺塔,以便娘娘随时登楼望塔,解除思乡之情。望乡楼很快建成,但塔要建千尺,却实属不易。为此,可难为了不少大臣和工匠。后来,有人献上良策,借大周山之高突的地势,建塔于山巅,从山脚到塔顶足有千尺之余。该塔建成后,便命名为千尺塔。大周山也因此被称为塔山了。大周山下有泉。地方志中称为"彘泉",俗称牧猪泉。相传是曹皇后牧猪时,小猪用力拱出的一股清泉。该泉四季涌流,常年不竭。在山南侧悬崖的巨石旁,低洼处有一洞泉眼,洞上阴刻楷书"润笔泉"三字。从润笔泉向下朝东南数米远,有青石一块,上面显示有密密麻麻的石纹和模糊的字迹。传说这里曾是曹皇后练字之处,后人也称之为"写字崖"。

御赐国舅塔

荥阳无缘真公禅师塔相传是明太祖朱元璋御赐"国舅塔"。该塔建于明洪武二十七年(1394),是一座鼓腹瓶形喇嘛式实心砖塔,也是为洞林寺高僧无缘真公禅师所建的一座墓塔,属于原洞林寺的一部分。传说,禅宗初祖达摩传教东土,只履西归,在嵩山周围留下"天中三林",即洞林寺、少林寺和竹林寺。历史上洞林寺也曾与相国寺、白马寺和少林寺,并称中原四大寺院。该寺由唐至宋屡经兴建,金、元、明曾盛极一时。据说,朱元璋幼时居住在娘舅家逃避灾荒,恰好距洞林寺不远,七岁时就到寺中打杂做和尚,在此留下了许多传奇故事。因此,朱元璋当上皇帝后,便御赐此塔,故这座塔在当地也称为"国舅塔"。

文峰宝塔

传说新密屏峰塔的建塔目的是提振当地文风。屏峰塔位于新密市城北的青屏山上,是一座方基圆柱体形的九层砖石塔,也是郑州地区极为少见的风水塔。据记载,该塔曾于清顺治十年(1653)由知县李鹏鸣创建,后来倒塌无存。直至咸丰元年(1851),知县张圭锡再次主持修建。据说,当时密县城文风不振,而此时恰有一县官到此上任,说是有办法使当地出文人无数。由于这位县官精通风水地理,深懂相地之法,详细察看了当地的山脉、水势之后,便召集乡邑豪绅捐钱捐物,在青屏山顶建塔升峰。该塔即将修成竣工之时,在塔顶上安装了三个串在一起的铁质圆球,寄托着祈望学子"连中三元"的吉祥之意和美好心愿。正顶上还竖一铁笔尖锋,圆锥一般,直指蓝天,寓意当地文人能够"平步青云"。屏峰塔建成后,县内果然出了两位翰林和三个进士,也应了"出文人无(五)数"的话。传说十分巧合,但的确反映出当时读书人渴望有所成就的美好愿望。

参考文献:

[1]《中岳》编辑部编. 嵩山的传说[M]. 北京:中国民间文艺出版社,1982.
[2]河南省嵩山风景名胜区管理委员会编著. 嵩山志[M]. 郑州:河南人民出版社,2007.
[3]汪培梓,冯百毅. 郑州古代名塔[M]. 郑州:河南人民出版社,2015.

（**汪培梓** 郑州博物馆）

郑州老城地名的历史变迁

一座城市的魅力是由久远历史的沉淀和博大精深的民族文化凝结而成的。这个城市从她诞生之日起,就饱经风霜。她的每一点进步,她的每一步铸造,她的每一步成熟,都在历史长河的寻觅、认同、继承、延续之中。

她就是中华民族文明的发祥地之一,雄踞中华九州之中,地处中原腹地、黄河之滨的郑州。这里不仅有八千年的裴李岗文化、五千年的大河村文化、四千年的二里岗文化等文化遗址,还有传说中的中华民族的人文始祖黄帝的出生地——轩辕之丘。

这里不仅是中华民族建立起的第一个奴隶制王朝——夏的都城,还是商汤盛世的国都。高高矗立于地面的商代城墙,虽然经历了几千年的风霜雪雨,仍然风采依旧。

郑州作为河南省省会,如今正在飞速发展,发生着日新月异的变化。那么郑州这个名字是怎么来的呢?

郑州的"郑"起源于春秋时期的郑国,"郑"字左边是奠,有祭祀,表达严肃、忠孝、仁义之意。右边是邑,表示城市。结合历史与古义不难看出,郑州自春秋时期起就地位超然,甚至能与泰山比肩。要知道,泰山在古代的地位,可是皇室正统的体现。

郑州这两个字最早作为行政名称出现是在东魏孝静帝时期,不过区域是在今天的许昌一带。而郑州作为州一级行政区名称始用于今天的郑州区域,最早是隋文帝开皇三年(583)设置,治成皋。

因此不难看出,"郑"字最早出于春秋,"郑州"一词出于东魏孝静帝(时为今许昌地区),开皇三年用于今郑州地区,开皇十六年(596)用于郑州这座城市!

郑州的老城,就在今天的管城回族区辖区内。自唐武德四年(621)至今,城内自然形成了四条贯穿东西南北的主干大街。东大街,原名敏德街;西大街,原名里仁街;南大街,原名咸宁街;北大街,原名清平街。

古时,在老城流传着这样的歌谣:"地无三里平,人无三百铜。风起满天沙,下雨遍水坑。"近代以来,居住在这里的人们的生活发生了变化,又流传着"穷东街,富西街,穿靴戴帽是南街,挑挑担担是北街"的顺口溜。还有"东街穷,西街富,南街顶戴一大铺"和"二里岗,五里堡,不及南街一当铺"的歌谣。这些歌谣和顺口溜反映了当时老城区的贫富状况:南大街当官的多,穿戴自然与众不同;西大街历史上就是商业区,要比东大街繁华多了。

郑州管城回族区政府所在地的管城街,随着历史的变迁,六易其名。清朝的时候这里是州府衙门所在地,所以该街叫作衙前街;1913年,郑州废州立县,这里是郑县县政府的所在地,顺其自然改成了县前街;1927年冯玉祥主豫时,为了纪念孙中山,他把此处改名为中山前街。1948年,郑州解放后,郑州市政府就设在此处,所以又易名府前街;"文化大革命"开始后,更名为向阳街;1983年4月地名普查以后,此街又更名为管城街。六易其名的管城街成为透视郑州历史的例证。

在郑州管城回族区有一条长250米、宽仅6米的小胡同,这条小胡同已经有300年的历史了。当初这条胡同有一段不通,来往行人必须绕行,很不方便。明万历十九年(1591),有个叫张大维的人乐善好施,出资将那数亩死地买下,并从中间开通了一条长约67米、宽约1.8米的道路,从此南北畅通。这一义举感动了附近的居民,作为回报,大家就把这条小路的冠名权给了张家,称为张家义巷。到了明万历二十八年(1600),城东圃田有一个叫阴化阳的人中了举人,当上了户部主事,就把家从郊区搬到了张家义巷,这条胡同随之便改名主事胡同了。清光绪十五年(1889),有个叫孟莹的人中了进士,后历任礼部主事,恰巧也住在这个胡同,从此,主事胡同更加名副其实了。

在郑州管城区管城街路西有条胡同叫代书胡同,这里原来叫作黄殿坑东沿，早年是穷人居住的地方。黄殿坑东沿住着一位姓巴的私塾先生，这里的穷人很少有识字的，谁家有个红白喜事，写个讣告祭文、传启庚帖都是请他代劳，从不计报酬。后来，地方法院设在附近，打官司的人越来越多。想要打官司要先写状纸，不识字的人就得请人代劳，有的人请黄殿坑东沿的律师写，也有的人请巴先生写。逐渐，这里代人写状纸便变成了一种职业，许多读书人聚集在黄殿坑东沿招揽生意，代写状纸，还在自家门口挂上"代书处"的牌子，久而久之，黄殿坑东沿便被人们叫作代书胡同，沿袭至今。

列宁曾经说过"忘记历史等于背叛"，而这句话逐渐演变，又多出来一个相近的言论"遗忘历史的民族没有未来"。历史对于现在的人来说似乎既遥远又陌生，因为她不会对我们的生活产生一丝涟漪。更多的，是以一种故事的形式存在人们的记忆里，除此之外便再无更多的印象。但是她仍是一个国家、一个民族的灵魂。她可以是一段脍炙人口的故事，可以是一段饭后谈资，甚至也可以是曲艺演员口中的一段好素材。历史故事也许只有短短的几百字，也会有洋洋洒洒的长篇大论，但是每一段历史的背后，都有值得我们深思并汲取教训的地方。"以史为鉴，可以知兴替"，遗忘历史、抛弃历史终是不可取的。

只有传承优秀的中华传统文化，才能让中华民族屹立于世界民族之林。将优秀的传统文化不断发扬壮大，薪火相传，方能不断增强中华民族的自我认同感与民族自豪感。这，就是"中华之根"。

（**段亚廷**　郑州中建深铁轨道交通有限公司）

子产与金水河

郑州有一条河叫金水河，它自西而东流淌了几千年，滋润了世世代代的郑州人，清朝诗人有咏颂金水河的诗："两岸空明云影淡，满川摇动日华多。"历史上的金水河比现在更宽阔，河面碧波荡漾，有"金水晴波"的美誉。

作为郑州最古老的河流之一，传说它的名字与春秋时期郑国的政治家子产有关。

子产是郑穆公之孙，姬姓，公孙氏，名侨，字子产，又字子美，是春秋时期著名政治家、思想家，公元前554年为卿，公元前543年执政，先后辅佐郑简公、郑定公，卒于公元前522年，谥成，历史典籍以其字"子产"为通称，又称"公孙侨""公孙成子""国侨"等。

据说，公元前522年，子产有病，去世前给自己的孩子国参留下遗言，说："我生不贪民财，死不占民地。我死以后，一个要薄葬，一个要快葬。我看好了，这个南边有一个陉山，山顶上是不毛之地，既没有树木，也没有土地，就在那里挖个坑，把我埋掉，埋到那里就行了。"交代完后事以后，子产就去世了，他的儿子国参便用了一个木车，用老牛拉住他的尸体往陉山运。郑国的百姓听说此事后，把自己家中的金银财宝，送往子产家，希望给子产厚葬，但都被子产的儿子国参谢绝了。国参说："我父亲死了不占老百姓的一分地，如果我收了你们的钱财，就是违背了我父亲的遗训，我就是不忠不孝，你们都带回去吧。"老百姓都感叹子产为官廉洁，其中一个老人说："子产生前待我们像父母，肝胆照日月，江河万古流。我们何不把这些珠宝抛到河里面，子产的恩德就会像河水一样常年流淌，让我们用这种方式永远纪念他吧。"大家都非常同意这个办法，于是就把金银珠宝集中投到了河里,当时太阳已经西下,河面发出金光闪闪的光芒,人们就把这河起名叫"金水河"。金水晴波,古国廉相,金色的河水似乎在闪耀着一代名相子产最为宝贵的人性光辉。

在河南郑州新郑市,有一座"郑韩故城",残存有 20 千米长的古城墙,这里就是古郑国的所在地,曾是子产当年大显身手的地方。郑国原来是从陕西华县跟随周王室迁到这里的,因而被改名为新郑。子产生活于春秋周王朝没落、诸侯争霸的年代,随着晋国、楚国等诸侯国的崛起,周王室日渐衰落,而与周王室关系很近的郑国则是诸侯国中比较小的国家,不得不在夹缝中寻找生存空间,它既要维护周王室的尊严,也希望在对外交往中保住生存空间,但是在各个诸侯国轮番争霸的情形下,郑国可谓是举步维艰。于是,郑国的贵族们决定挑选一个能干的人来领导郑国、摆脱困境,这个使命就落到了子产的头上。

公元前 544 年,子产被郑简公立为卿,后又为相,执政 18 年,针对郑国动荡不安的国内局势和危险的外部局势开始了一系列重要改革。他既维护公室的利益,又限制贵族的特权,进行了自上而下的改革,主要措施是:为田洫,划定公卿士庶的土地疆界,将农户按什伍加以编制,对私田按地亩课税;作丘赋,依土地人口数量缴纳军赋;铸刑书,修订并公布了成文法;实行学而后入政、择能而使之的用人制度;不毁乡校,愿闻庶人议政,有控制地开放言路。其政治经济改革在一定程度上推动了当时社会的转型,在对楚、晋等国的外交方面也取得了一定的成绩。其身正,不令而行;其身不正,虽令不从,子产推行的改革取得了显著成效,郑国逐渐由弱变强,社会秩序井然,百姓安居乐业,郑国在子产的推动下呈现出中兴局面。当然,子产的改革也遭遇到贵族的反对和阻挠,甚至是生命的威胁,对此子产毫不在乎,留下了著名的金句"苟利社稷,死生以之",意思是只要对国家对社会有利,我生死可以置之度外。吏不畏吾严,而畏吾廉;民不服吾能,而服吾公。子产在郑国执政 20 余年,把一个衰落的郑国、贫穷的郑国,治理得国家富强、人民富裕。子产墓在陉山的山顶上,由一些石块堆起来,在这里可以看到郑国的村庄、田野、河流，表明子产希望郑国的百姓世世代代过上安居乐业的好日子。

子产治国兼具法家、儒家，他既注重礼教德政的成分，又有后来法家注重法制、热心变革举措的长处。子产临死前还交代继任者，要用宽猛相济的方法治理国家，既要教导民众以礼，又要治国以法，礼法配合、宽猛相济才能达到从政治国的最好效果。并用水火之例形象地说明了宽猛政策治理国家所产生的不同效果，认为有德行的人能用宽大的方法使民众服从，采用严厉的方法也是维护大多数民众利益的手段。宽猛相济的治理思想是子产留给后世的重要思想财富，到今天仍然具有它的意义。

据《郑县志》等记载，子产曾居住在其封地管邑的东里，《论语》称其为"东里子产"，后人沿用了此称呼。

孔子赞美子产道："子产犹众人之母也。""其养民也惠，其使民也义。""古之遗爱也。"

司马迁《史记·循吏列传》说，子产去世时，"丁壮号哭，老人儿啼，曰：'子产去我死乎！民将安归？'"

清初著名史学家王源更推举子产为"春秋第一人"。

郑州人民一直怀念这位伟大的、一生致力于富国强民的清廉先贤，1998 年修建金水河滨河公园时，在郑州大学校园附近修建了子产祠园，以供人们瞻仰。

近代林则徐的名句"苟利国家生死以，岂因祸福避趋之"一直被后人传颂，这实际上也是对子产美好品格的怀念和推崇。

郑州的金水河，一直流淌至今，时时诉说着郑州古国名相子产的历史传说。

（张永清　郑州市文物考古研究院）

古荥汉代冶铁遗址

在郑州市惠济区古荥镇荥阳故城西城墙外，有一处全国重点文物保护单位——古荥汉代冶铁遗址。这是一座建于西汉中期汉武帝时代的官营冶铁工场，一直沿用到东汉末年。迄今为止，它是世界上已发现的保存最完整、技术最先进、规模最庞大的冶铁遗址，在世界冶金史上占据着重要地位。遗址发现的球墨铸铁技术和椭圆形炉缸，比西方领先 1800 余年。关于这个冶铁遗址的发现，那还要从 50 多年前说起。

那是 1964 年的秋天，郑州市政府要修一条从古荥到须水的公路，也就是现在的古须路。当时修路不像现在这样要走规划、测量、招投标的程序，主要是发动群众力量来完成的。当时交通局画出路的大概轮廓后，分段安排给附近各个村，各个村再划分给各生产队，各生产队又按劳动力人口把任务分派到各家各户。当时要求的是用碎砖来铺路，每家每户要弄到一定量的砖头瓦块才算达到要求。但是那个年代大部分村民家里都还是住的土坯房，碎砖碎瓦的还真是不好找，村民们都犯了难。当时古荥村 12 队的一个生产队长叫李天祥，他说红石岗那块可能会有煤渣，要不去挖挖看。红石岗是现在古荥冶铁遗址博物馆南边的那块地，因为高低不平而且遍布红色小石子，当地老百姓就把这块地叫红石岗。就这样村民们就都去红石岗挖煤渣了，一挖发现这里的煤渣还特别多，不但古荥村的，连附近别的村、别的生产队也都到这里挖煤渣垫路了。不多时，红石岗就挖出了两个大的煤渣坑，从古荥一直到纪公庙桥大约 1.5 公里的路都是用这里的煤渣垫起来的，铺设的厚度足有 10 厘米那么厚呢！老百姓们都高兴得很，总算完成了分派的任务！就在这时候，公路段一个姓赵的技术员发觉出了不寻常，他一看这块挖出了这么多煤渣，煤渣里还夹杂着一些碎陶片、残存铁器什么的，他意识到这个地方可能不会是个大煤渣坑这么简单。很快，他把这个情况上报到了河南省博物馆，省博物馆的铁器专家李京华和郑州市文物展览馆的李昌韬来到这个地方一探究竟。李京华是河南首屈一指的冶金专家，他很快就确定了这个地方是一处遗址，但是遗址的规模和性质还需要进一步钻探发掘。

1965 年的春天，郑州市博物馆的于晓兴老师就带领几个技工来搞钻探发掘。当年的条件当真是艰苦啊！据古荥村当年参与过发掘的老人们回忆，当时考古队住的还是 1958 年大集体时建造的、后又被废弃的猪圈。考古队在红石岗挖了几条探沟，然后最先发现的是一座陶窑，陶窑里面有残存的脱碳的铁铲。陶窑里面不单单是烧陶器的，烧陶器只是主要功能之一，还有就是烧制陶范、耐火砖等，现在叫翻砂当时叫陶范。我们都知道遗址出土的最重要的铁农具——铁犁铧的铸造工艺就需要用到陶模陶范，这些东西都是陶窑里面烧制的。陶窑还有一个功能就是脱碳，铁铲还不是钢，是熟铁，一锄地刃就卷了，需要在陶窑里面脱碳，所以在陶窑里发现有残存的铁器。也就是这一发现，确定了这里是一处冶铁遗址。

发掘工作持续了大约一年时间，到 1966 年准备搞大规模发掘的时候，"文化大革命"爆发了，各行各业的工作都停了，博物馆也要停了，全民都要斗私批修，反资产阶级，发掘工作也被迫中断，这一停就是 10 年。直到 1975 年，各行各业都要恢复生产，文物工作也要恢复。当时郑州市博物馆的很多人都被下放到灯泡厂当工人了，文物工作恢复后，就都从灯泡厂回来了。冶铁遗址的发掘工作，也被列入重点文物工作了。停滞了 10 年的考古工作，终于恢复了！

1975 年的时候，已经比 10 年前的条件好了很多了，主持发掘工作的依然是郑州博物馆的于晓兴老师，他当时住在朱屯，每天骑个老式的旧自行车来古荥搞发掘。工地用的民工都是古荥当地的村民，一个人一天能拿到 6 毛钱的工资，大家伙儿还是很高兴的。

住宿的条件也改善了很多,技工们都分到了各家各户。伙食也改善不少,村里生产队给驻扎技工的各家各户都发放了补助,虽不能经常吃肉,但是炒个鸡蛋,吃个面条还是没有问题的。因此村里的百姓们都很乐于接待考古队的技工们,既有补贴拿,每天还能出工挣工资,百姓们也高兴,对技工们的生活还是照料得比较不错的。但是在这次考古发掘前不久,这里发生的事情差一点儿就让这处宝贵遗址毁于一旦。

那是1974到1975年间,当时古荥人民公社的平整土地工作正开展得如火如荼,在荥阳故城的南城墙上成立了一个"平整土地学大寨指挥部",并在南城墙的半坡上掘了几个洞,指挥部成员就住在洞里,还在城墙上用白灰刷上字:"昔日刘邦战霸王,今日人民斗古荥",当时人们平整土地的热情由这个口号可见一斑。1975年年初,十二队的村民像往常一样在生产队队长张振明的带领下,轰轰烈烈地开展"农业学大寨"平整土地活动。这天他们平整到了红石岗,不多时,村民们就平整到了一块大铁疙瘩,深埋地下,也不知道到底有多大块,任你用铁锹挖、用撬杠撬,仍岿然不动。张振明说:"要不先把这个铁疙瘩放着吧,咱们继续向北平整。"可是才平整了五六米的距离,又遇到了一块"硬骨头",谁也没有想到这块"硬骨头"后来会成为震惊中外的重要发现。这下村民们可犯了难,一会儿工夫就遇到了两只"拦路虎"。可是当时村民们干劲儿十足,不愿这块"硬骨头"影响大家平整土地的热情,一商量索性用炸药把这块硬骨头炸了算了。那时候都分的有任务,不完成任务都不让回家吃饭。当时古荥冶铁遗址的发掘工作还未开始,恰巧当时考古专家李昌韬在附近搞文物普查,他听说了这个情况,也一早知道这是一处冶铁遗址,立刻意识到这块"硬骨头"肯定很重要,说不定就是一处宝贵遗迹,听罢就急匆匆地赶到红石岗劝说村民不要炸掉"硬骨头"。村民们哪里肯听,决意引爆炸药,情急之下,李昌韬就站在这块"硬骨头"上喊道:"你们要炸的话连我一起炸掉好了。"引线点燃了,李昌韬以壮士断腕的决心站在上面岿然不动。或许是这块"硬骨头"命不该绝,炸药因为受潮居然没有爆炸,最终侥幸得以保存下来。

后来经过 1975 年发掘和研究发现,这块硬骨头竟然是汉代的一座炼铁高炉,也就是现在古荥冶铁遗址博物馆内展出的一号炉,而那块大铁疙瘩是一块重达 23 吨的炉内积铁,那片被村民们称为"红石岗"的土地,就是两千多年前的河南郡第一冶铁工场所在,而那些散落在"红石岗"上的赤色石子,其实是一些铁矿石的碎片。随后的发掘又陆续发现了蓄水池、四角柱洞、二号炉、水井、陶窑等遗迹,这座沉睡了近两千年的古遗址又揭开了她神秘的面纱,展现在世人面前。

我们应该感谢公路段的赵技术员,他对于古荥冶铁遗址的意义相当于韩维周之于郑州商城。可以说没有赵技术员就没有现在的古荥冶铁遗址。而李昌韬、于小兴等文物界前辈舍生忘死的付出,也对古荥冶铁遗址的保护做出了不可磨灭的贡献。如果没有他们,或许这个体现老祖先辛勤和智慧的官营冶铁工场就不复存在了,我们应该感谢并铭记这些拯救古荥汉代冶铁遗址的英雄。

参考文献:

[1]张振明. 古荥镇汉代冶铁遗址[M]. 扬州:广陵书社,2008.

(王俊　郑州市古荥汉代冶铁遗址博物馆)

郑州·港区·迎发展

——追寻历史，于苑陵故城中诉说美丽魅力

第一次有意识地知道郑州，记得是中学课本中说的，她是河南省省会、国家历史文化名城、著名古都、一座火车拉来的城市；第一次有目的地了解郑州市航空港区，记得是因为自己要成为一名教师的理想；第一次用心地想追寻历史，了解港区，那便是因为她有其独特的魅力，令人心驰神往。在这其中，笔者认为，苑陵故城便是不可不提及的，从中可一窥港区的魅力。

前　世

苑陵故城，据历史文献记载，商代二十二世王武丁曾封其次子文于苑（即苑陵）为侯爵，世称苑侯，另有考古发掘的"苑"字瓦当为证，位于航空港区龙王办事处古城寨村。根据考古发掘，其为东周、秦汉城址，分为东西两城，西城为苑陵城，东城为制城（另有其他学者认为，两城虽都位于龙王村西北，但属于两个城址），城墙基宽13~32米，城外有护城河，城垣四周中部有缺口，其是直接在地表面用黏土和黄沙土混合，然后分层夯筑而成的。而从其建制与城址功能上来看，其中有军事防御功能。

苑陵故城在这一时期还有一个凄美而神秘的爱情故事，那便是"虚心枣"的故事。据说在春秋战国时期的苑陵故城就是田王城。田王有个公主，被他视为掌上明珠。公主总是穿着一身红衣裳，所以取名红衣公主。在她16岁那年，一次外出游玩路过枣园时，认识了在枣园画画的男青年王敬，公主赞叹其画技高超，而王

敬也对公主心生爱慕，并为公主作画，后红衣公主回宫，把画交给田王看。田王接过画卷观看，也连连赞道："好画！好画！"田王命令内侍臣把画挂在御书房正堂中间，把那些名人字画移到偏位。后红衣公主约王敬到田王城，其欣然答应。王敬来到田王城，在书房等候时，发现自己的画挂在中间，由于虚心，认为不应放于这一位置，而将其挪偏，后田王发怒便将其斩首。王敬被斩后，公主伤心出走。二人最后化作青年墓前的一棵枣树——青枝绿叶是青衣相公，结的红枣是红衣公主，并且这枣个个"虚心"，中空无核。

当历史的年轮转到了秦汉时期，苑陵故城又有了其人生中浓墨重彩的一笔。苑陵故城是中国历史上最早实行县制的古城之一，秦始皇十七年（公元前 230）在此设置苑陵县。西汉初，刘邦派大将樊哙率部攻下苑陵城，之后，汉承秦制，仍设为苑陵县。距今 2000 多年的城垣周长约 4140 米，东城墙高 16 米，北城墙高 9 米，西南角残缺约 100 米。该城东至肖河，西邻鸿雁河，南是平原，北有崇岗。城内高台地似是宫殿基址。城墙下层发现有近似西周的夯土层，小园夯窝，夯土层内包含有绳纹夹沙陶片等。当地群众传说，城西北角面积约 70 余亩，是"监旮旯"。城北有后花园，城外东南 50 米处是烽火台遗址。城南门外古代有五里长街，人称南门外闹市。城内外出土文物有铜器、铁器、陶器、金器及大量的空心砖。空心砖有素面的，有米字纹的。城外附近有 31 座无名古冢，可能是贵族的陵墓。

魏晋南北朝时期，于公元前 537 年十一月，在这里东西两魏相争，发生了苑陵之役，成为我国古代以少胜多的战役之一。

之后经宋、元、明，至清乾隆四十一年（1776）《新郑县志》记载："今县东北三十五六里，有二城相连，其西苑陵，东则制城也。"

了解了故城的历史沿革，还不得不提的便是居住于此的人们。没有人类的智慧与活动，便没有真正意义上的文化与文明。根祖文化是郑州的一张名片，也是人们的精神寄托，情感归依。例如，轩辕黄帝带给人们的深远影响，而提及苑陵故城中的人们，不得不提的便是苑姓宗族。自商王武丁封其子文于苑为侯爵，文的后代以此为姓，从而有了苑姓。几千年来，"苑"这一从黄帝故里走出的古老姓氏,在华夏大地生生不息地流传繁衍,还先后分化出了 40 余个姓氏,如劝、运、艺等。如今的苑姓子孙有 50 多万人,分布在河南、安徽、山东、河北、山西、陕西、湖北、江西等各个省份。当他们走进苑陵故城,胸中激荡的必是自豪与赞叹——那是作为轩辕黄帝直系后裔的荣光。

今　生

如果要进行"航拍港区"的话,你会看见一幅非常美丽的画卷,在港区的图景上,赫然显现一柄象征着吉祥的"玉如意"。

其中,"玉如意"的柄首,便是苑陵故城遗址公园,也可以说是郑州市航空港区园博园的 C 区。伴着新的历史考古发掘,随着苑氏家族文化的寻根问祖,以及国民历史文化遗产保护意识的觉醒,政府对文物的强有力保护,苑陵故城在 21 世纪又获得新生。苑陵故城遗址公园以古遗址保护为前提,以展示秦汉农耕文明为主线,在城内进行全面覆土之后,打造"六圃九囿"景观,园内甄选五角枫、海棠、月季等乡土树种和传统名花,营造花林草地、花卉长廊、农耕花田,渲染故城秋之绚烂、冬之苍翠、春之明媚、夏之斑斓的四季油画,力图还原一城生机盎然的"苑陵群芳圃"。

如果你仔细观察港区地图的话,你会在上面找到可以代表港区文化的三个点,它们连起来就像是一个钝角三角形,而这三个点分别是苑陵故城遗址公园、郑州市航空港区园博园以及双鹤湖中央公园。苑陵故城遗址公园带着历史的味道,跨越千年,焕发光彩,向我们诉说着她的历史故事,向我们展示着历史遗址文化景观,虽不再赋予其军事防御功能,却是历史沧海桑田的记录者。郑州市航空港区园博园和双鹤湖中央公园,则分别从园林景观和生态景观的视角,向我们展示港区之美。

通过对历史的追寻,于苑陵故城中我们见证了港区的魅力,如今的郑州及港区,已不再是干涩苍白的几个字,而是历史与现代气息相融合的生活家园与情感寄予的有灵魂、有血肉、有活力的地方。

参考文献：

[1]牛春秀.郑州古城址的空间演变研究[J].

[2]史雪飞.郑州城市研究[J].

[3]禹明辉.古城遗址旅游开发——以苑陵故城为例[J].

[4]高朝阳.苑陵故城原住民分析[J].

（米莎　王莎莎　鲁广晶　郑州市第一二二中学,郑州市航空港区第一二二中学）

郑州地名历史文化故事

荥阳二王城和“楚河汉界”的由来

位于荥阳市广武镇的二王城遗址，是公元前 203 年楚汉两军以鸿沟为界对峙的地方。秦朝灭亡后，刘邦、项羽为争夺天下发起战争，历时约三年，称楚汉战争。很长一段时期内，双方互有胜负，谁都无法灭掉谁，于是在公元前 203 年双方讲和，以鸿沟为界划分土地，鸿沟以西归汉，鸿沟以东归楚，这就是象棋棋盘上楚河汉界的由来。

“楚河汉界”指的是黄河南岸广武山上的鸿沟，它是古代的一处军事要地。西汉初年楚汉相争时，汉高祖刘邦和西楚霸王项羽仅在荥阳一带就爆发了“大战七十，小战四十”，因种种原因项羽“乃与汉约，中分天下，割鸿沟以西为汉，以东为楚”，鸿沟便成了楚、汉的边界。现在鸿沟两边还有当年两军对垒的城址，东边是霸王城，西边是汉王城。

汉、霸二王城遗址，位于广武山上，1986 年 7 月被河南省政府确定为省级文物保护单位。两座城址中隔鸿沟，遥遥相对。秦汉之际，刘邦与项羽对垒，修筑东、西广武城以为相持。西城为刘邦所筑，称汉王城；东城为项羽所筑，称霸王城。二城中隔广武涧（一说即战国时期的鸿沟），涧深 200 米，宽 100 米，口宽约 800 米，南北走向。二城之北紧靠黄河，西南万山丛错，地势险要。

据《荥泽县志》载，广武山“山势自河边陡起，由北而南，绵亘不断……峰峦尖秀，峭拔数十丈，朝霞暮烟，变态万状”。其上有一条由南向东北的巨壑，就是鸿沟，也称为“广武涧”。这里北临黄河，西边和南边山峦起伏，群峰连绵，地势十分险要。向西可直捣关中盆地，夺取八百里秦川，向东则直下豫东苏北，控制黄淮大平原。

所以历来都是兵家必争之地，也是楚汉激烈争夺的古战场。

据史料称，公元前 203 年，汉王刘邦引兵渡河取成皋（今荥阳汜水），在广武山构筑城垒，阻楚西进。当时楚霸王项羽正在齐地作战，闻成皋失守，遂率兵西进至广武，同样在山上构筑城垒，形成楚汉对垒局面。

两年间，两军多次对决，各有胜负。一次，项羽将刘邦的太公作为人质置于霸王城一侧的项羽堆（今太公台），威吓刘邦说："今不急下，吾烹太公。"刘邦隔沟对曰："吾与汝俱北面受命于怀王，约为兄弟。吾翁即若翁，必欲烹尔翁，则幸分我一杯羹。"

项羽听从项伯话，没杀太公。刘邦隔沟历数项羽罪过，项羽恼怒，张弓射中刘邦前胸，重伤的刘邦却佯称箭弩射住了自己的脚趾，并依张良谋，强忍疼痛，来到阵前劳军，以稳定军心，坚守阵地。之后，刘邦即回成皋养伤去了。

在那之后，北貉燕人出兵助刘邦，韩信同时进攻楚地，项军粮草匮乏，不得已，与刘邦均分天下，以鸿沟为界，东归楚，西归汉。这就是"楚汉相争，鸿沟为界"的故事。公元前 202 年，项羽率兵东去，按说这是在他的属地范围内活动，而刘邦却不顾"约为兄弟"的诺言，跨越"鸿沟"，将项军团团围住。

无奈之下，项羽上马，从者八百，溃围出走，汉军五千骑追之。项羽欲渡乌江，有亭长备船以待，项羽却叹曰："天之亡我，我何渡焉，吾与江东弟子八千人渡江而西，今无一人还。纵江东父老怜我而王，我何面目见之。"遂刎颈死。随后，刘邦即位于今荥阳汜水之阳，开始西汉纪年，楚汉之争到此为止。现存的汉、霸二王城，由于黄河的不断冲刷侵蚀，早已失去原貌，特别是二城的北墙已塌入水中。据 1980 年实测，残存汉王城东西长 530 米，南北长 190 米，墙宽 30 米，高约 6 米，最高处 10 米；霸王城东西长 400 米，南北长 340 米，墙宽 28 米，高约 7 米，最高处约 15 米。二城夯层基本相同，均系平夯，用土呈黄褐色。汉王城西另有一夯土城，据传为张良所居之"子房城"。

汉、霸二王城以楚河汉界为背景的文化资源丰富。特别是"楚河汉界"以其独特的历史见证留在中国象棋的棋盘上。公元前 203

年,刘邦趁项羽东征之机,引兵渡河,攻打成皋(广武西)。成皋守将曹咎遵项羽"谨守成皋,若汉挑战,慎勿与战,无令得东而已"的嘱咐,不应汉军的挑战。刘邦用计,让将士一日数次骂战,羞辱曹咎是胆小女人,曹咎不能忍受,率军出城与刘邦决战,兵败自杀。刘邦占领成皋,驻军广武,取粮于敖仓。项羽在齐地闻知成皋失守,急率军西进。刘邦在广武西山依险筑起城垒,阻楚于鸿沟之东。项羽亦屯兵广武,在东山构筑城堡,与汉军隔涧对垒,形成楚汉对峙的局面。

双方相持数月,楚军兵疲粮缺,急于求战,刘邦有敖仓之粮为后盾,坚守城垒,以逸待劳,只与项羽斗智。刘邦列举项羽十大罪状:第一,负约封他为汉王;第二,矫命杀卿子冠军宋义;第三,已下赵,不回报,擅自将兵入关;第四,烧毁秦宫,掠夺财物;第五,杀子婴;第六,坑秦降卒二十万,亡其降将;第七,分封不公;第八,夺占彭城,多占封地;第九,杀义帝;第十,弑主,杀降,为政不公,主约不信,故天下不容,大逆不道。项羽大怒,伏弩射中刘邦胸,刘邦却急扪足曰:"虏中吾指!"(《史记·高祖本纪》)

汉军绝楚粮道,又从南北牵制楚军,终于迫使项羽接受和约,以鸿沟为界中分天下,西为汉,东为楚。此后,项羽依约东还,刘邦却用张良、陈平之谋,毁约越过鸿沟,组织兵力,围剿楚军,终逼项羽自刎于垓下。后人把刘邦、项羽隔涧据守的营垒分别称为汉王城、霸王城,楚汉之界河鸿沟则流入中国象棋,成为棋盘中间那窄窄的一道"楚河汉界"。

(**陈坤**　郑州新郑综合保税区(郑州航空港区)建设投资有限公司)

须水的来历

每座城市，都有自己独特的历史文化。代表一座城市历史文化的建筑，会因风雨和岁月的侵蚀而烟消云散，但附着于这些建筑和地域上的文化，则变成"非物质文化遗产"而延续至今。地名就是其中之一。

在郑州，这样的地名很多，这些地名背后，都有一些故事，随着城市的扩张及城中村的改造，很多充满历史文化的路名消失了。

须水，位于郑州西郊，郑上高速公路南侧，须水河东岸，是须水镇政府所在地。

须水村是古镇，历史悠久，原名濮水，汉初更名须水。唐武德四年（621）至唐贞观元年（627）间，曾置须水县，属管州。宋、元、明、清、民国时期属荥阳县。1948年解放后，为荥阳第五区，1953年划归郑州市管辖。

金元好问《楚汉战处同钦叔赋》曰："虎掷龙挐不两存，当年曾此堵乾坤。一时豪杰皆行阵，万古河山自壁门……"说的是长达5年的楚汉相争之惨状，这场战争也使得"濮水"改"须水"。

据传，楚汉相争之时，楚军汉将在荥阳东濮水河畔摆开战场，两军对垒，欲要厮杀。忽然，天降暴雨，河水泛滥，双方将士皆乱。汉留侯、军师张良见状对刘邦言道：见险能止，大易知之，请少须（稍后等待之意）。刘邦即令收兵，班师回营。刘邦统一天下，官府遂将"濮水"改"须水"，沿用至今。

须水境内有一马庄村。马庄村名的来历，与落河庙有关。当地民间传说，落河庙因东汉光武帝刘秀而立。

东汉初年，刘秀被王莽撵至郎沟西河湾，跑得又饥又渴，筋疲力尽之时,恰遇上一李姓姑娘为其兄送饭。刘秀见状,滚鞍下马,将马拴在河边柳树上,向女子施礼乞舍。该女见刘秀狼狈可怜,便将所担饭食分一半给刘秀食之,剩余给其兄送去。其兄见所送饭食甚少,不免开口责问,女实言相告。兄闻之大怒,责其不遵男女授受不亲之道,不守三纲五常之礼。责骂声令女羞愤不已,遂投河自尽而亡。刘秀登基称帝后,命当地官员察访此女,欲报其舍食之恩,闻女为此事自尽,刘秀不胜感慨。为表该女忠烈贞洁,遂降旨在其投水的河边修建落河庙一座,内塑落河少女神像,后人称为"落河奶奶庙",并将当年拴过马的柳树,封为御马桩。百姓因慕此地受过皇封,来此定居,既定村名为马桩。因"桩""庄"同音,久而久之,遂将马桩改为马庄。

（**陈轩** 郑州中建深铁轨道交通有限公司）

百年历史见证者——司赵火车站

司赵火车站的兴建

司赵火车站现位于经开十八大街与崇光路交叉口,它是中国最早的火车站之一。横亘甘肃、陕西、河南和江苏四省的陇秦豫海铁路,由大清国提出建造,设计全长 1759 公里,当时最先修建的是洛阳到开封一段。清光绪二十九年(1903)十一月,由中国铁路总公司督办铁路大臣盛宣怀与比利时铁路公司,签订了该铁路的借款合同与行车合同。1905 年 6 月正式开工,由比利时专家参与修建,在郑州至开封沿铁路修了近 10 个车站,司赵车站就是其中一个小站。整体建筑为德式混尖红瓦形制。司赵火车站建成以后,先后经过数次维修与扩建,为当时中国的铁路运输事业做出了很大贡献。

司赵火车站的重建与延续

1938 年,黄河花园口决堤后,滔滔黄河水滚滚南下,郑州至开封段铁路瞬间被淹,中牟、白沙两个火车站被毁,陇海线遂告中断。到了 1944 年,日军为了打通"大陆交通线",就大举进攻,为了输送兵员和补给,1944 年日军在郑州抢修原陇海铁路,接通陇海铁路与京汉铁路,和原来的陇海线郑汴段相比,不得不往南偏了几公里。重修的这段铁路,比原来的线路也长了 7000 多米。日军在新建铁路上重设了中牟、郑庵和司赵三个火车站。现在遗留下的邵岗集车站、老中牟火车站和司赵火车站,都是当年日军侵华的实物见证。日军在司赵火车站西侧修建了一座日式砖瓦结构炮楼。这座火车站和炮楼成了日军侵华染指郑州的铁证。

百年司赵见证史实

沧桑百年的司赵火车站见证时代的更替，岁月在这座车站上留下了时代的印记，赋予了它深沉的历史意义。无论是抗战历史遗址遗迹还是抗战历史的载体，它们承担着唤起民族记忆、弘扬民族精神、加强爱国主义教育的作用，抢救、修复、保护、研究、利用有价值的抗战遗址，即是给后人留下丰富生动的历史文化遗产。中国人民抗日战争的胜利成为中华民族由衰败走向振兴的重大转折枢纽。在国家兴衰的时代节点，司赵火车站也见证着历史的变迁。

经历了半个世纪战争与和平的峥嵘岁月，现在的司赵火车站已经见不到当年铁轨的痕迹，旁边乌黑的炮楼让人浮想起抗日战争的烽火硝烟。忘记历史就意味着背叛。司赵火车站是日本帝国主义入侵中原、染指陇海铁路的一个铁证，它就像一座长鸣的警钟，时刻提醒我们勿忘国耻，为实现国家富强、民族振兴砥砺前行。

如今，经受过时代的洗礼，在对现存站房、炮楼原址保护的基础上，修旧如旧，计划打造为以火车为主题的公园。在古今交融中，完成对历史的纪念，也承载着对未来的无限期待。

抗战遗址，是在烽火连天的抗战岁月中形成和发展起来的，是中国人民英勇反抗日本侵略者的重要见证。它们应该是弘扬抗战精神、开展爱国主义教育、培育社会主义核心价值观的重要载体，对于公众认识和了解日本侵略者犯下的种种罪行，对于宣传抗日英烈的英雄事迹、继承抗日英烈的光荣传统、弘扬抗日英烈的爱国精神，对于防止集体记忆的丧失和历史悲剧的重演，具有十分重要的作用。

（维修部工电车间党支部）

承载百年历史的修女楼

历经世纪的风雨雪霜

了然岁月的光鲜与沧桑

爱在左,同情在右

走在生命的两旁

随时开花,随时播种

任时光无情地涤荡

她的辉煌与变迁

终将在她漾动的明眸间

绽放出永恒的光彩

在浩瀚辽阔、源远流长的郑州历史文化中,掩卷沉思,留给我们太多的追忆、太多的感慨……历史除了包含厚厚的文献、传承的物件和口耳相传的故事,最珍贵的莫过于或古老或沧桑或斑驳的建筑物了。今天,让我们追寻岁月的流年,一起追忆经历了一个多世纪风雨、至今唯一幸存的郑州人民医院前身建筑物——修女楼。

她现在坐落于热闹繁华的郑州市解放路立交桥下。在中国最繁忙喧嚣的火车线路旁边,悄然安静地矗立着一栋独立的巴洛克式建筑,这幢青砖红瓦、拱券窗户的方形建筑,在高楼林立、车水马龙的背景衬托中,显得格外古朴、神秘和另类。这里,留下了20世纪30多名外籍主教、神父、修女在华活动的足迹;这里,诞生了郑州最早期的孤儿院、养老院、西式学校和西医医院等社会公益团体;这里,承担了施医赠药、救死扶伤的伟大的国际人道主义精神;这里,记录了郑州民众在战火纷飞、硝烟弥漫的年代里苦难的记忆;这里,见证了郑州现代医疗事业的发轫和变迁历史……

她,就是承载了百年历史、历经了百年沧桑的修女楼。

1896 年一个飘雨的黄昏,一艘驶往中国的航船上,坐着一个面目清俊的 28 岁的年轻人,他来自遥远的国度——意大利。他的本名我们已经无从考证,仅知道他的中文名字贾师谊。28 岁的年轻人为了心中的理想,抛弃国内优越的生活条件,只身漂洋万里,前往贫弱的中国。他坐在船上,望着眼前苍茫无际的大海心情起伏、思绪万千,他没有想到,这一别便再也没有回到自己的祖国,再也没有见过自己的父母亲人;他更没有想到,若干年后,他会成为一个时代的传奇,成为后人心目中爱的化身、爱的象征,成为后人心目中永远敬仰和祭拜的典范。

当时的中国,处在清朝晚期,列强割据、内忧外患,百姓生灵涂炭、流离失所。作为一个传教士,一个虔诚的天主教徒,他的任务是到中国传教布道,将上帝的福祉和力量带给在人间受苦受难的众生。1904 年,贾师谊按照天主教会的安排,和其他 3 位意大利籍传教士一起来到郑州传教。1906 年在慕霖路 4 号(现解放路)建设天主教堂,郑州教区正式成立。1911 年,贾师谊升任天主教郑州教区的主教,他为扩大教会影响,传教更多的民众,开始筹建医院,借医传教、以教带医。经过不懈的努力,1912 年 2 月,在教堂旁边临街的两间平房,成立"天主堂医院",配备一名修女医生和华人护士张殿臣,两人采用西医方式应诊。天主堂医院以诊治眼病为主,内、外科为辅,药品仅有眼药水、红汞等,在简陋的条件下,施医赠药,医治了无数的中国百姓。因对教友和贫困民众免费治疗,很快得到了当地群众的认可,被当地百姓亲切地称为"施药医院"。

随着就诊看病的患者日渐增多,贾师谊委派修女在医院兼任护士,协助医疗工作。同年,贾师谊建造了供修女居住、办公、礼拜的公寓楼——修女楼。之后,教会为方便教徒礼拜,聘请名匠修建了三角顶式建筑七苦堂,并在七苦堂以北与修女楼对称位置修建了神父楼,教会还陆续创办了孤儿院、养老院和西式学校等社会公益事业。1924 年 3 月,医院更名为"天主堂公教医院",并在岗杜、敦睦路、漯河、襄县、许昌等地相继设立了分院。之后的 20 年里,在贾师谊先生的领导下，医院得到迅速发展，成为郑州当地规模最大的综合医院。

在现存的一份《郑州慕霖路公教医院建筑示意图》中显示，至20世纪40年代，修女楼东边是孤儿院、养老院、葡萄园，西边是养牛场、磨坊、伙房，南侧还有洗衣房、修女饭堂、修女教室、茶炉、门诊及教会用房，当时的教会区域颇具规模。社会公益事业的兴起，使当时的国人受益匪浅，源于西方的近代新机构、新思想也随之融入郑州。

坐北朝南的修女楼平面呈方形，占地面积约200平方米。竖向长条形采光窗外饰，拱式窗套，上开老虎窗，屋顶采用红色机制平板瓦坡面，构造复杂，砖砌的造型精致优美，雕着纹饰的木质扶手和窗棂，刻工一丝不苟。主体使用墙体承重，楼板的水平载荷使用木梁承托，屋面的檩条直接搁置于砖柱上，砖砌的墙体较厚，厚度近50厘米。无论是承载重量或是咬合程度，均契合完美、坚固出色。修女楼从外观来看，仿照欧洲文艺复兴时期建筑，呈现明显的巴洛克风格，同时又吸取了中国传统建筑的制式，可谓是中西方建筑思想融合的结晶。

1937年"七七事变"，日本发动全面侵华战争。郑州这座内陆城市也未能幸免于战火。众多黎民百姓颠沛流离，生灵涂炭。战争初期，因为医院天主教堂房顶上竖有意大利国旗，日本和德国、意大利同属发动法西斯战争的轴心国，日本对意大利兴办的教堂、医院没有贸然侵犯，教堂与医院还能够正常礼拜和工作。于是，大批家园遭毁、受锋镝之苦的难民，纷纷拥进天主教堂寻求帮助。贾师谊先生悲天悯人、济世众苍，公然和自己的母国背道而驰，站在了劳苦大众一边，明示教堂和医院倾其所能庇护受难民众，教堂敞开了宽厚仁慈的胸怀，医院解民倒悬、槁苏暍醒，为难民安排吃住、施医赠药，使一方黎民暂时远离战乱和伤痛。

国民政府为鼓舞抗战士气，1938年夏天，宋美龄来到郑州，视察了贾师谊先生创办的医院和慈善机构，给予了充分的赞赏和肯定。由于汉奸告密，郑州遭到日军的反扑和轰炸，慕霖路天主教堂便是日军轰炸的重点。日军的狂轰滥炸致使建成26年护佑了无数普世苍生的天主教西式教堂屋顶起火,熊熊大火恣意燃烧,见证了日本帝国主义的凶残和罪恶。但因为教堂建筑的墙体坚厚,日机仅炸毁了屋顶,坚不可摧的教堂墙体并未倒塌,旁边的修女楼和其他的一些小房子得以幸存。郑州天主教堂被轰炸的照片至今还存放在中国革命博物馆。教会和贾师谊先生多次考虑重建教堂,但碍于时局动乱、资金缺乏,一直没有修建成功,这些残存的墙壁一直弥留到新中国成立。

1941年10月,日军攻占郑州前后,屡次派飞机轰炸郑州。受战争影响,城内物价飞涨,食品短缺,民不聊生。郑州天主教堂的主教、神父、修女纷纷举办难民收容所,并以"国际救济委员会"的名义,分配救灾物资接济难民,为难民免费诊治疾病。在战火中备受煎熬的黎民百姓又纷纭接踵拥至教堂。医院的伤病人员数量日渐骤增,病床严重不足。医院想方设法、竭尽全力增设地铺收治伤员。贾师谊先生带领全院医务、工勤人员和修女,大家不分国籍、同心协力、夜以继日地为伤病员诊治疗伤。年迈古稀的老人,得到贾师谊先生嘘寒问暖的关切,饱经沧桑的脸上绽开了欣慰的笑容;饱受冻馁的难童,穿上贾师谊先生送的大衣,童真无邪地顽皮起来……在那个战火纷飞的年代,在那个缺医少药的岁月,有什么比伤痛得以救治、苦难得以庇护、生命得以延续更弥足珍贵与温暖人心的呢?

1944年10月,贾师谊先生因操劳过度、积劳成疾,不幸去世,告别了他30余年来呕心沥血创建的、殚精竭虑相伴的教堂和医院。

贾师谊先生一生收到的捐款高达百万美金,但他却过着十分清苦的生活,辞世之时身无长物、两袖清风,他把自己的所有献给了他忠诚膜拜的信仰。他远离故乡,没有结婚,没有孩子,没有亲人,孑然一身,死后也埋骨在他奋斗、热爱的郑州。几十年来,贾师谊先生济世仁慈、普爱众生,大力兴办医疗和慈善机构,为郑州现代医疗事业及慈善事业的发端与发展起到了重要作用。战乱时期,贾师谊先生利用教会特殊的社会影响力,保护了大批平民,使民众免遭日军战火的蹂躏;面对残暴的轰炸,贾师谊先生临危不惧，依然守护受难的生命，发扬了伟大的救死扶伤的人道主义精神。“感其功德，后世敬仰”，先师已逝，精神永存！

新中国成立后，在解放路兴建学校（解放路小学前身）时，被日机轰炸后残留的教堂墙体被拆掉，厚实的墙砖也被用来建盖学校了。自此之后，修女楼便成为有百年历史的郑州人民医院唯一幸存的建筑了。

1969 年 12 月，医院作为“备战医院”整体迁移荥阳农场洞林寺（1973 年重新迁回郑州），公教医院的房屋被郑州市第二人民医院所用。在市二院入驻期间，修女楼因为“墙体最厚，最能隔绝辐射”，被用作放射科办公地，直至 2007 年郑州市第二人民医院搬迁。

随后，修女楼重归教堂所有。为维持教堂日常的运营开支，她历经磨难，被迫租出，经改造变成了低廉的旅社。

如今矗立在闹市中的修女楼，虽然破旧斑驳，似一位饱经风霜、满身创伤的百岁老人，但是我们仰望崇敬、感恩缅怀。隔着厚重的历史回望，在长夜难明的困苦岁月里，在硝烟弥漫的烽火年代中，在教堂多次遭到轰炸的情况下，贾师谊先生和他创建的教堂与医院，以坚强无畏的意志，用博爱人道的品行，救助了无数处于水深火热中的民众，谱写了一曲曲救死扶伤的人道主义篇章。今天依然伫立的修女楼，蕴含的是百折不挠、矢志不渝、悬壶济世的精神和品格。作为历史的见证，她的含义早已超越一般意义的治病救人的范畴，俨然成为一种精神、一种象征；她孕育的后代——郑州人民医院，历经百年征程，伴随祖国的荣光梦想，励精图治、砥砺前行，规模由小到大，实力由弱变强，今天的郑州人民医院已然迈入国家三级甲等医院队列，发展成为一所集医疗、教学、科研、预防、保健、急救并融医防康协同发展的现代化大型综合医疗集团。

现在，可以让我们欣慰的是，这座历经坎坷的郑州市罕见的欧式风格的教堂建筑，已被政府列入“郑州市优秀近现代建筑”进行保护；市政协委员提出的关于保护名优建筑、留着历史记忆的提案已由市文物局批示。根据《中华人民共和国文物保护法》规定，按照《文物保护工程管理办法》对修女楼实施文物保护措施；郑州人民医院和郑州市天主教爱国会多次沟通协商,呼吁全社会关注,并不遗余力、全力以赴地修缮,保持她的完好、恢复她的价值。

今天,站在她的面前凝望沉思,她的历史价值早已远远地超越了宗教意义,更多地代表着包容、博爱、坚强和人道的精神品质。我们真诚地祝愿她,历经战争、变迁和改造,始终用坚定、温柔、慈爱的眼光凝望郑州这片故土,始终以坚韧、顽强、刚毅的身姿屹立于中州大地!

祝福蕙质兰心的修女楼,明天更加美好!

(杨卫红　郑州市第二人民医院)

承载百年历史的修女楼

大同路：郑州百年商业"孵化器"

郑州有一条老马路，长不足百米，却孵化了郑州百年商业，见证了郑州商业的百年发展轨迹，至今仍是繁华商街，这就是大同路。

郑州现代史上第一条商街

1896年，张之洞、盛宣怀经清政府批准修筑卢汉铁路，同时建郑州车站，架郑州黄河铁路大桥。修筑卢汉铁路的几年间，在老郑县吕祖庙内，设立了铁路管理机构，吕祖庙到火车站之间形成一平坦大道，人称马路大街。

1904年，火车试运行，马路大街开始出现给旅客服务的旅馆。次年春，河南巡抚陈夔龙见马路大街商业繁华，但街窄，认为要想发展商业必须开埠商业区。于是上报清政府开郑州商埠5平方公里。1908年11月20日，清政府正式批准郑州开商埠。这也是郑州第一次经政府批准建商埠，马路大街促成了郑州商埠的建立，成为郑州现代史上第一条商街。

到了20世纪20年代初，商户云集，马路大街才改名为大同路，取世界大同之意。20年代末中国有名的刊物《旅行杂志》曾刊发茅盾先生的征文启事《中国一日》，国内的旅行家、摄影师采访时，称郑州大同路是"华北地区大都会郑州商业名街"。

1916年，大同路曾称大通路，意即经商、通商、商业四通八达。1922年3月31日，国民政府再次开郑州商埠10平方公里，一、二、三马路，德化街、正兴街、老坟岗、福寿街、乔家门等商街都在商埠区内。

评价、赞誉大同路，脱离不了当时的历史背景，有一个说法是客观真实的：大同路是火车拉出来的。它的前身马路大街最先商业化，改名之后大同路成了商业化身。大同路的商业热闹了近百年。老郑州人认大同路，直到郑州解放后的几十年间，老郑州人买东西好去大同路，那儿货全。不仅百货、绸缎齐全，而且全市最大的五金商店就在这里。20世纪六七十年代，人们买自行车凭工业券，拿了钱和券就往大同路跑托关系，买辆好车子。在大同路还有一家新华书店，专售农村读物和科技类图书，门面不大，星期天总是人头攒动。从大同路西头即现在的火车站南出站口向东，是一街旅馆，街头一家叫服务旅社，另外有大同旅社、国营旅社等。

1928年，冯玉祥第二次任河南省主席、总司令，主席府设在开封，司令部设在郑州。这一年，他干了两件大事：一是设立郑州市；二是拆下老城700万块砖，修建德化街，铺装大同路。又在这条商业街上，装上了路灯，上了水泥板块路，在这道街上的南洋百货店、鸿兴源糕点酱菜房、五美长酱菜园、瑞丰祥呢绒绸缎店、长发祥布匹店等商号，以及宏济堂药铺、北京同仁堂药店生意更加兴隆。尤其是大同路西口的饭店和旅店，如豫顺楼饭庄、华阳春饭店等更是顾客盈门，生意火爆。国民党政要人员也住进了大同路，1945年12月，国民党上将刘峙由渝来郑，任国民党郑州绥靖公署主任，公署就设在大同路东头。在大同路西段路南，则是国民党安徽省主席刘镇华的公馆，门面3间，后院有房10余间，中华人民共和国成立后这个公馆改成了小昌宋洗染店。

"文化大革命"时期，大同路曾更名为反帝路。改称反帝路的理由很简单，此路是国民党修的，国民党郑州绥靖公署曾驻于此，国民党残渣余孽在这里住过。郑州人的拗劲儿上来了，你改你的反帝路，我叫我的大同路。大同路，毕竟是给过郑州人许多方便、快乐和梦想的老街啊！它虽然长不足千米，宽仅20余米，但它作为商业街，自火车开进郑州的一二十年间，可谓一应俱全了。日用百货店铺70余家，布匹绸缎店铺50多家，五金电料5家，另有大昌服装店、商务印书馆、中法大药房，足能让你逛上一天半晌的了。

还有让你开眼的,那就是大同路这条街上名扬全城的饭店、旅馆和银行了。20世纪八九十年前,如此狭窄的大同路,却拥有着足以使整个地方商业运作起来的各行各业,支撑了郑州的繁华,称得起大红大紫。这里也是"五交化"大本营,郑州人日常生活中的许多"交易"均发生于此,如20世纪六七十年代,当地人会在这里的郑州最大的国有商店买"三转一响",即自行车、缝纫机、手表和收音机。近百年来,是大同路和另外一条老街德化街,孕育了郑州的商业。

大同路之最

大同路曾占据郑州商业的五个最多、九个最早。五个最多是:百货商场最多,旅馆业最多,金融业的银行最多,中西大药房最多,五金交电商店最多。九个最早是:1905年,大同路开设了郑州第一家旅馆——迎宾旅馆;1912年,赵晋三在大同路开设了鸿源酱园,从天津、北京招来技工,产品有酱油、食醋、酱菜,从此北京风味的调味品进入郑州;1915年,大同路开设了中西大药房,掌柜田志斌,这是郑州有史以来的第一家西药房;1918年,开封商人在大同路开设义盛祥五金商号;1919年,万茂生在这条街上办起了步云车行,成为郑州最早的五金商店、自行车行;也是在1919年,郑州的第一家照相馆在大同路开张;1921年,瑞丰祥呢绒绸缎店在大同路开张,水泥粉刷、水磨石的门面十分气派,该店品种多、价格公道,对只看不买的顾客照样迎送,1987年旧城改造中拆除;1933年,中国国货公司在大同路开业,是当时郑州贸易业最大的一家公司;郑州的第一家国有百货商店也在大同路,成立于郑州解放后的1949年3月,经营针织纺织品食糖、卷烟、罐头、民用交电(自行车、收音机等)、染料、碱面、玻璃等百余种商品。那时的老郑州人说逛百货商店,指的就是位于大同路中段的国有百货商店。到20世纪50年代末,"郑州十大建筑"之一,位于二七路中段郑州百货大楼建起后,再说逛百货商店指的就是百货大楼了。所以,大同路是老郑州商业中最能"摆谱"的,它曾居龙头老大的地位,真正的大红大紫过!

大同路作为商业街的特点之一是银钱业，即银行、银号、信用合作社密集。从 1908 年郑州有银行开始，到 1934 年的 20 多年间，郑州有银行 8 家，而大同路就有中国银行、四川农民银行、省银行等 3 家。比银行实力差一些的银号郑州有 20 多家，大同路就有长发、大华等 8 家银号。其他几家银行和银号、信用合作社在距大同路近在咫尺的银行街、德化街、兴隆街；抗战胜利之后，郑州又有了实力更差于银号的银钱业——信用合作社。信用社无字号，是按一、二、三、四、五排列的，到 1948 年郑州解放时，共有 9 家，大同路占 5 家。郑州的第一家银行联谊会，就设在大同路东头。

郑州最早的现代化旅馆

大同路因与火车站毗邻，旅馆业十分发达，大小有 20 多家，它们是繁荣商业的一支劲旅。

迎宾旅馆小楼两层，1904 年建成，是郑州最早的现代化旅馆。客房 24 间，分设甲、乙、丙三级房间，甲级房间备有缎被、床帐。旅馆内有食堂供客人用餐，凡居迎宾旅馆的客人，店内有专职服务员上站迎客，送人上车，服务十分周到。迎宾旅馆在大同路上经营近 40 年，最终毁于日本飞机的轰炸。

大金台旅馆 1913 年建成，与开封鼓楼街大金台、汉口大智门大金台均有联系，该店由 6 人合股经营，为三进五院，分别为前院、中院、后楼院、偏北院和北楼院（又称"洋楼院"），院与院之间的通道也各具特色，院内花草锦簇，古朴典雅。全店共有 100 多个房间，200 多个床位，店员伙计 60 余人，客房分甲、乙、福、禄、寿、喜六个档次，附设旅客食堂。大金台生意兴隆，誉满京汉、陇海沿线。可惜的是，该店于 1984 年被拆除。

"大金台"名扬京汉、陇海铁路沿线，接待会议，名人慕名而来。1923 年参加京汉铁路总工会成立大会的部分代表，就住在这里的"洋楼院"。值得一提的是，鲁迅先生分别在 1924 年 7 月 8 日、8 月 11 日，应邀由北京经河南到西安讲学，往返过郑州，住过郑州的"均寓大金台旅馆"。"均寓大金台旅馆"1958 年改为国营服务旅社。

五洲旅馆,这家酒店出名不仅是因规模宏大,更重要的是1923年2月4日,发生在郑州的京汉铁路大罢工的代表会议是在此召开的。

"国货"公司和"百货"公司

在郑州,中国国货公司是第一家专营国货的企业。

所谓国货,主要是针对"洋货"(即当时的日货)而言。1931年"九一八"事变后,山海关失守,华北告急,关内商界掀起抵制日货运动;1932年之后,大同路、德化街的商家商会统一组织开展了拒进日货、焚烧日货的爱国运动。在这种情况下,商界巨子刘桂勋、谭九思创办了中国国货公司,1932年在大同路西段开业,它也是当时货业中最大的一家。

巨商办店,出手不凡,国货公司水泥门脸,门脸上装国货徽记,图案是红圆圈内白圆圈,蓝底上有中国地图,地图上书写"国货"金字,地图上四圆圈内外辐射光芒。十分讲究的二层楼,有6间营业厅,其经营的国货包括布匹、鞋帽、绸缎、化妆品、衣服等,十分齐全,当时在郑州商业界影响非常大。

国货公司系全国工商联企业,价格全国统一,只是加地区差价而已。曾在大同路、德化街经营国货的小店,多以中国国货公司的牌价为价格尺度。开业后的五六年间,中国国货公司成了郑州商界经营国货的领军人物。但是一场日军轰炸,使刘桂勋、谭九思将"国货公司"迁址到四川重庆,公司仍叫"国货公司",解放后改为重庆市百货公司。

私人百货商店——南洋百货商店建于1934年,是郑州名副其实的第一家百货字号,位于大同路78号,赵荣伦任经理。1937年,全面抗战爆发后,一度歇业,1946年复营业。

南洋百货商店经理赵荣伦是河北冀县人,他立足"百货",广开进货渠道,"京货"、"广货"、本地产品、"洋货"来者不拒,布匹类、绸缎类、鞋帽类等一应俱全。另外,他又根据客户要求增添了文具、土产以及化妆品之类,这样一来,在大同路这条街上的百货"时货"店铺中,唯南洋百货商店商品最为齐全。

1948年10月22日,郑州解放。25日,市军管会通告全市商店一律开业,取消限价,自由交易。南洋百货重振精神。1950年7月,人民政府召开私营企业、公司、商店会议,支持恢复经济和生产,调整公私关系,稳定市场价格,国营百货公司委托南洋百货商店、华华工业社等7家商店经营代销业务。

餐饮百态　各领风骚

在大同路西口接近火车站的饭店中,首屈一指的是1920年开张、以经营豫菜最为有名的豫顺楼。河南饭馆的习俗,客人入席后,馆子必先敬汤一碗,外地人视为奇特。南方馆有"新丰斋""老半斋"。还有两家饭店颇具代表性:一家是正宗的老外开的"法国饭店";另一家则是土生土长的郑州毛庄人毛虞岑开的"华阳春"饭店(在现在大同路西口,邮电局的位置)。

豫顺楼,专营豫菜,在郑州首屈一指,位于大同路西头火车站旁,1920年开业,店掌柜是程如明。程老板1905年由开封来到郑州,先在火车站一带搭个席棚卖大碗面条,因经营有方而发迹,此后开了豫顺楼饭庄。该店为二层楼房,除大堂外,单间雅座有20多个,成为当时郑州最有名的大馆子。1938年,该店被日寇飞机炸毁。20世纪七八十年代,豫顺楼重起炉灶,开在人民路、玉凤路等地。

京都葛记焖饼馆,1926年由满族镶黄旗人葛明惠创办,地址在郑州京汉车站东,1946年迁址大同路。葛明惠的儿子葛元祥接手经营后,在焖饼的基础上,利用烩、炒等技术,开发了炒饼、烩饼,与焖饼并称"葛记三饼"。郑州解放后,葛记焖饼扩大生意,先后在大同路西段、中原西路建分店多处,生意十分兴隆。2003年之后,葛记焖饼大本营坐落在黄河路,葛家三兄妹掌店,名声远扬。

法国饭店于1912年3月1日在大同路西头(今大同路北,敦睦路西)开业。饭店初创时搭的是席棚,仅有客房4间,老板是法国人,其妻系日本人,善做面食和西点,所以兼营旅馆、西餐和酒吧,是外籍人唯一投宿地。这是郑州最早经营西餐的饭店,也是首家外国人开办的旅馆,其收费标准为:管住宿一份饭5元,不住宿1.5元。饭店接待的客人以法国和英国人为主。饭店供应的菜式主要有咖喱鸡、煎牛排、鲍鱼、牛尾汤等。20世纪之初的郑州,竟然有正宗的外国人开的饭店,足见其地理位置之优越和吸引力!

华阳春饭店是1933年郑州毛庄人毛虞岑与古中峰以股份制形式在一马路北口(也就是大同路西口)创建的。他说:外国人在这儿开饭店,我非压过他。华阳春饭店有四层楼房,是当时郑州最高的建筑,也最为豪华。饭店装有电梯、锅炉、水塔,建有浴池、中西餐厅,客房是大型综合性酒店。店里除经营散餐外,还包办筵席。中餐部设在一楼,提供传统名菜;西餐部设在二楼,早餐有麦片粥、细米粥、火腿蛋、面包等;三楼是客房,四楼是洗浴。华阳春饭店体面排场,其主顾多系上流社会人士,备有电梯,"吃住兼有,设备齐全,并备汽车接送;餐厅更是讲招聘南北司厨,西洋庖师,专售英法大菜、各色洋酒,特设雅座,雇来貌美女子招待贵客,至伺候周到呼应灵通,尤其余不出有因施行过郑者幸留意焉"。这是当年媒体对"华阳春"的评价。至全面抗战爆发前,饭店经营情况一直良好。1938年2月14日,日本飞机轰炸郑州,华阳春饭店是被炸毁的9个饭店之一,饭店整座楼被炸毁,大火整整烧了三天三夜。饭店就此关门。

小有天饭庄,曾名"别有天""方记"饭庄。1912年创办,地址在大同路西段路北,掌柜为福建闽侯人方永辉。方系铁路职工,将饭店定名"小有天饭庄",蕴意是"饭馆虽小而福建菜肴别有天地"。因为当时郑州铁路员工福建人居多,饭店经营上以福建菜肴为主。1948年,郑州解放,小有天饭庄闽菜豫菜兼营,名厨高手云集,引来大批食客,在业界影响非常大。20世纪六七十年代,"小有天"改为实习饭店,专事培养厨师。

西义楼是刘登奎于1930年在大同路西头路南开的一家回族馆子,主要经营回族炒菜和各类面食。为了吸引顾客,凡到该店吃饭,一律奉送大碗清汤,外带胡椒、醋、辣椒等搭配,哪怕只是吃包子、油酥饼,也照送不误。

香口饭店。地址在大同路西段路北。地下党员李克欧的公开身份，是1945年8月开业的香口饭店经理。饭店前后共30多间房舍，前楼为三层建筑，后楼为二层，楼下餐厅、楼上是旅馆部。香口饭店平日以包办筵席为主，兼做散客生意。1948年，刘邓大军攻打郑州前夕，李克欧去了长沙，将饭店交给股东喻高等经营。1949年6月，李克欧受中共地下党组织领导人方坤的派遣，前往湖南从事汨罗地区的策反工作。其间，李克欧被国民党长沙警备司令部逮捕，1949年7月19日被枪杀。

大牌书局办书店

创办于1897年的商务印书馆，看中了已成为铁路交通枢纽的郑州交通便利、商业繁荣，于1922年2月，在大同路东段路南与德化街交叉口处，开办了商务印书馆郑州分馆。

店铺为3间门面，购书者可直接在店内翻看图书。商务印书馆不仅开敞开售书风气之先，它的售书服务也是令人称道的。比如，送书到店铺，送书到校，甚至到班级，在火车站、商街闹市设售书网点，在店门前打广告介绍新书，这些服务措施是很到位的。

龙文书局是商务印书馆合作伙伴。1924年，大同路东段路南有一龙文书局，为荥阳人梅耐寒所开。梅氏从小在开封惠文书房当学徒，十几年间他不仅苦读书，且研究业务，立志自己办书店。1923年，他回到家乡，见大同路无比繁华，便约几个同乡在此开办了龙文书局。

龙文书局开业后，以经营中小学课本为主，兼营文具作业本。为适应市场，梅耐寒采取了两项措施扩大生意：一是与商务印书馆联手，在书局对面另辟门面，挂牌"商务印书馆郑州特约处"，专营商务版图书；二是送书到学校，深受师生和教育部门的欢迎。

1938年2月14日，龙文书局被日军炸毁，梅氏只好两店合并经营，1944年，郑州沦陷，梅耐寒无奈弃店而回老家。1945年8月15日，日本无条件投降，梅耐寒再把荥阳一帮伙计集齐，重回大同路开业。他利用长期与商务印书馆合作建立起的信誉，采取代销的形式回笼资金,每学期开学前,他派伙计,有时自己亲往,了解学校需要的教科书,以便及时进货、送货。

1949年后,梅耐寒的龙文书局并入了郑州新华书店。

中华书局是业内老字号,总部在上海,1918年6月派李敬言来郑州办书店,店址选在大同路宝昌路口,店面4间。中华人民共和国成立后,这家书店并入郑州新华书店。

郑州大同路弓背街西口的世界书局于1928年创办,主要经销上海世界书店出版发行的《标准英文读本》《莎士比亚戏剧全集》《珍本医学集成》等外文书。后经营连环画,从中国四大名著入手,出售《三国演义》《水浒传》,后又补上《红楼梦》《西游记》,受到青少年的喜爱。世界书局的经营方法十分灵活,批发兼零售,凡进店的书,一本、一套均可按批发价售书。

1932年,大同路东段诞生了一家专营上海大东书局出版的法律书籍的书店,除专售"法律丛书"、"现代法典丛书"、《福尔摩斯探案全集》等法律、侦破书籍外,还不断拓宽业务,出售青少年喜欢的杂志,同时兼营文具、教学仪器。书店曾在日寇占领郑州期间歇业,1946年迁址西大街复业,郑州解放后,实行了公私合营,并入市百货文具专营店。

郑州新华书店原系中共中原局总书店分支。1948年,中共中原局宣传部的中原书店成立,当时在河南宝丰县。同年11月,在郑州设立分店,是年底,总店由宝丰迁址郑州大同西路路南,主要经销《共产党宣言》及毛泽东著作,以后又陆续增加了《华中文汇》《长江文艺》《郑州新闻》等期刊。

1949年12月,新华书店郑州支店成立,1953年迁址解放路,改名新华书店。

(**赵富海** 中国作家协会会员,郑州市作家协会顾问,郑州市非遗专家委员会专家,郑州古都学会副会长,《华夏文明》杂志副主编,郑州市文物考古院特聘研究员)

郑州地名历史文化故事

邓通寨沧桑史

邓通寨位于郑州市二七区樱桃沟管委会郭小寨社区的小庙咀自然村东北部。邓通寨东西长 200 米,南北宽约 100 米,面积约 2 万平方米,寨的南、西、北三面被九娘娘庙河(贾鲁河的一条支流)环绕。邓通寨历史悠久,文化底蕴深厚,很早就有人类在此活动,为郑州历史上的著名景点之一,多次在郑州的史书中出现。邓通寨的历史,成为郑州历史的重要组成部分之一。

原始社会,邓通寨一带气候暖热,植物茂密,适合很多体形较大的动物在此生存。于是,这里有很多大象。2004 年左右,郑州的考古人员在邓通寨发现了一些大象化石,据测定年代为原始社会,其中较大的一块长约 30 厘米。这些大象化石的发现,进一步证明了原始社会时期郑州有大象的说法,为河南省的简称"豫",做了很好的诠释。

夏商周时期,邓通寨一带有先民在此定居,使用骨器、陶器等。后来在邓通寨西北方,与邓通寨仅一河之隔的东寨自然村(现属二七区侯寨乡台郭社区)发现夏代的东寨遗址,出土有陶罐、盘、兽骨等。在邓通寨正西方向,与邓通寨仅一河之隔的盐店庄自然村(现属二七区侯寨乡台郭社区)发现夏代的盐店庄遗址,出土有陶罐、大口尊等。在邓通寨正南方,与邓通寨紧邻的下李河自然村(现属二七区樱桃沟管委会桐树洼社区)发现周代的下李河遗址,出土有陶盆、豆、罐、瓮等器物。

西汉时期,我国著名的历史学家、文学家司马迁在其名著《史记》卷一百二十五,《佞幸列传》第六十五记载有汉文帝时期的一个人物邓通:

邓通，蜀郡南安人也，以濯船为黄头郎。孝文帝梦欲上天，不能，有一黄头郎从后推之上天，顾见其衣褧带后穿。觉而之渐台，以梦中阴目求推者郎，即见邓通，其衣后穿，梦中所见也。召问其名姓，姓邓氏，名通，文帝说焉，尊幸之日异。通亦愿谨，不好外交，虽赐洗沐，不欲出。于是文帝赏赐通巨万以十数，官至上大夫。文帝时时如邓通家游戏。然邓通无他能，不能有所荐士，独自谨其身以媚上而已。上使善相者相通，曰"当贫饿死"。文帝曰："能富通者在我也。何谓贫乎？"于是赐邓通蜀严道铜山，得自铸钱，"邓氏钱"布天下。其富如此。

……

及文帝崩，景帝立，邓通免，家居。居无何，人有告邓通盗出徼外铸钱。下吏验问，颇有之，遂竟案，尽没入邓通家，尚负责数巨万。长公主赐邓通，吏辄随没入之，一簪不得著身。

从这段文字中可以看出：出身平凡的邓通原是京城长安宫廷中的一个船夫，后来成为汉文帝的宠臣，汉文帝因怕邓通日后贫困，曾特许他可以在四川一带铸造铜钱，从而使邓通富甲一方。汉文帝去世后，和邓通有积怨的汉景帝即位。不久，失宠后的邓通被人告发，此举正中汉景帝下怀，于是降旨查抄邓府。邓通的资财遂被全部没收。

此后的邓通处境如何呢？《史记》中记述的很是简略，仅有寥寥数言而已，让人不得其详。其实，邓通此后逃离四川，千里迢迢来到了管城（现郑州）西南。

相传邓通逃离四川时，带上了几个当初为他铸造铜钱的工匠，以图在他乡继续铸钱发达。他们向东奔走千里之后，来到管城西南的一条河边，见此处有一个三面环水一面临沟且中间凸起达十几丈的台地（此地因邓通在此活动，后来得名邓通寨），觉得是个很好的隐身之处，便上到此台地顶部，建房定居。安顿下来后，见这里人迹罕至，可谓天高皇帝远，邓通和工匠们便在此偷偷地铸造铜钱。很快,台地上便有了成堆的铜钱。

几年后,邓通铸造的铜钱越来越多,虽然和官府的铜钱几乎一模一样,但还是有一点细微的差别,在流通中逐渐被官府的工匠发觉。经过长期暗中追查,最终发现这些几乎以假乱真的"假币"出自管城附近的一块台地上。

一天早晨,邓通发现台地下面不时地出现一些形迹可疑的人。他预感到这些人是官府的"探子",看来大事不好了!他急忙召集工匠们在台地上挖了很多大坑,紧接着他们把多年经营下来的铜钱、金银、珠宝等分别装进一些大锅、大缸内。然后把这些装满财宝的缸、锅封好口放进坑里,埋上土并在上面种草浇水,使其与别处的地面毫无二致。做完这些后,邓通见台地下面的人逐渐多了起来,随时可能向上发起进攻。

邓通便和工匠们每人骑上一匹快马,从东边冲出台地后分头四散突围。台地下面的几个"探子"和在附近躲藏着的众多官兵见此情景便急忙追赶。

邓通独自骑马向西越过小河开始狂奔,后面的一些官兵紧追不舍。邓通向西逃了约10里地后来到一个土岗(位于现二七区樱桃沟景区管委会三李社区),官兵见一时难以追上,便放弃了"抓活的"的想法,开始搭弓射箭。邓通很快便身中数箭,身子一歪,从马上掉了下来。官兵们急忙冲上前去,见邓通已经死了。官兵们便在土岗上挖坑把邓通进行了草草的安葬,并立了一个土冢。此墓冢当地人称"邓通冢""王冢"等。1975年,三李村平整土地,土冢被平掉了。

魏晋南北朝时期,因战乱较多。邓通寨一带的百姓或被乱军杀死,或者逃亡他乡,很多村庄废弃,田地荒芜。

唐宋时期,邓通寨一带有杨柳村、长安寨村等村庄,村民长期以农业生产为主。很多村庄流传有关于邓通寨的多个传说故事,主要有《饿死傻朝廷》《九缸十八锅》《万年灯》《化银锅》等。现介绍一下《饿死傻朝廷》的故事:

邓通寨上曾居住有一位被废黜的皇帝,因为他智力有问题,当地人俗称他为"傻朝廷"。

傻朝廷虽不聪明,却爱钱如命,他在邓通寨上和仅有的几位随从整日铸造铜钱。因在寨上的生活条件远不如皇宫,他时常愁眉不展。不过,每当看到铸造好的铜钱时,他便喜笑颜开。虽然铸造了很多铜钱,他却舍不得分给随从,以致后来随从们相继离开,这下傻朝廷成了真正的孤家寡人。于是,他在每天铸造铜钱的间隙中,还要抽出时间做饭。因为此前曾听做饭的随从说做饭用的火要到寨西河对岸的大庙咀(位于现二七区侯寨乡台郭社区)去取,傻朝廷每天只得在做饭之前拿着引火的木条、棉花,蹚过寨西的小河到对面取火,然后再折返回来用取到的火种烧火做饭。

有一年夏天的早晨,天降大雨,寨西的小河随之暴涨。傻朝廷见大雨一直不停,加之小河开始变宽加深,已经无法再蹚水过河了。他不禁暗暗叫苦,只好忍着一天不吃饭,想等到明天雨停后再过河取火。

不料大雨一直未停,连续下了三天三夜,小河变得更宽、更深了。已经三天没吃饭的傻朝廷饿得没有多少力气了,只好强撑着到门口,发现大雨依然在下。到了第四天早晨,雨依然未停,饿得奄奄一息的他艰难地下床后,刚想走路,忽然觉得眼前一黑,便栽倒在地,他的头随之在地上撞了一下,疼得他无力地睁开双眼。忽然看到屋内有一点亮光,原来是随从们离开前安置的一盏长明灯发出的光。看到这盏自己熟视无睹的长明灯,他突然醒悟:这灯不就是火吗?何必要到河对岸去取火呢?想到这里,他本能地想站起来去灯上取火。因饿得没有一点力气了,还没等他站稳就又重重地摔倒在地,头上也摔出了血。自知即将饿死的傻朝廷不禁叹道:"早知灯是火,不会饿死我!"

说完,傻朝廷头一歪,便活活地饿死了。

元代,因元末农民起义军和元军多次在中原地区交战,邓通寨周边饱受战火蹂躏,很多村庄被毁,村民逃亡或被杀,多个村庄再

郑州地名历史文化故事

次成为无人区。

明代,郑州知州苏璹等人鉴于中原地区人烟稀少,便奏请明太祖朱元璋把山西的部分民众迁往中原。山西逐向河南、河北、山东等地移民,有移民来到郑州,后在邓通寨周边定居,逐渐形成了盐店庄、下李河、小庙咀、东寨等村庄,延续至今。

三面环水的邓通寨

清代,邓通寨一带村庄、人口不断增多。邓通寨成为郑州的知名景点,很多文人雅士曾到此游览。郑州籍文人李梦元曾创作有《过邓通寨有感》诗:

> 贫富各定数,匪力矫能致。
> 绛侯不进功,从理无以避。
> 觑觑彼佞幸,及敢多妄觊。
> 入梦黄头郎,谨身士容媚。
> 一霄邀宠怜,严道竟可赐。
> 赤则布天下,几与刘濞贰。
> 铸郑犹未厌,出徼更何为。
> 谁道帝王能造命,富者在我死已至。

鉴术之言得不谬，足令小人知顾忌。

莫名一钱信可哀，斯世忧戚告贪嗜。

积复能散是为贤，只将赢余还天地。

如蝇如鹜何有焉，玉堂金谷终捐弃。

不如解衣沽美酒，泥首欢呼陶然醉。

　　康乾盛世时期，康熙《郑州志》记载有"邓通寨，在州西南"，并将李梦元的《过邓通寨有感》诗收录书中。乾隆《郑州志》中对邓通寨也有记载，内容和康熙《郑州市》相同。

　　清末，邓通寨周边的部分村民曾在邓通寨上居住，为防止兵匪的袭扰，他们在寨的东部挖了一条沟，从而把唯一和平地相连的部分切断，使寨子成为一座"孤岛"。村民还在寨子周边垒土建寨墙，高五六米，宽三四米，使寨子成为一座易守难攻的"堡垒"。为了便于进出寨子，在寨子的西部，自下而上挖了一条倾斜的土洞，通往寨顶。村民平时通过土洞进入寨子，遇到紧急情况，只需守住或堵上此洞口便可高枕无忧了。

邓通寨南侧

民国时期,邓通寨多次被来自登封、禹县的土匪占领,他们利用寨上的有利地形,和官府作对,危害周边村民。邓通寨成为他们绑架人质(肉票)后"窝票""回票"的交易场所。三李村的大财主李全德曾被土匪绑架,关押在邓通寨,后被活活折磨而死。秀美的邓通寨成为让人谈虎色变的地方。

中华人民共和国成立后,匪患被彻底消除,邓通寨周边村庄恢复了往日的平静。村民安居乐业,生活幸福。

改革开放以来,郑州市的考古部门多次在邓通寨进行考古发掘,发现有原始社会的大象化石、汉代的五铢钱、清代的青花瓷等。

邓通寨出土的汉代五铢钱

1994年12月,郑州市二七区侯寨乡编纂的《侯寨乡志》,对邓通寨作了较为详细的记载。2010年12月,政协二七区委员会编写的《二七区文物志》(河南人民出版社出版)中提及邓通寨。

2010年以来,鉴于邓通寨一带流传有《饿死傻朝廷》《九缸十八锅》《万年灯》《化银锅》《南蛮盗宝》等多个民间故事,受到郑州市很多文史爱好者的关注。2012年11月29日,"邓通寨的传说"

入选第二批二七区非物质文化遗产保护名录。

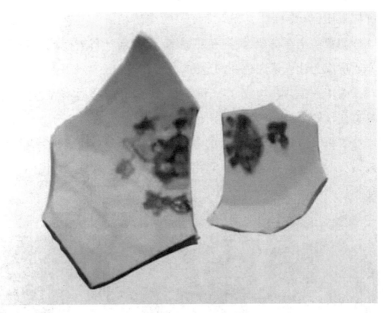

邓通寨出土的清代青花瓷

（**郭增磊** 河南省作家协会会员、郑州市楹联学会会长）

东史马村

郑州大学、河南工业大学、郑州轻工业大学、中国人民解放军战略支援部队信息工程大学4所河南省一本高校都位于郑州高新技术产业开发区,同时此地区拥有各类市场主体5.9万家。就在这样一个教育资源丰富,创新创业活跃,各式各样的高楼大厦鳞次栉比的土地上,还有一处被包围其间的村落,那就是——东史马村。

东史马村,现今隶属于郑州高新区沟赵办事处,该村共有4个村民组,拥有将近500户村民,住宅面积达22100平方米,集体用房面积1650平方米。它位于高新区牡丹路与白桦街的西南角,东临牡丹街,西临河南工业大学,南临莲花街,北临规划中的新龙路(连霍高速)。就是这样一处在数不清的高楼大厦之间夹缝生存的东史马村,如一位隐藏在现代化城市中安详的老者一般,默默地静看着眼前时代的奔流、岁月的变迁。

东史马民居位于郑州市西北沟赵乡东史马村内,该所宅院南北44.5米、东西22.5米,大门口屹立着数十个拴马桩,至今仍然可以想象到当年车马盈门的场景。民居最早追溯为当地士绅任德润所建,系典型清代民居建筑,历时63年方才竣工,经历八代,于200多年后为我们展示了它的历史与沧桑。

东史马行政村有着悠久的文化历史,村内有一罕见的古建筑,旧时人称"大门楼"官府门第,如今则被人称为"大宅门"。

在过去,人们踏进东史马村的第一眼便会被这座雄伟壮观的"大宅门"牢牢抓住,它恰如其分地坐落在东史马村东西大街与南北街的交接处,此处也正是东史马村的中心地带,足以见得"大宅门"在整个东史马村举足轻重的地位。

"大宅门"古建筑雄伟壮观,富丽堂皇,望之令人肃然起敬。若进入这所古宅的第一道门时抬头向上看,便可以看到大门口上面挂的大匾额,上面写着熠熠生辉的四个金色大字"辅翼国政"。不过,现如今我们看到的这块"辅翼国政"匾额并不是原先道光皇帝所赐予任家的那块匾额,而是后来任家后人在重建任家古宅时,鉴于原匾额已经丢失的关系,他们在查阅了大量的文书资料后,专门花费重金请了当时一名非常显赫的书法家重新书写了一块新的匾额。可以感受到的是,新匾额上的"辅翼国政"这四个大字,一笔一画仍有筋有骨,正气浩然,可见当年书写者深厚的文化底蕴和艺术修养,也可见任家后人对其重视程度,同时透露了中国人"门面即脸面"的传统观念。虽然原匾额已经丢失,但是门檐上镌刻的"皇恩浩荡""天子万年""福绿永崇"等字样,则是实打实的历史真迹。同时二门处挂有任德润之弟任清馨匾额上书"望重干城"四字。但由于物换星移,风风雨雨,历经岁月的洗礼,北匾额现已荡然无存,不过二门处篆刻"皇恩浩荡门阁深"这七字至今犹在,清晰可见。"大宅门"楼房、客屋、厢房等建筑群占地面积达1196平方米(其中不包括小客屋),而小客屋在70年代以后便被拆毁,被村民盖成能够为己所用的大队办公房。宅基地总面积1978平方米,从各方面资料查阅考证,此古建筑始建于清乾隆中业,大约乾隆四十年(1775)前后至道光十八年(1838),经建人从任君选(德润之曾祖)起到任德润挂匾竣工上载,历经四代63年建造时间,因建筑雕刻的精巧程度能达到如此能工巧匠、巧夺天工、天衣无缝、栩栩如生的杰作实属罕见,因此短时间是绝对完不成的。到了任德润、任清馨时期则是任氏家业最鼎盛的时期,那时任家已拥有土地32公顷之多,官职皇清从二品大员,真所谓是官高爵显,因此才得以皇家恩赐的"辅翼国政"大匾,被皇帝称赞其家族处理国家政事有功,才得以成为当地的百年名门望族。年深日久,这所古宅房顶虽翻修,但建筑物式样未变,今人仍旧可以感受到这所古建筑当年的富丽堂皇与意气风发,可见任家在当时的地位非比寻常。并且在经历岁月的洗礼和时代的变迁之后,还能有遗留如此完整的建筑物实属罕见。

随着旧城改造、新城建设等工程的启动，我国很多城市也将历史遗迹埋没在这其中。在河南省郑州市高新区东史马村，游客们可以从周围高楼林立的小区中，看到这样一幅景象：一处瓦房占据了原来应该建高楼的地方，这是一座有 200 多年历史的本地古宅，名叫"任家古宅"，同时也是当地众所周知的"钉子户"。这座古宅之所以被称为"钉子户"，是源自 2007 年时，郑州市为了响应"城市改造建设"的需要，正式启动了对旧村落的重建改造工作，因此东史马村也被列为了重点拆迁对象。对于当时的人来讲，拆迁无疑是个天降之喜，没有多少人可以经得起拆迁的诱惑，所以当拆迁的消息一经放出，东史马村的绝大数村民都迫不及待、毫不犹豫地在拆迁协议上签上了自己的名字，巴不得这所村落快点拆迁。但在这其中也有例外，那就是任家古宅的主人"任金岭"，他不仅经得住拆迁的诱惑，也经得住巨款的诱惑。因为东马史村的地理位置十分优越，交通便利，商业繁荣，可以说得上是一块上佳的风水宝地。某开发商便看中了任家老宅所在的东史马村的位置，出一亿元想买下这座古宅，却再一次被任金岭义正词严地拒绝，他说："别说给我一亿元，就是十亿元，上百亿元，我都不卖！"两百多年来，任家人世世代代都生活在这所房子里，对于任金岭来讲，这座古宅不仅仅是一处住所，也是任家家族的象征，更是作为一个中国人对于"家族情结"的依赖，其中的价值是永远无法用金钱来衡量的。所以这所古宅最终成了郑州唯一一座没有被拆迁的老房子，夹杂在高楼大厦之间格格不入，而这所古宅也成了郑州人家喻户晓的"最牛钉子户"。经过再三考虑，任金岭向郑州市文物局提出申请，这座古宅被它的主人改造为一个博物馆，名为"郑州天祥博物馆"，并向游客免费开放，从而更好地进行宣传和保护。

这座始建于清乾隆年间的任家大院，虽然比不上故宫的建筑，但作为民间的一座宅邸，经历了七代家族传承，至今已有 200 多年的历史，还是颇有一番风味。若你站立在周围的高楼大厦上俯瞰这所古宅，这里呈现出青灰色的砖房，正与对面及周围的高层住宅"对峙"，仿佛被围成一个"孤岛"。任家院门前数十根拴马柱，至今保存完好,拴马柱上刻有各式各样的图案,仿佛在向世人述说任家门院门曾经的辉煌。听宅主人说,这宅院原来是个七进门的院落,可现在真能留得住的只有两进,连墙外的拴马桩,总共有十多亩宅地。只是因为先祖曾在清朝担任宫廷侍卫,这才不顾一切地历经四代花费 60 多年将古宅落成。现在的宅邸里到处都有精美的石刻木雕,细看繁杂的图案,门口的麒麟等精致古朴的匠人。整个正房总高约 7 米,在屋梁上,还刻有蝙蝠、祥云等纹饰,衬托出地下的"暗八仙",都显示出古代宅邸曾经属于他们的辉煌。现在,这座任宅已经真正保留下来了。其中,铁马在门外屹立石雕,一切都平安无事。

　　东史马村这个原本位于郑州西北的村庄,如今随着郑州城镇化进程的高速发展,已经成为郑州市城中村改造的一部分。随着房地产开发商的进入,东史马村的房屋都在机器的轰鸣中被夷为平地。而这座在 2009 年被列为郑州市文物保护单位的任家古宅仍突兀地矗立在水泥钢筋林立的工地内。随着城镇化的快速发展,古民居保护和城市建设之间的矛盾是不可避免的,正如冯骥才所言:"城镇化是必须要走的一条路,但不能在城镇化的过程中把自己的文化毁掉了。"

　　薪火相传,家在传递希望,而古宅传承的作用便是传递某种信念,来作为整个家庭的精神支柱,家庭在生命延续的同时,也实现着信念的传递。古宅就像一个承载思念的载体,在经历陵谷沧桑的时代变迁之后,依然连接着后世任氏子孙的无尽感怀与情思。在任家古宅的横梁上,至今仍保留着任家的家训"诗礼传家""布德施恩",因此这所古宅不仅是任家对于家风的传承,也是承载着家族文化发展的纽带,更是任家子孙心中的信仰。正如任家古宅主人任金岭所说过的一段话:"古宅是祖上的东西,不是我的东西,它只是传承到我这一辈,我有责任保留下去,如果在我这一辈把古宅卖了,那就是断了家根,我愧对祖上。"家国情怀源自家族情怀,正是因为以任金岭为代表的这一类具有责任感的家族传承人存在,才能真正了解到家族情怀的普适价值,才能最终上升到国的层面。拥有了"家",传承了"家",才最终能拥有这个时代最需要的家国情怀。

回望斑驳沉重的黑漆大门，关上就是门内饱经风雨，历经沧桑，嵌刻在青砖灰瓦上的百年历史；打开就是穿越深邃岁月，期待重新焕发的古宅新生。古民居，承载着乡土中国千百年的历史记忆，它的一砖一瓦，一椽一木都雕刻着历史的印记，凝聚着家族的传承。这座古宅留下的不仅是一段家族兴衰的历史，也是一段有关任姓文化发展的历史，更是郑州这座城市几百年历史的沧桑变化与其间蕴含着的经久不息的历史文脉。

古宅作为历史文化的载体，作为启发爱国热情和民族自信心的实物，作为研究历史的实物例证，作为发展旅游业的重要物质基础，作为新建筑设计和新艺术创作的重要借鉴，对其进行保护不仅是为了今天和未来的进步与发展，更是意味着文明的延续，同时意味着人类自身价值的递进。正如任金岭在一次媒体采访中坦言道："其实我们老百姓也不知道什么叫作文物，我们只知道它是一种文化传承、一种精神纽带。"这不仅仅是任氏一家人的愿望，也是所有关注古宅命运人们的共同愿望。

现在的东史马村已成为郑州市第二批重点文物保护单位。沧海桑田，斗转星移，即使是百年王朝，在历史的长河中也只是浮沉兴亡的一颗沙砾。兴盛与衰落，此起彼伏，荣耀与富贵，也如浮光掠影般已模糊不清。而隐匿在郑州高新区东史马村的任家古宅，却在历经了一个又一个风雨飘摇的年代，于200多年后的今天，向守护着她的后人们展示着那刻在岁月里的沉寂与沧桑。

（孟宪堃　黄河科技学院）

东史马村

二七区小李庄关帝庙的传说

郑州市大学路和政通路一带,有一个城中村小李庄。小李庄的祖辈也是来自明末清初的山西洪洞县大槐树底下的移民。小李庄曾有关帝庙一座。抗战结束后,这里有个关帝庙小学,很有名气。二七区政府、二七区法院所在地均在这里,成就了小李庄的郑州名村地位。

席家花园的传说

关帝庙是明朝嘉靖年间席郡马的一个花园。也不知道席郡马娶了哪家一个郡主,他们曾经在小李庄过着十分安乐祥和的日子。席郡马夫妇也不知道什么原因,可能因为宦海沉浮,仕途艰难,及早就下世了。这个花园长时间没有人管理,一下子变得荒芜起来。

附近村镇有几个市井无赖,平时吃喝懒做,游手好闲,干尽了坏事。起初小李庄人一忍再忍,给足了这些家伙面子,可是他们不知进退,得寸进尺,竟然干起了劫掠民财、杀人越货的勾当。村中有人几次报官,知州得了坏蛋们的好处费,一律置之不理。小李庄几个老头眼睁睁看着这些亡命之徒逍遥法外,十分气愤,可是又有什么办法?大家想了很长时间,结果还是没个好办法。

有个老头握紧拳头说:"既然官府不管,咱们自己动手把这些家伙除了吧。"这几个老头就在郡马的花园设了宴席,请了这群平时习惯伸手不要脸的家伙。宴席中泼皮无赖酒饱饭足,酩酊大醉,东倒西歪,丑态百出。最后一个个像死猪一样倒在地上,昏睡不醒。他们梦里还以为别人把自己当祖宗敬着呢。老头们开始行动,精神头赶上了小伙子。他们把泼皮无赖们像死狗一样拖到花园的浇花井边,一个个丢了下去。为了掩人耳目,几个老头还在浇花井上修了一个庙宇,叫作关帝庙。因为关公义薄云天,一身正气,不会偏袒恶人。虽然修的是小型关帝庙,但是有了关公的塑像在此,一定能够镇压得住邪祟。

关公显圣的传说

小李庄的关帝庙总是让人体会到关公的有求必应。农民靠天吃饭,总是希望风调雨顺,关公很讲义气,不管多远,都会及时赶去解决旱情。有一年,关帝庙的关公得到感应,远在几千里外的云南发生了旱灾,要关公过去帮忙救灾。关公慧眼一横,就知道那边情况紧急,刻不容缓,立刻行动。旱灾立刻解决了。云南的村民从郑州请来了关公塑像,请来了就不想让走了,为此也盖了关帝庙。塑像就放在了那座庙里。云南的村民们烧香拜关公,从此年年风调雨顺。关公还是个仗义疏财的大英雄。有个郑州人,到云南做生意,谁知道运气不好,赔了本,没钱回家,流落他乡。这天,正逢腊月三十。这个生意人来到了关帝庙,赶上天黑,也没钱住店。生意人看到关公就像看到财神,看到自己亲人,当晚就住下来了。睡思昏沉中,梦见了关公。关公说着河南话,就像是个老乡。关公说:"是不是想回家了?"生意人连忙说:"是!"可是手里没有一文钱。关公知道了他的情况后说:"这样吧,你抓住我的马尾巴,别睁开眼!"生意人一看关公帮忙,自然错不了。只见关公穿着蓑衣,骑着赤兔,英姿飒爽,神采飘逸。生意人闭眼中感到身子轻飘飘,脚下软绵绵的,就像腾云驾雾。生意人感觉就像现在人睡了长途客车卧铺,舒服极了。

大年初一这一天,天还不亮,小李庄附近的村民赶来进庙烧香,看到锁着的庙门里竟然躺着一个人,还是个生意打扮的客商。人们赶紧把生意人叫醒,问他这是什么情况。生意人就把关公显圣从云南救他回郑州的事情说了一遍。从此,"关公显圣云南回郑州"的故事开始流传开来。附近的村庄齐礼阁、孙八寨、路寨、东耿河等村的人纷纷前来捐资修庙。清代乾隆丙午年间重修关帝庙大殿,内有关帝大殿神像,另有侍从泥像分排两侧,并修有卷棚山门、厢房、红黄马等。山门前两旁立着两个大石狮子,山门墙上镶有两块石碑,刻着各村群众捐资数目。同时还修有葛仙殿、火神殿、灶君殿、虫王殿,庙东角修建两层尖顶魁星楼,庙门前盖有大戏楼。当时庙周遭占地五六亩。关帝庙缘起传说和关帝显圣的传说在这里长久流传。

九月九葛仙庙会

　　小李庄庙会的习俗可以追溯到遥远的古代,小李庄村每年农历九月初九是本村关帝庙会日。据该村老人说,过去小李庄、关帝庙、孙八寨、齐礼阎、路寨等几个村,大都种染土布用的消蓝靛,人们传说关帝庙东侧葛仙庙的葛仙爷能管打靛成色好坏,于是人们都前去烧香拜祭,求神保佑种靛能有个好收成。在农历八月底靛已收打完,小麦基本种完,时至民闲,经各村会首商议,定每年的九月初九为葛仙会日。清代乾隆丙申年间,将原小型关帝庙重修为关帝大殿,气势雄伟,延续下来的葛仙会(即关帝庙会)越来越大,除唱戏和饮食叫卖外,新增牲畜、土特产、农副产品、生活用品、小型农具、用具交易等。亲朋好友这天利用庙会,购买东西,走亲串友,从此,关帝庙会一直沿袭至今。新中国成立后,群众通过赶庙会的形式,进行物资交流和牲畜交易。改革开放以后,农村经济政策放宽,群众心情舒畅,生活富裕,而今每逢庙会,方圆百里的小商贩蜂拥而来,货摊挤满小李庄街,西至关帝庙,东至金海大道,农具、百货、针织、布匹、饮食应有尽有,呈现出从未有过的热闹景象。庙会期间,除工商、税务、村治安部门进行管理外,有时还有文艺节目助兴,既进行物资交流,又活跃和丰富了该村的乡村文化生活。笔者幼时,曾经逛过小李庄庙会。整个东西街,从关帝庙到小李庄东头的杨庄,从航海路漓江饭店到北京饭庄都是会市。货堆如山,叫卖连天;交通拥堵,人山人海。那时小李庄庙会,路寨、曹寨、杨庄、潘张跟着响应。

历史溯源小李庄

再说说小李庄的历史溯源。现在已经是历史自然村地名。据李氏碑文载,清末年间,李氏始祖从山西洪洞县迁此,村子不大,就叫小李庄。后来人口越来越多,成为一个大村。明朝末年,小李庄出了一名赵姓进士,曾任广西马平县县令,后来官至翰林院大学士,其文章诗词很受时人喜欢。光绪二十七年(1901)冬,郑州在磨盘街设立邮局,县前街设立支局,在小李庄等三个村均设代办所,为郑州开办邮政之始。该村村民民风纯朴,郑州南郊曾有"小李庄有钱爱置地,齐礼阁有钱爱唱戏,黄岗寺有钱爱争气(打官司)"之说。1921年,小李庄农民李位瑞,引进番茄(西红柿)、包菜试种成功。解放前,小李庄人口不多,主要以种地为生。

(荆建利)

风情德化故事多

2000年，中央电视台组织拍摄中华32条名街，郑州德化街入选，虽不如北京王府井、上海南京路名气大，但德化——以德教人、以德化人，32条街无出其右。

2002年，德化街庆百年时，已改为步行街。德化街有了新的文化符号——百年德化。

刘邦骥将"惠人街"改为"德化街"

从3600年前大商王朝没落到百年前，郑州一直被称为郑县，城区面积不足5平方公里，人口不足3万人。

1897年，卢汉铁路铺到了郑州这块热土上，1904年，火车隆隆驶进郑州试运行，1906年，卢汉铁路正式通车。从此，郑州在火车铿锵的碰撞声中崛起，昂首挺胸进入现代社会。

1905年，河南巡抚陈夔龙到郑州巡视，见火车站下沿已自然形成商区，十分繁荣，他上奏清政府开郑州商埠，1908年，清政府正式准奏。

火车拉来了山南海北的商家、实业者，他们来到这座小城寻找创业机会，他们的智慧与力量在这座小城重新组合。湖北人刘邦骥便是其中之一。

20世纪初，湖北商人借火车之便，到郑县创业，他们先在郑州东三马路建起湖北会馆（1923年改为铁路工人夜校，现在是省级文物保护单位）。湖北商人乔玉甫做鞋帽生意，在距东三马路不远的地方开店铺，此地改叫乔家门，一直沿用至今。现在郑州的万顺街,原来无名,因湖北运输棉商刘万顺的做大做强,将他居住的地方取名为万顺街至今。当时有句顺口溜:要想富,搞转运,得得劲劲刘万顺。

刘邦骥与他的湖北老乡,看中的是距火车站只有里把地的乱草岗,岗下有一条河,河的南沿有几条小街,以苑陵街为界,向南为天中里,向北是惠人街。刘邦骥觉得"惠"与"毁"谐音,是商家大忌,便与几位商人议定,商人要以德育人、以德化人,遂定名为德化街。

名店依依德化街

德化街南起大同路,北至二七广场,长 400 米,宽 10 米,但这条短又窄的街道,却是名店依依,如精华眼镜店、德茂祥斋菜园、同仁堂药铺、魁祥花铺、俊泰钱庄、鸿兴源第一分号、天一泉浴池、京都老蔡记馄饨馆、张老歪馄饨馆、工艺化妆品华华工艺社、五洲派报社(发行报纸)。上海电影明星胡蝶、秦怡的广告照片都曾在德化街张贴。

1951 年,著名豫剧大师常香玉为抗美援朝捐献飞机,第一场义演就在德化街的戏院,很是轰动。

(**赵富海** 中国作家协会会员,郑州市作家协会顾问,郑州市非遗专家委员会专家,郑州古都学会副会长,《华夏文明》杂志副主编,郑州市文物考古院特聘研究员)

风雨沧桑黄岗寺

黄岗寺村位于郑州市二七区嵩山路街道办事处西南部。北与中原区大岗刘乡后河芦村、密垌村接壤；东与二七区孙八寨村、王胡寨村相连，南与刘寨村毗邻，西与侯寨乡罗沟村隔金水河相望。黄岗村人先岗卜居，建寺修寨。

辗转迁郑

郑州黄岗寺，荆氏人口占大多数。荆氏，古之镇江人。西汉时期，为了躲避战乱，颠沛流离，几经辗转，迁居山西临猗，后来有弟兄二人有苍有成者，迁往太原府平定州桑掌坡。到了元朝末年，荆氏一世祖全者，生有兄弟四名，长子曰麒、次子曰麟、三子曰瑾、四子曰俊。

其中麟者，听从兄麒的建议，带着三弟四弟，以及兄长麒的三个儿子，长子曰笠、次子曰鼎、三子曰箴，从桑掌坡迁至武陟新庄。其时荆麟被封为大元朝平章政事。［元代中书省（中央）、行中书省（地方）设置平章政事，简称平章。中书省（中央）设置平章政事四人，从一品行中书省（地方）平章政事，从一品，为地方高级长官］

因不满朝廷黑暗，官府腐败，荆麟退隐郑州里仁街（西大街），成为名门望族。至今老城一带散居着几处荆家大院。磨盘街荆氏族人荆丙炎曾任郑县商务会长。后来，荆麟求卦卜居，买田置地于西南十五里林壑尤美的南冯保。有资料说，黄岗寺多沙土地，显谬。笔者幼时，烧煤经常取其土。另外，黄岗寺寨墙坚实。沙土打墙极不合理。荆氏繁衍生息，发展五世，有分出六支门派。黄岗寺城中村改造后南水北调南岸"三鼎甲"处（科举时代殿试一甲三名，即状元、榜眼、探花，世称"三鼎甲"）。荆氏祖茔处，矗立其六门墓碑。

荆氏在黄岗寺安营扎寨。因地势龙形，得名黄岗村。最初是在金水河西岸，村人称之为"老寨"。新寨在金水河东村内。清末，村内牌坊街有楼院，村中无人说得清楚建于何时，耆老回忆，太平天国时期已经存在。村中有人说，城中村改造之前，仍有楼院，只是该院已经变得面目全非。

千年古寺

黄岗寺有显圣寺，初名报恩寺，始建于唐开元十八年。寺僧介绍，中唐大将郭子仪在此开山建寺。康熙《郑州志》名录记载：显圣寺。该书中提到金水河流向，提及"黄岗寺"一词。显圣寺在黄岗寺东寨墙以内。北高南低，阶梯状态。寺庙清末民初开始衰落。祖母回忆，寺庙内住有和尚。寺庙建筑毁于日军攻陷黄岗寺寨。寨内房屋被焚烧殆尽，只剩下偏殿几座。本人见过，终年闭门深锁。黄岗寺人称为"寺院"。20世纪80年代以前，村中无人知叫什么寺庙。后来有热情者查找典籍资料，尚知名字为"显圣寺"。显圣寺"关公显圣救乾隆，武僧护驾下江南"乃是讹传。

节孝牌坊

黄岗寺有牌坊街。《荆氏四门宗谱》记载：（巢）阳鼎之洗子（刚刚出生，洗去血污，延伸为过满月的孩子，这里具体意思是其父亡），生于顺治十六年。（鼎）娶吴氏，继张氏，生一子巢，卒于康熙十六年。张氏旌表节孝，夫亡时，氏苦节自矢纺织，养姑抚姑成立。知洲王旌其门曰节孝流芳。卒年，七十又八，有八州尊文特请旌其族辞载于墓前碑阴。村内传说，荆阳鼎是个残疾之人。荆阳鼎是一个一只腿残废不能干活的人。他依靠赶毛驴为生。荆阳鼎每天总是走在离村东北距离二里的路上，总是被一个树根绊倒。最后一次，他从家里找来工具，没想到刨出很多金砖和银条。他把金银带回家里。荆阳鼎的夫人平时对公婆孝顺，说："外财不发家，这东西不能要，把他们交给官府算了。"交上以后便上报朝廷给予嘉奖，立了个高二丈五尺，宽三丈的过街牌坊。直到清朝末年，仍有官员经过此坊，远远地就下马下轿，仰望牌坊顶部的"圣旨"，赞叹不绝。

远近名集

黄岗寺有黄岗寺集，这在刘瑞麟《郑州志》相关条目中载其名。黄岗寺集历史较长，在清、民国时的郑州（郑县）较有名。黄岗寺集在黄岗寺大寨内。辛亥革命期间，一伙清兵败逃经过黄岗寺，听说黄岗寺集远近闻名，富户云集，京广货物齐全，就动了攻打土寨的恶主意。只不过对峙三天不过，继续北逃。村人勇抗清兵，支援辛亥革命。

由于黄岗寺紧邻当时密县通往郑州的大道，且又离城不大远。因此，成为密县销往郑州（郑县）煤炭的一个集散地，煤炭生意特别兴隆。集市上开有三四家煤场，收购从密县运来的煤，然后卖给用户，从中谋利。粮食生意也是黄岗寺集的一大特点，集上有七八家粮行。如俊太长粮行、同和粮行、一顺公粮行、顺街粮行，德成粮行等。还有十多家杂货店，如学仁杂货店、同兴成杂货故衣店、学旺杂货店等，另外有饭店三四家。黄岗寺集是本地区当时的经济贸易中心。

战火狼烟

黄岗寺是永康区治所。清末民初，是郑县永康区治所（区政府所在地）。其时，郑县分为七区。黄岗寺区位于西南，下辖 132 个村。战乱期间，成为各方势力角逐的地方。直奉战争、中原大战、抗日战争。特别是国民军黄岗寺战役，杀敌八百，自损一千，取得了"黄岗寺大捷"后，退出村寨，日军攻入寨内，制造了骇人听闻的黄岗寺惨案。村人饱受战火摧残，流离颠沛。被抓壮丁者，至今下落不明的还有多人。

黄岗寺有多人参加人民革命战争。荆振昌,1911年出生在一个农民家庭。少年时就读于本村私塾。1928年,冯玉祥第二集团军驻郑,考入该军在开封举办的无线电学校受训。1930年毕业参加对蒋作战,1931年,他在孙连仲的26路军任报务员,同年随26路军参谋长赵博生在宁都起义参加红军,在藤代远部供职。长征时他在红五军团部负责电台工作,他曾辗转三次爬雪山过草地。1936年6月,他加入西路军,后随残存的少部分人到了新疆。当时的新疆主席盛世才留用他担任省政府电台台长。1942年,苏联空军援中抗日,他秘密搭乘苏联飞机飞到西安,经西安八路军办事处转延安,毛泽东主席曾单独接见过他。在延安期间,毛主席亲自委派他担任延安无线电站的总站长,延安无线电学校成立后,他又被委任为校长。1949年北平和平解放,他被调到北平,接收和建立铁道部,担任铁道部电务局第一任局长,他负责铁路电务工作近20年,使我国铁路电务事业取得了迅速发展。

由于永康区政府设在黄岗寺,政府组织了民兵协会和民兵武装,主要任务是支持解放军南下,解放全中国,配合政府征收军粮、柴草、军鞋,发动群众做军鞋,同时还组织起担架队随军南下,运送伤员及军需品。

战斗英雄荆明义,1948年参军,1950年任机枪手,立大功一次,1950年赴朝参战,又立大小功三次。

传承薪火

1949年12月,黄岗寺属郑县五区,1956年1月,郑州市郊区设立黄岗寺乡。1958年,该村成立生产中队,后演变为黄岗寺生产大队,辖黄岗寺、刘寨、袁寨、密垌、水泉沟、黄水河等自然村的生产队。1955年,郑州烈士陵园动工兴建。当时在此安葬的主要是解放郑县时牺牲的烈士,还有日本籍松井实烈士和苏联专家巴·阿·切明尼诺夫。1964年,吉鸿昌烈士由其原籍扶沟县的墓地移葬至此。

20 世纪六七十年代,黄岗寺是郊区公社。1981 年,郑州市金海区设立,黄岗寺大队划归郑州市金海区齐礼阎人民公社。1987年 3 月郑州市区划调整时,它随齐礼阎乡划归二七区。进入 20 世纪 90 年代至 21 世纪初为城中村。2010 年,城中村改造,村庄消失,这里高楼林立,商业繁荣,交通发达,车流穿梭,水系贯通,环境优美。新居祥和安定,村民生活富裕。

(荆建利)

工人路与文化宫路两个路名承载的城市记忆

郑州西郊，从东向西的南北大路依次是嵩山路、工人路、文化宫路、桐柏路、伏牛路、秦岭路、华山路。从郑州市"南北为山岳、东西为江河"的道路命名方式来看，工人路和文化宫路的名称就显得另类了。其实，大多数郑州本地人对于这两条道路名称的来历也不甚了解。

如果时光倒流回20世纪80年代的某个下午四点二十分，你站在建设路北侧国棉三厂和四厂大门中间的位置向南看，定是一番人头攒动、熙熙攘攘的场景，同时，一座苏式建筑以及上面醒目的"河南省工人文化宫影剧院"几个字样也会映入眼帘。你的对面就是河南省工人文化宫，此时，正是四点四十这场电影的入场时间，大多数观众都是附近工厂里下早班后兴冲冲赶到工人文化宫看电影的工人。

河南省工人文化宫位于建设路南侧，与国棉三厂、四厂、五厂生活区隔路相望，其东侧是工人路，西侧是文化宫路，从地理位置上看工人文化宫恰好位于工人路与文化宫路的中间。这其实不是巧合，而是历史的定数。先有工人文化宫，后有工人路与文化宫路，工人文化宫正是工人路与文化宫路两个路名的由来。

"省"字背后的玄机

工人文化宫是工会组织主要的职工活动阵地，而带"省"字头的工人文化宫，全国也不多见。这个"省"字大有来头。

《河南省工人文化宫志》记载：1953年10月，河南省工会联合会常委会决定在郑州市区建筑综合性职工文化娱乐活动中心——河南省工人文化宫。1953年开始筹建，1956年8月15日，第一期建筑工程竣工后边开放边施工，1957年12月15日，河南省工会联合会决定河南省工人文化宫归郑州市工会联合会领导，1958年1月1日，全部建成开放。

单从文字记载来看，郑州西郊的工人文化宫冠以"河南省"的名头是因为它是河南省工会联合会投资兴建的。但是，"省"字背后确有不为人知的玄机。

郑州市老市长王均智回忆说，省会迁郑前后，在郑州东部建设行政中心，西部则进行大规模的工业基建，当时人们称行政区为"东郊"，西边的工业区为"西郊"，老城区为"市里"。当时的娱乐、购物中心都在老城附近的老坟岗，由于没有公交车，"西郊"工人的文化娱乐成了大问题。市政府决定拿出一块地，为西郊工人建造文化娱乐场所，因为市里没有经费，王均智找到省总工会商量，希望用部分工会会费在西郊建个工人文化宫。但省工会有顾虑，会费是全省工会交上来的，如果拿这钱为郑州西郊建文化宫，担心其他市工会攀比。最后，双方商量出一个"曲线救国"之计，由省工会拿钱，市总工会负责建设，文化宫名字不叫"郑州工人文化宫"，而称"省工人文化宫"，建成后实际由郑州市总工会"代管"、使用，其他地市工会也说不出什么。

从工人文化宫志记载的1957年12月15日河南省工会联合会决定河南省工人文化宫归郑州市工会联合会领导、1958年1月1日全部建成开放的时间节点来判断，老市长所言不虚。

不管带不带"省"字头，当时郑州西郊这座工人文化宫的兴建对产业工人来说，可谓是精神文化的及时雨。建设路北侧是国棉一、三、四、五、六厂生活区，居住有十几万人。生活区北面的棉纺路除了有国棉厂的生产区，还有郑州水工机械厂、发电设备厂、省纺织器材厂等企业，另外，郑州第二砂轮厂、郑州电缆厂、郑州煤矿机械厂等大型国有企业也都在西面不远的华山路上。工人文化宫处于郑州西郊产业工人集聚区，由此决定了其重要的精神文化社会地位。

老郑州人心中的文化圣地

工人文化宫的总体布局为"东动西静",即临工人路的东半部是体育活动设施,临文化宫路的西半部为文化活动阵地。西半部最北侧临建设路是大礼堂,也是拥有 1300 多个座位的影剧院;影剧院后面是两排"工"字平房,东面一排是展览厅,西面一排是图书馆;最南面临友爱路的是露天剧场和儿童厅。田径场位于东半部的中心位置,其东南角建有灯光篮球场。现在郑州市职工大学和友爱路小商品批发市场的位置则是工人文化宫原来的南院,通过友爱路过街天桥连接北院,南院建有游泳池和花房。

从 1956 年部分开放起,工人文化宫逐步奠定了其郑州西郊职工文化活动中心的地位。

1956 年:游泳池建成开放;举办菊花展;职工业余摩托车训练班开班;职工管弦乐学习班开课;举办河南省六市乒乓球联赛;首次举办交谊舞会。

1957 年:存书 10000 余册的图书阅览室开放;举办河南省纺织工人运动会;举办郑州市足球赛;举办游泳知识讲座;新疆篮球代表队与河南省纺织机械篮球队在文化宫比赛;举办庆祝"十月革命胜利四十周年游园"活动;影剧院建成投入使用;澳大利亚工会理事会副主席携夫人前来访问。

1958 年:河南省科学技术知识展览会开幕,组织跳伞和摩托车特技表演;举办郑州市篮球、排球、足球乙级队分级赛;举办郑州市棋类冠军赛;举办故事会;举办郑州市首届职工游泳、跳水竞赛大会;河南省文联"支援阿拉伯人民反对帝国主义侵略和拥护中苏会谈"漫画展开幕;著名京剧表演艺术家梅兰芳前来演出;承办郑州市第四届体育运动会分区赛。

此后,工人文化宫进入了辉煌的发展阶段。电影放映是文化宫的主营文化项目和主要收入来源,20 世纪 60 年代每年平均放映电影 1000 余场,上座率 65%。1963 年放映电影 1331 场,观众

1220993 人次；1964 年《林海雪原》上映时，一昼夜放映九场，外加一场戏剧演出。当时，每逢新片上映，临建设路零售票房前的窗口前就会挤满了手里攥着买票钱的观众，能够买到几张位置好的电影票便是一件极为幸福的事情。

电影院东、西两侧各建有一座仿古风格的八角亭，设计者时任工人文化宫副主任。八角亭周边树多人少，较为僻静，是青年男女初次约会的风水宝地，假如第一次见面互无好感，就此悄悄别过，绝少被熟人撞见。如果一见倾心，进入热恋，就可以公然在热闹的电影院门前约看电影。郑州西郊的"50 后""60 后"，不乏是从工人文化宫八角亭开始踏入爱河的佳偶。

每年的五一劳动节，国家领导人或省、市领导都要与职工群众一同游园，共庆佳节。适时举办的万人誓师大会、动员大会、进军大会，也让工人文化宫成为郑州市职工群众政治集会的主要场所。各类文化、技能培训班，培养了一批又一批的技术能手、业务骨干和劳动模范。"乒乓女皇"邓亚萍也曾在乒乓球活动室内接受过启蒙训练。

正如陈毅副总理题词所言，工人文化宫就是"职工的学校和乐园"。

繁荣后的迷失

工人文化宫东侧工人路毗邻碧沙岗商业中心，西侧文化宫路紧挨市场街农贸、土产、副食品市场，由于地理位置的优越，进入 20 世纪 80 年代以后，迅速被井喷式爆发出来的商业洪流包围。南北院之间的友爱路上逐渐形成了中原地区最大的布匹服装批发市场，曾经是国棉厂职工的郑州黑社会头目宋留根就发迹于此。1986 年，工人文化宫西侧建设路与中原路之间的文化宫路上建成的中原集贸市场是当时郑州市三大集贸市场之一，尤其以餐饮业闻名遐迩。中原集贸市场北门外，晚上经常有几个流动摊贩，有卖开封黄焖鱼的、有卖糖梨水的，味道纯正、价格不高。最有名气的要数一个羊肉串摊，据说某个大人物经常夜里拿着五粮液来撸串，喝半瓶剩半瓶,随手就送给摊主了。

此时的工人文化宫在电影放映产业红火的同时,录像放映、戏曲歌舞演出、交谊舞、旱冰、台球、棋牌等文化娱乐产业也全面铺开,迎来了经济收入最高的历史阶段,经费供给形式也由差额补贴改革为自收自支,也就是自己挣钱自己花,在经营收入和费用支出上有了更大的自主权。

1985 年,立体电影《枪手哈特》一天连映 11 场,创造了郑州大影院电影放映史上的最高纪录。《黑太阳 731》初映时,连加售的"站票"都一票难求。因为有凉爽的"地道风",夏季通宵放映的电影"夜市"成为市民消暑的绝佳选择。夜幕降临,"省文歌舞厅""职工舞厅""虹桥舞厅""红樱桃歌舞厅"四个舞厅门庭若市、舞友爆满。西北角的棋牌场,高手如云,打牌技巧令人叫绝,牌技一般的只有站着围观的份儿,绝不敢上场。当时的工人文化宫院里,只要项目开张,哪怕是摆个地摊,就会有不错的生意。

灯谜、书画、摄影、收藏等职工文化协会如雨后春笋纷纷成立,灯谜竞猜、书画展览等公益文化活动日益丰富。文化娱乐产业的发达,"以文养文"的经营管理思路,让工人文化宫度过了一段短暂的繁荣时光。

好景不长,进入 20 世纪 90 年代以后,国棉厂的经济效益开始滑坡,电影院逐渐失去了主要的集体票源。市民文化娱乐方式的多样化,使电影院又逐渐失去了零售票源。虽然 1995 年进行了立体声改造,电影放映还是陷入了困境。每天下午四点多开始的场次本来一直是附近厂矿职工最佳的观影时间,但 1996 年曾有四点多开始的场次仅有 4 名观众入场的尴尬记录。

失去了电影放映这一主要收入来源,工人文化宫经济开始进入萧条期。为了吃饭,先后把电影院改造为的士高舞厅、邮币卡市场、连锁商场,其收入与高峰期的电影放映还是有不少的差距。田径场先后引入了服装、餐饮夜市等商户,但未能形成气候,无疾而终。院内道路两侧也曾引入小商贩,因社会反对声音太大,几经反复,最后只能草草收场。1995 年,友爱路市场迁移,1996 年,中原集贸市场拆除,工人文化宫借机在建设路、工人路、文化宫路和友爱路建了大量门面房,1998 年,南院游泳池和花房改建成了友爱路小商品批发市场。虽然使出了浑身解数,但经济状况还是捉襟见肘、入不敷出。

涅槃重生

在生存线上苦苦挣扎的工人文化宫,基础设施长期得不到提升改善,公益性文化体育活动严重萎缩,社会各界对此多有不满,一些批评意见和报道逐渐见诸报端。1997 年 10 月 30 日、31 日和 11 月 1 日,《郑州晚报》对工人文化宫"重"副业、"轻"主业以及环境脏乱差等问题连续三天在头版进行了批评报道。

不久,陈义初市长就来到工人文化宫调研工作。陈市长与在场的同志打趣说,我早就想改建工人文化宫,但一看是个"省"字头的单位,曾犹豫了一段时间。陈市长随后指示,文化宫体育场谁也不能动,市中心有一个标准的田径场非常难得,一定要保留好、利用好。

2000 年 4 月,市政府投资将工人文化宫东半部改造为体育中心,拆除临建设路、工人路和友爱路门面房,全面修整广场、路面,田径场铺设草坪、塑胶跑道,增设大量室外健身器材,成了西郊人气颇高的市民健身活动基地。

2002 年 8 月,市政府投资将工人文化宫西半部改建为城市公园,拆除电影院、工字平房、露天剧场等建筑和临建设路、文化宫路、友爱路门面房及家属院,栽种绿植、塑造地形、修建游路广场。改建工程的点睛之笔,是院内原有的高大乔木得以全部保留,体现了设计者对自然生命的敬畏,也使得公园在 2003 年建成开放伊始,就呈现出绿树成荫的良好生态效果,高大乔木留存的厚重历史气息,淡去了新建公园惯有的生涩。

改建时,建设者为了凸显其公园绿地属性,设想把这一块公园绿地命名为五一公园,就在临建设路绿地内放置的景石上面刻了"五一公园"字样。不料,五一公园这个始终没有经过正式审批的名字不胫而走,很快在市民中间、社会层面流传开来,成为工人文化宫的民间俗称,现在公交车站、地铁站、电子地图大都以五一公园取代了工人文化宫。

经过两次改造的工人文化宫面貌一新,环境、设施都有了根本改变,没有改变的是爆棚的人气,依然维系着老郑州的文化情怀。十几个戏曲、歌舞等文艺团队在文化宫75亩的公园里"你方唱罢我登场",每年正月十五的灯谜竞猜仍然是灯谜爱好者的最爱,2015年开始设立的地书大赛则成了老年人展现才华、沟通交友的盛会。到文化宫听戏、唱歌、跳舞、打牌是许多老郑州生活当中不可或缺的一部分,不管住得多远,哪怕是腿脚不便,骑上老年电动车也要到文化宫逛一逛、看一看、喷一喷,心里才觉得舒坦。

如同工人路和文化宫路随着城市的发展不断向南延伸一样,工人文化宫的文化血脉伴随着郑州前进的脚步也在不断地延伸,赓续相传。

参考资料:

[1]董占卿.《两次改建终成"五一公园"》.《郑州晚报》,2008.11.28.

[2]孙斌.《省会迁郑60年系列之二省会初创,多是"摸着石头过河"》,《大河报》,2014.7.25.

[3]河南省工人文化宫大事记.

(**徐瑾** 河南省工人文化宫)

关虎屯的"前世今生"

关虎屯的名字源自民间传说。公元前 1050 年,周武王姬发灭掉商朝后建立了周王朝。周穆王姬满统御天下 55 年,以"穆天子"之名广为人知,他在位时曾多次远赴郑圃(今管城区圃田村一带),有一次周穆王姬满狩猎时,遇到一只猛虎,穆王大惊失色,为保护穆王,卫士高奔戎赶忙上前与猛虎搏斗,最终将猛虎生擒,献给穆王,老虎被关押的村庄,称为"关虎屯"。1927 年,郑州—京水—开封公路横贯(郑花公路),将村庄一分为二,后慢慢演变为东西关虎屯。

据说,咸丰五年张大鳌起义军曾在此与官军进行一场大战,双方各死伤士兵百余名。州史有载,国史有传。在咸丰五年(1855)二月初九,河南巡抚英桂给朝廷的奏折上有"围郑之匪经知州黄见三闭城堵御,登陴施放枪炮轰毙六七十人,施于距城八里之广福屯盘踞"之说,可见民间传闻与官方记录是一致的,这里确实发生过激战。

村落经历的沧海桑田。明清属郑和保,民国五年属安定区一段;解放前,辖区统一归郑县管辖;1948 年 10 月解放后属郑县第二区;1953 年 2 月郑县改郊区,属郊区柳林区;1959 年归郊区柳林副食品综合场;1963 年属柳林人民公社关虎屯大队;1983 年 4 月公社改乡,选举产生村民委员会,属柳林乡关虎屯村民委员会;1987 年郊区撤销,划归金水区,属金水区柳林乡;1995 年撤乡建镇,属柳林镇;2002 年区划调整,划归文化路街道,属文化路街道;2008 年城中村改造拆迁,村落消失。

关虎屯原址位于文化路街道政七街 16 号。东临政七街,西临花园路,南临丰产路,北临农业路。聚落呈块状,面积0.1平方千米。有336户居民,人口1000人。优越的地理位置和环境,使辖区集中了省直机关、大中院校、科研等众多单位,成为郑州市有名的文化行政区域。曾有"河南硅谷"之称,是郑州市最为繁华的都市村庄之一。

随着郑州城市化进程步伐加快,文化路街道在社区建设中,坚持把实施城中村改造作为推动经济社会持续发展的主战场和主阵地。2003年11月1日,随着《郑州市城中村改造规定(试行)》的正式施行,西关虎屯成为首批改造试点。

2004年12月29日下午,"西关虎屯城中村拆迁改造方案研讨会"在郑州市中州假日酒店召开,副市长丁世显也专门参加会议。

2005年1月25日,关虎屯村委会与河南新田置业有限公司就西关虎屯城中村拆迁改造项目签订了意向性协议书。5月28日,指挥部在新世纪大厦大会亭召开"西关虎屯城中村改造拆迁培训会"。6月1日,西关虎屯村900多名村民开始"举家搬迁"。6月15日上午,村民基本搬迁完毕。2005年11月16日,河南新田置业有限公司举行西关虎屯新区(郑州国贸中心)奠基仪式。郑州国贸中心的建筑设施正式开始。

2007年7月19日,郑州国贸中心举行开盘仪式,郑州国贸中心的定位是"城市金融和商业中心",集展示、商务、购物、娱乐、休闲、餐饮、旅游、文化、康体、情感交流十大商业功能于一体。由于郑州国贸中心占据两条城市主干道:贯通郑州南北的迎宾大道花园路与纵贯东西的总部大道农业路,南向面临郑州三大商圈——二七商圈、紫荆山商圈、黄河路商圈组成泛中心商业带,西北处为中原硅谷——文化路科技市场和高等学府组团的科技、文化带,沿花园路向北则是呈"十"字形的汽车商业带,属于"两轴三带"之上黄金物业。区域内郑州市动物园、文博广场、丹尼斯卖场、中环百货、咖啡馆、电信部门、电器卖场、博物馆、影院、酒店、学校等各种配套齐全优越,业态基础深厚,日常生活、休闲、健身、娱乐、求知、交际等城市生活、娱乐功能一应俱全,具有24小时城市功能。

重要历史时刻。1958年4月20日,国务院总理周恩来,副总

关虎屯的「前世今生」

理彭德怀、习仲勋在省、市领导陪同下来到关虎屯视察麦田、红薯育苗田情况，还到社员家中了解情况，关虎屯党支部书记向周总理汇报小麦情况。村民为牢记这激动人心的一天，每年的 4 月 20 日，关虎屯都要举行各种形式的纪念活动，来怀念周恩来视察关虎屯时的幸福时刻。

（**崔雅男**　中共金水区委宣传部）

海滩街上凤凰游

郑州没有海，为何却有一条海滩街？

想必大部分第一次听到这条街名的人，心里都会产生这样一丝疑惑。

现在的郑州市海滩街，南起岗杜北街，北转向东至丰乐路，东临丰乐路、卫生路，西临南阳路，长910米，宽20米。这一条并不长的街道犹如一幅历史画卷，承载着几代郑州人的记忆与故事，见证着郑州的荣辱兴衰，浓缩着这所城市厚重的历史文化和精神底蕴。

海滩街的形成，源于一对神秘的祥瑞——凤凰。郑州北临黄河，历史上饱受黄河水患侵袭之苦。据传说，在一次黄河泛滥之后，河里的泥沙被冲刷到这里，远远望去就像茫茫的海滩。河水退去后，人们惊奇地发现一块大石头上站着一对金光闪闪的凤凰，流落至此的百姓认为此地大吉，便在此定居。由于地势低洼，此处适种水稻，又因凤凰恩泽，水稻年年丰收。据说附近农田产出的粳米又香又大，三粒米加在一起有一寸长，蒸熟后在锅内粒粒不倒，后来甚至成为皇帝的贡米。过上好日子的百姓们，为感念这对凤凰的恩德，于是就在附近建起一座寺庙，名为海滩寺。寺前的道路也因此得名海滩街。

清朝乾隆时期，海滩寺达到鼎盛，前后分三部分，殿宇林立，僧舍俨然，规模壮观，为中原地带的名寺。古寺前有一座天仙庙，门楼上悬挂着一口古钟，每当钟声响起，传遍十里之遥，这便是郑州八景之一的"海寺晨钟"。"明灭残星漏已沉，数声清响振祇林。邯郸丰枕擎回梦，输与枯禅定慧深。"这是张钺在乾隆年间任郑州知州的时候,对郑州八景"海寺晨钟"的海滩寺的生动描述。1927 年,冯玉祥占领河南,将海滩寺拆除,海滩寺不复存在,"海寺晨钟"从此销声匿迹、无处可寻,而海滩街这个地名却流传了下来。

1949 年,开国之初,百废待兴,物资匮乏,人民最简单的穿衣盖被的问题也不能被满足,国家决定在郑州兴建大型棉纺厂,满足人民群众的物质需求。由于初生的新中国面临国际上帝国主义的封锁,国家决定自力更生解决建设纺织企业需要的成套设备,发展纺织工业,解决人民穿衣问题,积累实现工业化的资金,实现推动社会经济发展复苏。1949 年 11 月,伴随着共和国诞生的礼炮声,河南省工业厅副厅长郭福海邀请省政府牛佩琮副主席及工商厅李友三厅长,带着未及洗却的征尘,用最快的速度践行着党"恢复生产,建设新中国"的方针,在海滩街旁的荒滩上,拉开了中华人民共和国成立后河南省重工业建设的第一场大幕。

郑纺机的成立汇集了大量工人来此定居,由于生产规模逐渐扩大,从南方引进的纺织人才不够,需要继续大量招工。于是,有更多的外地人通过招工进入了郑纺机,他们以工人身份进了城,落户成为"郑州人"。由于当时厂房宿舍没有建好,一些工人先暂时安置在了海滩街,后来宿舍建成后,有一些工人住得久了便不愿意搬离了。当时住房条件差,海滩街地势又低,只要一下雨,水就会顺着土坡流到屋里去。勤劳坚韧的中国工人就是在这样恶劣的环境里,实现了中国棉纺工业的独立自主。后来,郑纺机发展步入快车道,从 20 世纪 50 年代郑纺机转型生产纺织机器,到 20 世纪 90 年代初,郑纺机一直是全国纺织机械行业的龙头老大。在这几十年的时间里,邓小平、刘少奇、朱德等老一辈国家领导人先后都来过厂里视察。后来厂里给职工分房子,建造体育场、图书馆、电影院、职工食堂和职工医院,职工物质生活条件逐渐得到改善。海滩街在郑纺机发展的过程里,慢慢形成了城郊集市,逐渐恢复了往日的繁荣景象,关于神秘凤凰的传说仿佛再次被现实印证。

20 世纪 90 年代中期以后,随着纺织行业技术的革新,郑纺机逐渐衰落,海滩街在这里见证了新中国纺织工业史的真实变迁,但也不可避免地随之走向沉寂。逐渐富起来的人们,陆陆续续从这里搬出,落户到更好的小区居住。没有了人来人往的喧嚣,失去了往日的繁华,海滩街仿佛脱离了时代,成了被遗忘的角落,静静等待着新的蜕变。

随着改革开放走向深入和经济社会的不断发展,郑州这座城市越来越美、越来越现代化,像海滩街这样的老街道也越来越少。如今的海滩街,在街道两旁树枝的映衬下,尽显老街的宁静与惬意,弥散着厚重与悠远的历史气息。窄窄的街道,低矮的平房,悠然自得的街坊,更显人间烟火气,为繁忙的都市男女保留了一处静谧。不知不觉中开张的各种奶茶店、手工艺店一间间排在海滩街的前端,静候着属于它们的顾客,街道两侧房子的墙体也被刷成了红色、白色或其他颜色,描绘出老街道多彩的新容貌。沿街店铺大都是文艺加潮流或复古式的装修,再加上一些带有文艺的涂鸦和装饰,强烈的反差造成的视觉冲击为这条老街道带来了一股超现代的前卫气质。有的店铺门口会摆上沙发、桌椅等供游客休息或拍照,吸引了不少俊男靓女。街上成群结队青春靓丽的男孩女孩,肆意释放着独属于年轻人的活力,为这条百年老街增添了勃勃生机,海滩街就以这样的方式被重新打开。

从海滩街建立至今,又岂止百年时光,随着时代变迁,海滩街浮浮沉沉。其实,世上哪里又有什么祥瑞凤凰呢?海滩街百年的兴衰告诉我们,真正能让人民过上好日子的是全心全意为人民服务的党和政府。如果世上真的有凤凰,我相信它早已从海滩街游向了整片华夏大地,如今的海滩街,如今的郑州,如今的中国,不正在迎来最美好的新时代吗?

参考文献:

[1]赵轩.《郑纺机不忘初心砥砺奋进 在赓续血脉中走向新时代》,《中国纺织》,2018年第9期.

[2]王益民.《郑纺机的前世今生》,《企业观察家》.

[3]《老郑州系列——郑纺机》

[4]《熟悉的郑州又回来了!"网红打卡地"海滩街烟火气息渐浓》,《大河报》.

海滩街上凤凰游

[5]《新潮文创"碰撞"城市记忆　郑州海滩街变身网红打卡地》,印象网.
[6]《郑州市地名管理办公室关于紫楠路等26条道路变更起止点的公示》,郑州地名网.

（丁思　河南省工人文化宫）

郑州地名历史文化故事

花　岗

——一颗文化明珠

　　花岗，一个也许只有生活在郑州北郊杨槐村与大河村老一代的村民还知道具体位置的地方；一个对当地年轻人来说相当陌生却又充满神奇的地方；一个本地默默无闻却在全国大放异彩的地方。花岗见证了历史的变迁，也记录了 7000 年的"黄河故事"。

　　小时候，常听父母提到一个地方——花岗，但伴随着的往往是一些神鬼的传说，比如，某某晚上去拉（酒）糟回家路过花岗，听见有人叫他名字，四处一看却没有人，于是加快脚步往家走，走到天亮一看，竟然围着一座坟丘在转，周围全是小车的车辙。在这些"鬼故事"的加持下，我小时候很少去花岗附近玩，偶尔站在远处眺望花岗，确实是枯藤老树，坟茔林立，花岗从此在我心中成了一片禁地。

　　长大以后，有幸在大河村遗址博物馆工作，而博物馆就坐落在这曾经神秘的花岗上，这给了我再一次认识花岗的机会。在了解花岗的故事之后，这个地方在我心里不再是阴森的禁地，而是承载着特有历史使命才一直默默躺在贾鲁河畔的圣地。

　　花岗因早年地势较高，无法种植粮食，当地村民便在岗上种棉花，棉花盛开的时候独具特色，远远望去就像在平地上开出一团巨大的棉花，当地人就称这片高出地面四五米的岗地为花岗。花岗的地势高，自古以来就是如此，7000 年前的郑州，东有圃田泽，西有荥泽，北有黄河，妥妥的东方"威尼斯"。花岗就在这郑州最北部，三面环水的"半岛"环境中滋养着一代一代的先民。

　　花岗的先民在这里捕鱼、打猎、采集、农桑、建房，优越的自然环境让这里的先民安居乐业,族群不断发展壮大。据专家考证,在距今五六千年的花岗地区常住人口有2500人左右,相当于现在北郊一个自然村的规模,可见当时花岗附近的物产是多么的丰富。历史的车轮滚滚向前,黄河多次泛滥,环境几经变迁,断断续续还有居民在此生活,只是早已没有史前时期的灿烂,直到清朝生活在这里的居民搬离到花岗北500米的戴家庄后,这里便没有了往日的烟火气息,逐渐的杂草丛生,成为墓地……新中国成立后,附近村民还在这里开窑烧砖,后来废弃,人迹罕至,于是便产生了诸多先前提到的"鬼故事"。

1964年的一天,花岗的宁静开始被打破。杨槐村的几位农民来到花岗挖红薯窖,却挖到了砖墙,判断这是一座"券堂墓",一场现实版的"鬼吹灯"就这样开始了,顺着砖墙继续挖,便找到了墓门并且轻松打开。当时在场的年龄最小的杨某初生牛犊不怕虎,便想下去一探究竟,长者急忙以墓气太重阻拦,众人便用火——这种在农村自古以来认为最"科学"的驱散阴气的方法——来熏烧。就这样,杨某带着火把进去了。据说,墓中有两具尸骨,尸骨上边还放着铜镜,两具尸骨中间放有一把一尺多长的剑,脚边放了六个小罐。这些宝贝被这几位村民如数带回村长家,引得村民都赶来观奇。正如大多古代遗迹是农民进行农业生产时发现的一样,经过全村领导人的讨论,几经波折,终于联系到了郑州市博物馆,就这样,郑州博物馆派人前来调查。经过调查,发现这里遍布着红烧土、陶片,确认这里是一处内涵丰富的仰韶文化遗存,但并没有在此开展主动发掘,随后的几年随着生产的需要,开始大规模平整土地,花岗东半部分被削去一米左右。直到1972年郑州市博物馆在此派人进行复查,发现平整过的地面上散存的遗物更加丰富,多数红烧土块上印有清晰的木柱、横木和芦苇痕迹;另外还有丰富的白衣彩陶,于是向上级汇报并得到批准,于同年10月进行试掘,从此揭开了花岗神秘的面纱。

从1972年到如今50年间,在几代考古工作者的陪伴下,历经30次科学发掘,花岗把她蕴含的长达3000多年文化积淀缓缓绽放,不断地惊艳着世人。房基F1—F4的发现可谓是刷新了人们对仰韶时代居住环境的认知,没想到距今5000年的花岗先民已经住上了三室一厅,历经五千年风雨,凭借先进的木骨泥墙加火烤的建造技术,墙体依然保存了一米多高,这套房子也被亲切地称为"天下第一屋"。屋内大厅里出土了举世闻名的彩陶双联壶,精美的做工和独特的双联造型,绝无仅有,这件国宝也成了大河村遗址博物馆的标志。考古队员克服重重困难,在花岗发掘深度达到12.5米,从仰韶到夏商,完整清晰的地层堆积也让学术界为之一振,从此考古学界研究仰韶文化有了一把清晰的标尺;花岗出土了大量的白衣彩陶,纹饰繁复多样又独具特色,堪称彩陶纹饰的集大成者,其中多有反映天文现象的图案,让无数学者倾心。此外,白衣彩陶盆所反映的锔补技术,把锔补历史提前到了仰韶时代……花岗就像一颗巨大的珍珠镶嵌在黄河岸边,沧海桑田后,抹去尘土,闪耀中华大地。从此以后,花岗被冠以一个新的名字——大河村遗址!

　　因为遗址主要分布在花岗上,而花岗在当年却分别属于大河村与杨怀村的土地,所以对于遗址的命名还有一段小插曲——考古工作者根据发现地的小地名,并且有河流流过的命名原则,加之遗址大部分分布在大河村的土地上,于是就以《大河村遗址》一文在权威期刊《考古》进行了发表。一石激起千层浪,杨槐村村民认为遗址是杨槐村村民发现的,还有一部分是杨槐村的土地,发掘工作队也住在杨槐村,杨槐村距离花岗更近等,所以更应该命名为"杨槐遗址"。此事经过协调,未能如愿改名,杨槐村村民还因为对遗址没有被命名为杨槐遗址甚为遗憾,遂作对联:

　　　　少林寺威名四海扬,百姓尚知源郑州
　　　　大河村遗址万年筑,五洲可晓根杨槐

　　其实不论如何命名,花岗所承载的文化价值却得到了绽放,现在回想起来,当年这里如果被命名为"花岗遗址"岂不是皆大欢喜?!

　　如今的花岗考古工作和公园的施工如火如荼,已看不出是一块岗地,只有一座废弃已久的青砖窑颤颤巍巍地立在那儿,向东不远处剩下一处即将迁走的墓地。走在曾经的花岗之上,仿佛在观看一部新旧交替、时代变迁的动画,感慨万千。不久之后,这里便是一个大公园,枯藤老树不复存在,绿地青花将覆盖在花岗山,彼时,花岗才真正地戴上了本该属于她的花环,功成身退,静观这盛世。

参考文献:

[1]郑州市文物考古研究院.《郑州地区湖泊水系沉积与环境演化研究》,《中国·郑州考古》,科学出版社,2016 年,第 79—94 页.

[2]王建华.《黄河中下游地区史前人口研究》,山东大学博士学位论文,第 35—36 页.

[3]杨文森.《杨槐村志》,中州古籍出版社,2017 年,第 11 页,第 81 页.

[4]同上,第 78 页。

[5]郑州市文物考古研究所.《郑州大河村》,科学出版社,2001 年.

[6]同[3],第 79—80 页。

郑州地名历史文化故事

(**杨盼明** 郑州市大河村考古遗址公园)

花园口

花园口,位于河南省郑州市北郊 17 公里处惠济区辖区内的黄河南岸。古称桃花浦,旧时遍地桃花,春来繁花似锦如花园,民间传说,最早这里并不叫花园口。到了明朝时期,天官许某在这里修建了一座花园,方圆 540 余亩,种植四季花木,终年盛开不谢,远近男女争往游览观赏。后来黄河南滚改道,滔滔洪水把这座美丽的花园吞没。从此,这里就成了黄河南岸一个渡口,被称为花园口。

花园口本是位于河南省郑州市惠济区北郊黄河南岸的一个普通的渡口,因为一场事件却演变成为吞噬万千生命的地狱之门。

1938 年,为了阻挡日军的推进,蒋介石下令新八师掘开花园口地区的黄河大堤,奔腾而下的黄河水瞬间淹没了沿途所有的村庄和田野,超过 80 万人被淹死,1200 万人家园被毁、流离失所,史称"花园口决堤事件"。更让人气愤的是造成如此惨重灾难的不是天灾,而是彻头彻尾的人祸,下令的蒋介石和执行的新八师是钉在历史耻辱柱上的罪人。

1938 年 5 月下旬到 6 月初,日军占领徐州之后沿着陇海线推进准备进攻郑州,在武汉的蒋介石担心日军占领郑州后紧接着就会进攻他所在的武汉,他和他的主力部队会被日军全歼,于是这个愚蠢的人做出了一个极其愚蠢的决定。我们观看《岳飞全传》时,有一集讲述大宋朝廷为了阻挡金人的进攻竟然下令部队用火炮将黄河堤坝炸开,汹涌而下的黄河水瞬间将正在浴血奋战的岳家军和金军全面淹没,沿途的百姓更是祸从天降死伤惨重,无数的百姓家园被毁只得四处流浪乞讨为生。这一段看的让人气愤不已,感觉大宋朝廷祸国殃民早该完蛋。数百年后,被日军打得焦头烂额无处躲藏的蒋介石也干了和当年大宋朝廷一样的事情,以水代兵阻挡日军的推进,虽然日军攻势短暂时间受了影响,但很快就乘船渡过黄泛区攻占郑州直逼武汉,蒋介石的战略目标没有达到,白白牺牲了上百万百姓的性命。

国民政府中有些人听到这个邪恶计划时一时惊愕得不知所措,他们向蒋介石陈述黄河决堤的灾难性后果,希望蒋介石收回成命。当蒋介石6月6日听到日军攻破开封的消息后变得焦躁不安。他一开始选定的是中牟县境内的赵口,但此地泥沙量大、水流量小,达不到他想要的效果,于是他决定在离赵口100多里的花园口决堤。6月9日,两万日军进攻到离郑州30公里的地方,蒋介石下令让新八师掘开花园口的黄河大堤。新八师没有用大炮而是出动人力"辛辛苦苦"地连挖两天,决堤后的黄河水一路奔腾而下,所到之处不管是房屋、田野都被毁。这时,人祸竟然遇见了天灾,决堤的地区竟然下了一场暴雨。暴雨导致黄河水泛滥,没有决堤的地方也相继发生决堤,横扫一切的黄河水在冲毁陇海线之后继续疯狂前进。

在掘开花园口的时候,蒋介石政府谎称是修建抗日防御工事,结果为了阻挡区区两万日军的进攻造成了中国上百万人口的死亡。由此可见,蒋介石政府和数百年前的大宋朝廷一样祸国殃民不得人心。蒋介石下令掘开花园口堤坝后,为了掩人耳目转移国人的愤怒,竟然在媒体上造谣说是日本人轰炸花园口导致的,结果日本人出面澄清说自己干不出这么缺德的事情。这次,花园口决堤事件不光造成80万人直接死亡,1000多万人流离失所,而且洪水淹没了黄河下游大片的良田,直接导致1942年的中原大饥荒。冯小刚的电影《一九四二》讲的就是那段惨烈的历史,国民政府统计饿死了几千人,实际上饿死了800多万人。一时间,中原腹地,赤地千里!蒋介石政府面对洪水灾害和饥荒束手无策,不但没有送去赈灾粮食,反而三番五次地逼迫受灾严重的河南百姓筹措军粮支援前线。

蒋介石政府以为掘开黄河大堤沉重打击了日本人,确实2万日军的攻势被迫停止,1000多日军被淹死,但中国付出100多万人的性命,完全得不偿失啊!蒋介石政府横征暴敛,河南百姓死伤惨重,卖儿卖女苦不堪言。

如今,走在花园口的大堤上,还能看到,在将军坝西边不远的大堤上,立着一块白色的西界碑,下游还有一块东界碑。当年国民党扒开花园口,口门最宽时有 1460 米,东西界碑之间就是当年花园口决口后的口门。西界碑南侧是个漂亮的花园,名为"扒口处广场",花园口纪念碑就坐落在这里。花园口纪念碑是个黑色长方形的建筑,上面写着"一九三八年扒口处"的字样;纪念碑下部为一组大型浮雕,再现了当年河水泛滥、百姓流离失所的凄惨场面。

如今的"花园口"已经成为展示人民治黄成就的重要窗口和开展爱国主义教育的重要场所,也是人们亲近母亲河的近郊观光胜地。沿着花园口景区步道,黄河岸边垂柳迎风摆动,滩涂湿地水草丰茂,凭栏远望,大河滚滚东流。花园口的路是一条沿黄河的生态廊道,廊道两旁是高大翠绿的松树,阳光从树顶洒下,在路面上形成一条光带。道路两边规划了绿色的骑行通道,就像松树的绿色投影到了路面上。优美的景观吸引不少骑行爱好者前来观光。

现在的花园口,不仅环境变了,而且从物质、精神、经济、文化到人民群众的生活,都发生了巨大变化。如今的农民,生活水平提高了,思想观念也随之发生了变化。过去,农民担心黄河决口,"今日有酒今日醉",只顾填饱肚皮。现在不仅安居乐业,追求物质的富足,而且追求精神生活的丰富、生活质量的提高。惠济区和花园口镇已经将花园口一带建成环保、生态区和绿化最佳居住区,建成了郑州市的后花园。

(**李宁** 郑州市公共交通集团有限公司第二运营公司二车队)

郑州文庙

提起郑州,我想大多数人脑海里闪现的第一个画面非属二七纪念塔不可,它承载了一代又一代人的记忆。

二七纪念塔全称为郑州二七大罢工纪念塔,为了纪念发生于1923 年 2 月 7 日的二七大罢工而修建。1923 年 2 月 1 日,京汉铁路各站工人在郑州普乐园(今二七纪念堂),成立京汉铁路总工会。由于遭到封建军阀的阻挠和破坏,大会决定在 2 月 4 日举行全线总罢工。2 月 7 日,军阀吴佩孚、肖耀南在帝国主义的指使下,对郑州、江岸、长辛店的罢工工人进行残酷镇压。全线工人同仇敌忾、不怕牺牲,同反动派进行了顽强斗争……

这是小的时候听父辈们一遍又一遍讲起的故事,从小也在脑海里留下深刻印象。自打记事开始,爸爸带我去的第一个"有名"的地方就是二七纪念塔了,直至今日家里相册里还保留着我与二七纪念塔的合影。

时光荏苒,2019 年我来郑州参加工作的第一年,有幸成为中建深铁轨道交通有限公司的一员。经过一系列的岗前教育和取证后,来到了郑州文庙站,参与了全过程的工程筹备直至 3 号线开通运营。那时,便对郑州文庙站有了深切的感情。

郑州文庙站,位于郑汴路与城东路交叉口,郑州文庙位于郑州文庙站 C 口。据记载,郑州文庙规模人气最旺的时期是在元代,当时郑州文庙占地已达 37 亩,有 200 多间东西配房。主体建筑大成殿雄伟高大,巍峨壮观,坐落在院子中央,是当时郑州屈指可数的建筑。前院还有棂星门、泮池、戟门,后院明伦堂、敬一亭、尊经阁,还有土地祠、东西角门、启圣祠、乡贤祠、存诚斋等。特别值得一提的是,大成殿两山的博风,是采用三彩釉烧制而成的琉璃饰件,上面镶嵌着玉皇大帝、如来说法以及三国故事戏曲人物,无论是艺术表现手法还是烧制技术,实为全国罕见。每年的春秋两季,郑州文庙都会举行大规模的祀孔大典,每逢此时,可以说群贤毕至,少长咸集,地方文武官员及各界名流都要到此参拜,史料中这样形容祭祀场面:"钟鼓齐响,笙歌共鸣。"可见场面之热闹与隆重。

走进文庙,首先映入眼帘的是一个宽阔的广场,在广场的南端,东西分别立着全木结构的牌坊,血红坊柱,五色漆就坊顶,东边上书"金声坊",西边上书"玉振坊",意为金钟玉磬,象征着儒家礼乐教育的独特观念。另外,古代音乐必须是以钟声开头,以击磬结尾,包含着孔子的思想像一首音乐一样有头有尾、尽善尽美的意思。

站立在金声坊、玉振坊之间,向北是一座更加宏伟的全汉白玉的牌坊,上书"棂星门",古人认为天上有棂星,文庙建棂星门示意尊孔如尊天的含义。

在棂星门前方,是一两个半圆形的水池,四周围的是汉白玉栏杆,水池中间顺南北走向跨越一座汉白玉的拱桥。这两个半圆形的水池称为"泮池",原是孔子及学生们休息的地方。古代生员入学称为"入泮",要举行入泮仪式,而池上的拱桥称为"状元桥"。

再往前走就是文庙的入口——大成门,大成门两侧分别是乡贤祠和名宦祠,供奉着郑州历史上的名臣显宦。进入大门,东侧则有一座巨大的铜钟。

进入大门,映入眼帘的大成殿着实让人叹为观止,感慨它规模的宏大和建筑艺术的高超。大殿高 15.7 米,如果算上地下的高度,足足有 20 多米。鲜红的柱子,枣红色的大门、阁窗、殿墙,殿脊是精美的"二龙戏珠""凤穿牡丹"等浮雕,生动异常,屋顶绿琉璃瓦在阳光下熠熠生辉。梁架椽柱接合紧凑,各个部件错落有致。远远望去,大成殿巍峨雄伟,金碧辉煌,真可与天宫相媲美了。

进入殿内,雕梁画栋,漆金的飞龙在各处盘绕,诉说着孔子尊比天子的崇高地位。大殿中间,至圣孔子端坐在巨大的神龛之内,身着龙袍,头戴帝冕,黑须肥鼻圆眼阔额,庄重威仪,"万世师表"之相十足。孔子两侧,分别是"四配"(孟子、曾子、颜子、子思),两侧"四配"之后又是"十二哲"(除宋儒朱熹外均为孔子弟子),尊卑有序,先后有别,突出表现了儒家的纲常伦序观念。

孔子的地位很高,官升帝君,被称为文帝。大成殿唐代称为"文宣王殿","大成"二字是宋徽宗取《孟子》"孔子之谓集大成"而来,赞扬孔子集古圣贤之大成,下诏更"文宣王殿"为"大成殿"。文庙是简称,因为唐玄宗御封孔子为"文宣王",因此称孔庙为文宣王庙,又简称文庙。明清以来,科举考试均在文庙举行,因此文庙也叫学宫。

大成殿左侧为碑廊,立着年代久远的古碑,其中非常珍贵的有乾隆皇帝御制的《平定回部告成太学碑记》,康熙年间大学士张玉书题写的《至圣先师孔子赞》等。

大成殿的后面,是更加巍峨的尊经阁,高有二三十米,全木质结构,有上下两层。它是文庙建筑群中仅次于大成殿的一座建筑,历史上堪称"儒学书院藏书楼"。历史上,文庙和教育始终紧密相连,往往是"因庙设学,庙学合一",其布局有"左庙右学""右庙左学""前庙后学"3 种形式。郑州文庙恰好是"前庙后学"。现在的尊经阁是举办学术会议、高层次学术论坛的地方。

大成殿和尊经阁两侧是长长的厢房,大成殿两侧的厢房内陈列着去年面向社会各界征集而来的书画作品,表达了对孔子的尊崇和对传统文化的热爱,从大量作品中挑选出的 200 多幅精品,将作为文庙的长期收藏,成为文庙的组成部分。

自古以来,文庙就是社会文化中心的象征,郑州文庙的政治地位和作用也是如此。过去每年春秋两季,历代郑州地方政府都要按照皇朝规定的礼仪,在文庙举行规模宏大的祭孔大典,尤其是 9 月 28 日孔子生日这一天,地方官员、学子都要在此举行三拜九叩大礼,焚香祭拜,祭奠这位中国古代最伟大的思想家、政治家、教育家。

置身文庙,听着少年们诵读国学经典的琅琅读书声,欣赏着传统民间艺术的精彩展示,凝望着那些历代的石碑砖墙,新修的楼台殿阁,仿佛时光倒流,历史重演。可一出庙门,门外便是车水马龙、商铺林立的东西大街,现代化的建筑,快节奏的生活,都市喧嚣,滚滚红尘。

（**马俊霞**　郑州中建深铁轨道交通有限公司）

郑州文庙

老坟岗：民俗艺术的狂欢之地

郑州有块地方叫老坟岗，名虽不雅，却与旧时北京天桥、天津三不管同是江湖圣地。这三大江湖圣地，是平民百姓在日常生活中的创造，吸纳草根文化与民间艺术，凝结升华为独特的民俗艺术，然后相沿成习，传播张扬开来。

老坟岗是郑州市井生活画卷的缩影和折射历史的镜子。老坟岗里逛一逛，不是吃喝就是当。"当"是江湖隐语，买卖的意思。

民俗艺术在这里狂欢。老坟岗的江湖行当分八大类：十五金，十八汉，九俐，十瞳，六风，十二马，十八绰。还有几十个不入流的小寡门。

民俗文化的外衣包裹着不同风格、不同审美取向的共融，亦从一个较大的侧面反衬着清浊混杂的"江湖精神"。

老坟岗是"曲子窝"，这里产生了多位大师级演员，代表者有"三刘二马一条于"。刘桂枝是领军人物，收养二十多个流浪儿，管吃住，教学艺；刘明枝，郑州解放之初，担任国营革新曲艺团团长；刘宗琴，中国非物质文化遗产河南坠子代表性传人；于忠霞，郑州第一任市长宋致和亲自听她唱坠子，决定收编名艺人入国营艺术团体。二马是夫妻。妻马素芳，是近代中国第一个说评书的女艺人，刘兰芳来拜过她；夫马仲山，外号大洋马，书帽是他一绝。大师级坠书演员赵铮，是大学生，喜欢坠子，入道当演员，创造了红岩双枪老太婆这一角色，轰动曲坛，又著书立说。获曲艺终身荣誉——牡丹奖。

河南坠子："曲子窝"里的女艺人

乾隆年间，湖北渔鼓流入河南，道情、花鼓盛行。道光七年（1827），开封招讨营的三弦艺人乔治山创制坠子弦（即坠弦），为河南坠子诞生及其发展提供了重要基础。传说乔治山无意中将小鼓弦去掉一根弦，"弦不随腔"的伴奏方法，成为唱一句拉一句的"拖腔坠字"。又因为他经常自拉自唱《玉虎坠》，所以人们将这种新的演唱形式称为坠子书。

20 世纪 30 年代，老坟岗先后搭建起 5 个坠子书棚，每棚可容纳五六十人。老辈人说老坟岗成了"曲子窝"，"曲子窝"里女艺人多。女艺人执简板坠子，十分抢眼，不仅改变了老坟岗男艺人独霸舞台的现象，也形成了自己的风格，被后人称为"西路坠子"。

那时唱坠子书的在茶馆、书棚都搭有一米左右大小的小彩台，演出形式多为自拉自唱和两人一拉一唱两种。伴奏乐器有坠胡、简板、脚绑等。它的唱腔由引句、手腔、牌子、寒韵、十字韵、五字嵌、快板等几种基本曲调构成。引句、手腔是主要陈述部分，寒韵是悲伤哀怨的曲调，牌子、十字韵、五字嵌是别具一格、特点各异的曲调。坠子的曲体结构属于综合体。唱腔的连接法是二引子过后按平腔，在平腔的任意变化重复过程中，偶尔插上一两段寒韵或牌子、十字韵、五字韵、五字嵌的曲调，最后以快板推向高潮而结束全曲。其唱词的基本格律为四、三字句和三、四字句与三字一通的三字句等。

当时，以"三刘一于"（刘明枝、刘桂枝、刘宗琴、于忠霞）为代表的坠子女艺人，以及其他男角们充满激情活力、声情并茂的说唱，加之酷似人声的坠琴班伴奏，在老坟岗掀起了一阵阵波涛。那时的 10 多个茶馆，几乎家家都有坠琴铮铮，简板声声，坠子书女艺人或高亢之腔或柔美之音不时传出，新增加的 5 个专门坠子书棚更是鼓声咚咚。鼓声、叫好声此起彼伏。

1937 年，刘明枝行艺到郑州，在老坟岗金声茶社设场演唱。河南坠子女艺人马喜凤早已唱响,刘明枝虽初来乍到却并无怯意,不久便后来居上,在郑州站稳了脚。抗日战争时期,刘明枝曾到郑州的汜水、荥阳、巩县、米河等地流动演出,影响渐广,郑州荥阳、汜水一带流传着顺口溜:"吃米饭,就芥丝儿,忽然想起刘明枝;吃米饭,就咸菜儿,忽然想起小石先儿(刘明枝的琴师)。"已早有名气的刘桂枝听说后不服,传话道:"把刘明枝叫来,我要是对不过她,送书三天不要钱。"刘明枝爽朗应战,二人定下日子在老坟岗设书场"开战"。刘明枝唱《秦英征西》,刘桂枝唱《薛刚反唐》,各亮高招,互不相让,最终也难分胜负,被群众传为美谈。

刘桂枝的养父是坠子书琴师,她从小随养父学艺,11岁登台演出,12岁唱响老坟岗书棚。她惊艳坠坛,红了半边天。她不是唱河南坠子的第一位女性,但她是一位领军人物,以其演技和声望,带动了一大批女艺人与男性平分秋色。这样一位光彩照人的女艺人,还是一位爱国者,郑州沦陷后,她坚决不去为敌伪唱"堂会",对敌人横眉冷对;但她对江湖艺人、穷人却很仗义,收养了10多个穷孩子,并把他们抚养成人。她以老坟岗为基地,经常下乡为穷人唱愿书、赶庙会,她清脆优美的坠子腔,唱遍了新郑、中牟、新密、荥阳等地,至今传为佳话。

刘宗琴的代表作有《包公案》《水浒传》《岳飞传》《青衣女侠》《杨家将》等,她在《杨家将》的《砸御匾》中把"中路坠子""乔派坠子""河洛大鼓"等三种不同风格的唱腔巧妙融合。历次在全国、省、市会演中获奖。

评书:卖法(演出)灵不灵,手势最为重

在老坟岗的说书人,分"坐说""站说"两种。"坐说"者多为正襟危坐于书桌后面的高椅或高凳之上,一般不使用大的身段表演。但随着《三侠五义》《施公案》等剑侠评书的兴起,需要表现英雄豪杰及各种武打场面时,说书人开始"坐说""站说"并用。马素芳不仅"两说"并用,还将戏曲中的腔调、表演形式运用到说书中,所以,书迷们都说:"听评书,兼看戏,一钱两用,值得。"

马素芳在几十年的评书生涯中,练就了一套特有的功夫。她说书时的手势,干净漂亮。"卖法灵不灵,手势最为重,口手同时到,快慢都不行,出手像推月,回手像挽弓。出手劲要狂,收手劲要轻。划背要划弧圆,卖成(即演成)扇面形。上边与眉齐,下边与胸平。伸掌像瓦垄,握拳像半空。拧点翻颤抖,手势基本功。"马素芳说《海瑞》时,先来一段表白——海瑞怒从心起,抬起巴掌说:"阎二小贼吃打,叭。"说"叭"的同时,眼神随着右掌停留在左掌,听书人产生了打人的错觉。紧接着,右掌又拉到自己的右脸上,摸脸的同时呈现疼痛表情,又给听书人造成挨打的实感。这些动作按行话叫"双面",所以艺谚曰:"自己唤人自己来,自己打人自己挨,自己做轿自己抬,自打哑谜自己猜,自哄娃娃自己乖,自作精明自己呆。"

马素芳说书善于融古今一堂,杂雅与俚俗为一体,正颜厉色与风趣幽默相统一,程式化与活素材结合巧妙,她将一部有限的书的文字,用程式化说书套路语气延宕开来,每天能说上三四个小时,足见她的功夫。马素芳自15岁说书即走红,自20世纪30年代,直到20世纪七八十年代,一直是河南省内唯一的说书女艺人。

卖当:一群武艺高超的江湖英雄

江湖统称卖武艺的叫"卖当"。老坟岗"卖当"有两大特点:

其一是门类多。有个"耍碗""转盆"的外号叫"卧鱼儿",他软硬功结合,能将七八个不等的青瓷,正反叠在一起,高约3尺,顶在头上;表演摔跤的是马小辫,解放后是市体委武术教练,在全省运动会上拿过名次;耍流星锤的马凤山与抖空竹的麻二是从北京天桥来的;耍坛子的赵兴邦能在头顶和肘腰间盘串,坛子大的重百余斤,小的10多斤,不论是手扔、脚踢、头接、颈承,均得心应手,老坟岗人称他为"坛子王";耍飞叉的叫杨树勤,1960年大型杂技电影纪录片《飞燕迎春》中3位耍飞叉的,右边那位即是杨树勤;另有龙祥呈、王二歪等霸王鞭高手……

老坟岗:民俗艺术的狂欢之地

113

其二是多为名门正宗。老坟岗卖武艺的多出身武林,有的是世家传授,有的是自小练功,他们身怀绝技,武术超群,凭奇特的技艺、软硬功夫,博得热烈掌声和微薄赏钱。

正是这一群武功超群的江湖英雄,凭着一身过硬的功夫吸引着老坟岗的平民百姓。其中最有名的要算气功师郭兰河、神射得善魁和耍老杆的郝忠。

郭兰河,耍武艺兼卖药,他的绝活是用 6 根 10 号铅丝缠在腰上,一运气,一声吼,6 根铅丝全部崩断。得善魁的弹弓最神奇,他可以一手抛出花生米大的泥弹儿,然后抬手一弓,准确地将其射落。耍老杆的郝忠师傅从小练功,曾去武当、少林拜过师,所以他的拳脚也令人叫绝。

大凡耍老杆这类惊险节目,江湖上一般是合家出演,非亲非故绝不收留,因怕万一失手,身家性命担当不起。郝忠父女,外带一个未过门的女婿为徒弟,这一家在老坟岗多年,观众对他们印象极深,说郝忠一家是人物,本分、功夫了得。

郝家的人,赶场子也与众不同,先由他的女儿小红趟场子,小红打扮得很惹眼,红衣红裤红鞋,立在父亲身旁,这时郝师傅抱拳说道:“各位乡亲,三老四少,街坊爷们儿,小子不才,多有打扰……”这时红衣女孩只是几个漂亮的空翻,然后打“马车辘辘”,围观的人顺着她的空翻跟头围成一个大圈子。

这时郝师傅又大声地说:“闺女!”“有!”“咱们开练!”“开练!”“咱拿出真家伙!”“是真功夫!”“咱别丢人!”他的徒弟——一个高大英俊的青年只站在他身后抱拳四方行礼,从不说话。待父女将场子打开,他手托老杆放在郝师傅稍弯曲的右腿上,小红顺杆而上,在顶端向大家行礼。耍一段老杆,小红一声不响地手托箩筐收钱,郝师傅抱拳向众人施礼说:“乡里乡亲,有钱帮个钱场,没钱帮个人场。”小红手托箩筐只走一圈,任你观者是给一分两分或是视而不见,她将箩筐放下,徒弟扶好老杆,小红援杆而上,嗖嗖几下爬到杆顶,在人们的惊呼喝彩声中拿顶、旋体、倒踢、勾腰、悬吊,最为精彩的场面是,老杆直立在郝师傅右脚面,老杆顶端倒悬郝小红。只见郝师傅一声吼:“闺女,燕子展翅!”徒弟随喊:“凌空飞舞!”只见郝师傅飞起一脚，众人大声喝彩，老杆又稳稳地落在郝师傅的下巴上，未及众人喝彩声起，郝师傅下巴上的老杆忽然一下又转到他的后腰上，"好啊——"掌声欢呼如潮水般响起……

这些"卖当"的江湖艺人们，尚武精神显神通，晃动乾坤定太平。一跺脚，钢丝在腰间崩断，一声吼，飞弹在空中粉碎，一声锣响，冲入云天的老杆上，红衣女孩牙咬彩绸飞舞，"半仙之体"的真家伙，铸就了多少人的快乐。

"叫卖"言路，异彩纷呈

相声，天津叫逗哏，北京叫相声，郑州老坟岗叫"骂大诨"。"骂大诨"的"诨"，即江湖"切口"。所谓切口，就是江湖行当里的隐语。"诨"是说相声常用的逗趣的话或人，有戏谑成分在里边。骂大诨，"理儿歪"让你哄堂大笑。

相声界泰斗马三立，"文化大革命"后期在北京演出，河南省曲艺团派人赴京看望马老，马三立听说是郑州来的，就问，知道老坟岗的"小地灵"（刘化民）吗？来人说不知道，马三立不客气地说，说相声的不知道老坟岗的"小地灵"，我怎么知道你是郑州来的呢？来人讨了没趣。听说这位人士回河南后，立即打听"小地灵"，这才知道，"小地灵"叫刘化民，几十年前就叫响老坟岗了。

"小地灵"刘化民的"包袱"，常常甩在相声的"垫子"里。好相声的妙处就是一层层铺垫，一个个包袱，最后把"包袱"抖开。

相声演员练功的段子也有绕口令之类，如练吼音，要发音浑厚、音尾清晰。如"山前有只虎，山下有只猴，虎撵猴，猴斗虎，虎撵不上猴，猴斗不过虎"。唇音的练习，如"瓢半麦，磨瓢半面，包瓢半扁食，卖半瓢钱"。练舌音的如"杭州灵隐寺有一领细新席，细新席上躺着四千四百四十四个死僧尸，若问死僧因何死，吹僧累死死僧尸"。"吃葡萄不吐葡萄皮儿，不吃葡萄倒吐葡萄皮儿"等，拗口的是四、十、死、尸，"吃葡萄是正反说"。但这类绕口令，毕竟是一种纯练嘴皮子的小段子，而相声《五红图》，杂糅了"说、学、逗、唱"，这个段子历来是相声演员练基本功的。

1960年前后,郑州市职工业务相声队在二七纪念堂,招收相声演员办讲座,用的就是创作了《关公战秦琼》的张杰尧的《五红图》段子。

在老坟岗,还有很多民俗杂耍的"叫卖"言路,异彩纷呈。古彩戏法的开篇说头,卖针、拉洋片的嘴上功夫,测字算命的长篇大论,乞丐莲花落的知识性和趣味性,通俗畅达,"口感"好,韵味足。

此许伤感中留恋

民俗文化是中华传统文化多样性的标示物,也是中华文化的有机整体,它是中华民族精神得以不断塑造培养的不竭源泉。民俗文化以其深厚的草根基础、古老而又鲜明的地域特色、硕大而鲜活的文化身影,构成一个时代的人文结晶。从这个意义上讲,文化本无庙堂江湖之分。

老坟岗的民俗文化,是中原文化的一支,从民间艺术的角度看,它是生活文化、应用文化,是对中华文化的认识,是历史见证。它囊括了中原文化的全部技艺,它是那个时代每个人的来处和记忆、欣赏和告别。

老坟岗的民俗艺术,曾进入众多的名人视野。1928年,北伐会师郑州,蒋介石抵郑与冯玉祥结为兄弟,冯玉祥年长为大哥,那时小弟蒋介石正搞"新生活运动",大哥冯玉祥撤县建郑州市,又将老坟岗的妓女"从良",或回老家,或去打烟包,拉小弟蒋介石到老坟岗看"新生活"。

蒋介石、冯玉祥在这里看"新生活",田汉来这里听说书。李凖说,我们的作家是老坟岗文化养出来的,侯宝林、马季、姜昆到这里采风,周海水的"十八兰"在这里的大坑戏院唱响,常香玉也多次在大坑戏院演出红、白、花。郑州市的豫剧、越调、曲剧团在这里诞生。曲剧团1954年拍演红楼梦,进北京怀仁堂演出,受到毛泽东、刘少奇、周恩来接见,后经文化部批准,市曲剧团改为河南省曲剧团。

2009年,《央视见证》将赵富海所著的《老郑州:民俗圣地老坟岗》一书,拍成四集文化专题片——《江湖》,在央视滚动播出,曾勾引起不少老郑州的回忆和伤感。

（**赵富海** 中国作家协会会员,郑州市作家协会顾问,郑州市非遗专家委员会专家,郑州古都学会副会长,《华夏文明》杂志副主编,郑州市文物考古院特聘研究员）

名副其实的郑州大学路

郑州大学路,南北走向,沿路与棉纺路、中原路、陇海路、航海路、长江路、南三环、南四环等主要城市道路交会,延至新郑市。曾经沿路有几个高等院校,使得这个道路名副其实!大学路,道路笔直宽敞,法桐茂盛,周边文化氛围浓厚,使得这条道路至今充满生机活力。

最初的金海大道

最初的大学路,北起棉纺路,南至陇海路。这段道路虽然不太宽阔,但是道路两旁,生长着高大的法桐。夏秋季节,树冠如同伞盖,遮天蔽日,走在里面,如同行走在绿色的长廊里。如今,街景几经变迁,法桐依旧茂盛如前。当时这段道路虽然不长,却曾经有四所高等院校:河南医学院、郑州大学、郑州煤炭干部管理学院、郑州教育学院。

笔者曾经去过几个大学院区。最难忘的是郑州大学院内外师楼,除此还有兑周村里,都住有外籍老师,很有素养,笔者和他们进行过简单的日常英语交流。

陇海路至环城路(航海路前身名字),这一段曾经叫作金海大道。"金海"一词,源出郑州西南金水河上的金海水库。而金海水库又和金海大道的"海校"有关。沿路以此命名的还有金海大厦、金海小区、金海市场、金海商务楼等。20世纪80年代中期以前,大学路归属金海区。后来金海区一部分地区并入二七区。

20世纪末21世纪初,金海大道易名大学南路。新修的道路宽阔笔直,绿化带里树木挺拔,百花吐艳,绿草成茵。这段道路仍不失大学本色,主要学校有郑州航空工业管理学院、郑州卫生学校、郑州测绘学校等。黄河科技大学、郑州师范学校也在大学路附近。值得一提的是,郑州航空工业管理学院过去绿树浓荫,环境优美。曾经有条打中原窑厂过来的小路经过张魏寨、老代庄,把校区东西分开。曾经校园内很多红色苏式建筑家属楼,很有年代感。

21世纪初期,大学路由航海路向南延伸至南三环。该路段在此之前是郑平公路。这段道路在没修城市道路之前,路西边孙八寨、常老鸭砦、张魏寨全是农村。那时路面不宽,沿路西面有排洪的路沟。当时,路边虽有高大的白杨树绿树成荫,但路沟里一年四季流着生活污水,周边的居民深受困扰。道路拓宽后,这里绿树繁花,环境优美。该路段王胡寨的曾有中州烹饪学校、常老鸦寨除了孙八寨小学,还有小九美容美发学校,"九九归一跟我走,美容美发在小九",天天收音机的广告里能听到,吸引着大批来郑外来务工者前来"充电",迅速成为社会实用型人才。

大学路的古玩文化

在大学路和中原路交叉口,郑州市邮电局就在那里。至今大学路的邮电所里,经营着全国的报纸杂志。随着衍生了品类齐全的邮币市场。

金水河,经过市区的一条河流。在这里和那两条道路交会。由于在郑州邮电局附近,这里兴起了一个集邮市场。20世纪90年代,在大学路西侧的金水河北岸,还有古玩集市。开市的时候,这里摆满了瓶瓶罐罐、玉石、古币、书画,各类票证,以及其他民间工艺品。前来淘宝的市民络绎不绝,整个集市人流如织。上学的时候,笔者经常来这里,长了不少见识。

20世纪90年代末期,大学路和淮河路古玩城开业。但是,菜王路路东的集邮市场却保留了下来。郑州大学眉湖附近兴起了旧书地摊。郑州大学南门勤劳街兴起了集古玩、旧书于一体的市场,但没形成规模。

郑州古玩城在大学路和淮河路交会处，古香古色。古玩城楼上有"夕阳楼"，夕阳楼同黄鹤楼、岳阳楼、烟雨楼、鹳雀楼一样，同为唐代八大名楼之一。李商隐客居郑州时写下《夕阳楼》："花明柳暗绕天愁，上尽重城更上楼。欲问孤鸿向何处，不知身世自悠悠。"

来到郑州古玩城，可以看到各种古董文物，名人字画，民间工艺品。古玩城也带动了周边经济，比如郑州碧波园古玩市场，还发展成了一定规模。

曾经文化产业十分兴旺

大学路曾经有个郑大市场，就在桃源路大学路交会处东边，新华书店后面。笔者刚记事时，那里是长瓦房商店，整个布局和碧沙岗市场很像，像个"回"字。大学路那一带，曾经还有个灯具市场。后来灯具市场搬到了淮河路郑州古玩城一带。大学路曾有欧亚大酒店和北京饭庄。

因为沿街有院校，大学路有许多书店门面，像一道道亮丽的风景线。郑州大学附近有许多文史书店、教材书店、外语音像书店。

大学路曾有新华书店，营业面积很小。先是经营在郑大市场的背街小巷里，笔者光顾过一次。后来，书店外迁，仍临大学路，营业面积增添好多倍，成了环境优美的购书超市。至今书店里书籍品种齐全。吸引着不少读者前来购书。到了节假期前，更是人流如潮。

从大学路新华书店超市向北，几分钟的路程，曾经有家图书打折的文史书店。笔者在兜囊羞涩的时候，常常选择那里。古玩城里，经营旧书，也是个购书好去处。笔者的家里，放着许多从古玩城淘来的图书。

大学路上还有一个二七区图书馆，在曾经的北京饭庄南边，是一个供市民阅读图书，提升个人文化素养的好地方。在曹寨一段，曾经有个人才交流市场。20世纪，网上招聘还不十分流行，那里曾吸引很多社会人才前来找工作。类似市场还有陇海路图书城，人民路体育场附近也有。张魏寨和王胡寨附近，曾经是个印刷设备市场,图书印刷业仍然十分发达。

尾　声

大学路是个充满生机和活力的城市街道。大学路上还有全球最大的医院——河南医学院。这说明那里学术氛围相当活跃。现在大多数院校外迁了。但是走进郑州大学和河南医学院校区,依然能感受到浓郁的文化气息。

大学路河医立交桥是郑州首批立交桥。南三环南四环立交桥的相继建成通车,使这条道路如虎添翼。大学路沿街的都市村庄纳入城中村改造,如菜王、小李庄、路寨、王胡寨、常老鸭砦,已经成为现代化高档住宅小区。

大学路,仍然在不断变迁发展中,未来将变得更加繁华时尚。

(荆建利)

历史上的郑州圃田

一、怀古重吟

曾有人戏称过去的两年"是被时间偷走的两年",反反复复的疫情让我们的生活变得狭小而拘谨。随着我国抗疫斗争的节节胜利,2022 年北京冬奥会又带来了新气象,但在曙光初现之时,东欧战场硝烟又起。

又是一年花开时,"草长莺飞二月天,拂堤杨柳醉春烟"。不管这个世界如何变化,都不能改变我们对春天的向往。2022 年,郑州的春天早早来到,不禁使人联想到郑州历史上的"圃田春草"。

"圃田春草"是老"郑州八景"之一。古代中国人,对本地山川风情的热爱往往溢于言表,常会用一些文雅的词句来形容,如南宋杭州"西湖十景"中的苏堤春晓、断桥残雪,明代"金陵八景"中的乌衣夕照、秦淮渔笛等,给人带来非常美好的遐想。

郑州作为八大古都之一,在历史上亦有着赫赫有名的"郑州八景":

圃田春草　汴河新柳　凤台荷香　梅峰远眺
古塔晴云　海寺晨钟　卦台仙境　龙岗雪霁

"郑州八景"之名最早见于清乾隆十三年(1748)郑州知州张钺主修的《郑州志》。其中"圃田春草"的遗迹在今郑州管城区的圃田镇,古时又称为圃田泽。

河南省郑州市管城回族区圃田镇位于郑州东部,东临中牟,全乡行政区域面积 6.66 平方千米。1961 年,圃田地区划归郑州市园艺场和郑州农场。1963 年 3 月,撤销农场,圃田乡恢复原辖区。1965 年,建立圃田公社。1985 年,改为圃田乡。1987 年,划归郑州市管城回族区管辖。

"圃田春草"作为郑州历史上风景名胜之一,自古就被文人雅士争相题颂。如,清乾隆十三年(1748)《郑州志》中张钺曾作诗曰:

> 薮泽平铺嫩带烟,偶经酥雨倍芊绵。
> 年年占得春风早,怀古重吟甫草篇。

民国五年(1916)《郑县志》中收录了光绪年间学正朱炎昭诗曰:

> 东都行狩几千年,此是天王旧圃田。
> 鸟下绿无春似海,马嘶碧甸草如烟。
> 于今郑野风尘远,自昔周家雨露偏。
> 几处牧歌生铎响,依稀博兽夕阳边。

究其来由,在上古时代,中原大地洪水泛滥,位于黄河南面今郑州与中牟之间的低洼区域,形成了一个巨大的湖泊,这便是天下九泽之一的圃田泽。这一片水域,其面积大致相当于今天郑州市东半部分和开封市西半部分的总和,向南一直延伸到今天的许昌市北部。近年的考古研究表明,郑州商城的外城墙只有南、西、北三面城墙,其东面则直接以圃田泽为天然屏障。由此可见圃田泽的范围之大。

先秦时代,圃田泽水位下降,多数地方成为陆地,这里水美丰润,野兽众多,于是就成了王侯贵族狩猎的好去处。

周穆王就曾多次到圃田游猎。据说,一次周穆王狩猎时,突然从草丛中跳出一只猛虎,低吼着向他冲了过来。说时迟那时快,穆王的贴身卫士高奔戎一个箭步冲上去,与猛虎进行激烈搏斗,最终生擒猛虎,献给了周穆王。

后来周穆王令人将猛虎就近暂时关在圃田西边的一个小村子,这个村子就被称作关虎屯,也就是现在郑州市中心的关虎屯商圈。

之后周穆王西归时又派人把那只猛虎运往了荥阳的汜水,建立牢固的虎苑来存放猛虎,这就是后来"百战成皋地,中原第一关"的虎牢关。

"我车既攻,我马既同,四牡庞庞,驾言徂东。田车既好,四牡孔阜,东有甫草,驾言行狩……"《诗经》的这首《车攻》,写的是周宣王行猎圃田之事。

周宣王"内修政事,外攘夷狄",是西周中兴之主。他这次行猎圃田泽,史书上多有记载,如《墨子》说:"周宣王会诸侯而田于圃,车数万乘。"这么大动静,当然不止是为了打猎,其实是为了会合诸侯,重立王朝威仪,是西周历史上的一件大事,此举重在会诸侯,而不在事田猎。不过藉田猎以会诸侯,修复先王旧典耳。

《诗经》中涉及田猎的诗很多,但描写场面之宏大,首推此诗。这首诗写战马精良,猎车牢固,人欢马叫,旌旗蔽日,尽显周王朝威武。

圃田泽在古代名气很大,不仅是因为穆王、宣王行猎和这首《车攻》。这个湖泽面积巨大,被列为天下"九泽"之一,被尊为"豫州之薮",以浩渺的水域、茂密的树木花草、种类繁多的飞禽猛兽名扬天下。

今天郑州的圃田,就是圃田泽的一部分,春秋名原圃,战国名囿中。据史料记载,魏惠王开通鸿沟引黄河水灌溉,但随着引来黄河泥沙的沉淀,水流不畅,圃田泽水位下降,渐渐被分为数十个小湖泊。历经千年至明代,圃田泽已成为一片由若干大小陂塘组成的沼泽洼地。清代以后,这里逐渐被垦为农田。

由于黄河决口多次淤塞而形成众多沙丘渐升为滩地,圃田一带更是美景加良田,成为人们的喜居之所。每年早春,各种的水草应时而生,遍地绿草如茵,鲜花盛开,景色十分优美,因而被誉为郑州八景之一,得名"圃田春草"。

近年来,随着贾鲁河综合治理工程的实施,圃田泽、祥云湖、贾鲁湖等将重新展现在人们的面前,届时,古人向我们描绘的湖水浩渺、芳草萋萋、鸟语花香、绿树成荫的景色将重现于世。

二、御风而行

历史上的圃田,还与一个人息息相关,那就是战国时代的列子,列御寇。

他生于圃田,亦居于圃田。《列子·天瑞》第一句话就是:"子列子居郑圃,四十年人无识者。国君、卿大夫视之,犹众庶也。"作为战国时代道家学派代表人的列子,其修为已到了40年不让名利沾身的地步。他所著《列子》一书,是先秦道家学派重要著作,上承老子,下启庄子,对中国哲学史、思想史、文学史的发展,有重要影响。《庄子·逍遥游》中形容他:"夫列子御风而行,泠然善也,旬有五日而后反。"

清末"力倡西学"的康有为在授课中,却屡屡将列子纳入近代哲学视野,多次评讲《列子》。因为在康有为眼中,列子思想与近代西学不谋而合,故此他将列子引入近代视野,从宏观、中观、微观三个维度展开多元探索。

据史料记载,古时圃田泽高低相间,丛林茂盛,水草丰美,湖水泱泱。《列子故里话列子》一书称:"大到东西四十余里,南北二百里许。"圃田是列子的老家,这里有多处和列子相关的遗迹。

1007年,宋真宗来此亲谒列子祠,加封列子为"冲虚至德真人",封其书为"冲虚至德真经"。其时祠貌显赫,人们入祠必换鞋以示恭敬。

1580年,明万历朝监察御史苏民巡视河南,路经圃田,见列子祠破败不堪,即命郑州地方官重建,还留下碑记。

2011年,"列子传说"被列入河南省非物质文化遗产名录。

今天,有人称列子为"世界寓言之父",因为他所写的寓言故事比古希腊寓言早了近200年。我们所熟知的如愚公移山、疑邻盗斧、杞人忧天、歧路亡羊、两小儿辩日、朝三暮四、夸父逐日等故事都出自《列子》。

综观列子的思想，建立在人类整体或个体都应该受到尊重、得到爱护的原则之上。《列子·天瑞》篇《孔子游于太山》中说："天生万物唯人为贵。"正如英国著名汉学家葛瑞汉在《列子注·道的经典》中说道："道家从一开始就是一种为私人生活服务的哲学……《列子》谨慎地维护道家关心私人生活的立场。"

（王瑨　郑州图书馆）

三官庙简介

一、三官庙的兴建

　　三官庙,始建于明朝初年。那时,郑州西郊地势起伏,土丘密布,沟壑如带。一道道粗大的土岭,犹如一条条巨龙,沉睡在这片空旷的原野上。一到春夏,风起云涌,云雾弥漫,这里更是别有一番景象。

　　一天,一位名叫蔺德盟的道士,从陕西而来。路过此处,他观此地,势如蛟龙,地势莽莽,顿有感悟,便决定留下,在这里筹款建庙,名留后世。当时,在东北不远处,有一小庙。庙虽不大,但方能暂住遮身。从此,他便住下了,开始了他的化缘生涯。他在方圆数百里内外,到处奔走,叩头化缘。就这样,他奔波了几十年,终于筹集了一笔巨款。然后,他便开始请人建庙。

　　在建造这座庙宇的整个过程中,先后相继经过了蔺德盟、胡正教和一位姓张的三位住持道士。他们经过了长达数十年的时间,最后终于建成了这座宏伟壮观、威震四方、名扬数百里的著名庙院。他们三人为建造这座庙院付出了毕生的心血。在方圆数百里的每一寸土地上,都留下了他们的足迹。是他们用汗水和乞求换来了我们后人对"三官庙"的赞叹和敬仰。当你看到这份《三官庙简介》时,你定会憎恨日本帝国主义和他们的侵略战争。不然,"三官庙"定会展现在你的面前。让你尽情地观赏、游览,陶醉在那古老文化艺术殿堂的宝库之中。

二、庙院的面积及规模

三官庙位于郑州市西郊,中原区中原乡,三关庙村为中心的位置(也就是现在的保利百合小区对面)。庙院坐北朝南。它的西边和北边有村寨环抱。南边与公路相挨。东边有村舍作邻。

三官庙占地面积达 300 多亩。庙田 1200 余亩:东到郑州第一棉纺织厂。西至郑州市造纸厂。北到郑州热电厂。南至郑州煤矿机械厂。这方圆 1200 多亩的土地,都是三官庙的庙田。

庙院有大殿楼阁及瓦房 160 多间。建筑宏伟壮观,远近闻名。一年四季从数百里赶来烧香磕头的人们络绎不绝。门前终日车水马龙,人如潮水。庙内每天人山人海,香火弥漫。每年初一、十五,四月初八,七月二十二日,九月二十三日,几次大的庙会,更是热闹非凡,延续至今。庙院道士多达 100 多人,并常年雇有长工及勤杂人员 200 余人。耕牛骡马成群,农忙时,雇用短工不计其数。

三、三官庙的宏伟建筑

三官庙的建筑,规模宏大,气势磅礴,威严壮观,别具一格。尤其是它那严谨的布局和建筑造型,构成了这座庙宇的独特风格。它虽经历了多次整修,但其斗拱式的建筑结构却始终没有改变。它仍然保持着明朝特有的建筑风格。它以宏伟壮观的哼哈二将大殿、四大天王殿、三官殿、玉皇阁等南北依次排列。并在各个大殿的两侧均又建有廊庑和配房,自形院落。在中轴线的通道上,均有大青砖铺地。由通道通向各个大殿,贯通前后整个庙宇。进得庙院,顿有古刹之感。

在这座庙院里,你可以看到神态各异的雕像。你还可以看到不凡的雄伟建筑。还有让你陶醉的名花贵树,更有让你惊叹的参天古柏。一年四季,鲜花盛开,百花争艳,给这座庙院增添了一大特点。

在这座庙院的门前,有一个式样别致的戏楼,这一戏楼的建设,给三官庙带来了又一大特点。戏楼,长约10米,宽8米,高达7米。坐南朝北,与庙门相对,中间有一马路穿其而过。戏楼后台,是起脊瓦房,上面是彩色琉璃瓦。戏楼前面的两边,各有一个粗达五六十厘米的明柱,顶托住伸出的卷檐。这就是唱戏的戏台。每年初一、十五等几次大的庙会,在这里唱戏,让神灵观看。

三官庙的庙门,由三大间构成,上是五彩缤纷的琉璃瓦,房檐四角上挑,在巨大的棕红色大门上方的正中央,书写着"涵谷观"3个大字。门前台阶两边,又各有一尊巨大石狮把守。石狮高达3米以上,昂头瞪眼,姿态凶猛,把三官庙的庙门衬托得好是威严。关于这对石狮的来历,还有一段佳话流传至今:传说这对石狮当初是运往开封府王家大院的(即东西司,南北道),是从山西远道而来,当运送石狮的人路过三官庙门前歇息时,三官庙的住持道士看到这对石狮巨大惊人:雕刻细腻,形象逼真,姿态凶猛,很是欣赏。为此,他便使出法术,结果运送石狮的人歇息后走时,车子就再也拉不动了。这时,运送石狮的人,忙进庙内叩头烧香,求告神灵。道士见此情景,便上前道:"三官爷已看中这对石狮了,你还是把它留在这里吧!"运送石狮的人无奈,只好把石狮留下,回去交差。

进得门来,举目张望,两边各有一巨大武神把守,他们手持兵器两眼怒目,注视着每一个来者,足让你为之一颤。走进庙院,迎面便是一座巨大影壁。影壁上有黄绿相间的琉璃瓦。四角上挑,影壁两面,各又绘着各路神仙。绕影壁两端而进,这就是三官庙的第一个院落——哼哈二将大殿。进得院来,你会顿感有种古刹之气向你袭来。

在这个院落里,没有花草,没有鸟语。两棵巨大的梧桐树把整个院落的阳光遮去大半。阳光从枝叶的缝隙中射向大地,在地上投下了一个个可怕的阴影。微风一吹,发出沙沙响声,仿佛这里一切都在晃动,令你毛骨悚然。院中央有座假山,它那悬崖峭壁,全是由一块块奇石组成。从山顶不停地向下喷洒着银白色的浪花,在宁静中发出清脆的响声。院落里的上房,是三间大殿,坐北朝南。在大殿门前的两边,各立着一通石碑。各通石碑,高达3米。宽1.4米。在这两块石碑上,一块记载着三官庙的建造年代,另一块记载着三官庙的重修。它们在巨大阴影的笼罩下,更显阴森、久远。

大殿内,中央是过庭。在殿内东西两端,各站着陈奇、郑伦哼哈二将。他们手持大刀,面带杀气,口如血盆,两眼怒目。传说,陈奇能用嘴哈火,郑伦能用鼻子哼水。

从大殿穿过,来到第二个院落——四大天王殿。此殿,四间。两端各又有两间配房相接。在大殿前的两侧,又各有廊房五间。进得院来,犹如仙境:在大殿门前的两侧,各长着一棵参天古柏,粗达1米,插入云端。在古柏根茎不远处,又各长着一棵凌霄树,藤粗罕见,竟达三四十厘米。盘绕古柏而上,直入云端。在那高不可攀的树梢上,怒花盛开。最后,花败落谢,犹如仙女散花,把一片片鲜红色的花瓣撒向大地。在院落中间,还有两棵粗大的百日红。枝叶茂盛,枝干粗达35厘米。它好似一个含羞的少女,当你用手指对它的枝叶轻轻一触,它便立刻抖动起来。为此,古人便把它称作痒痒花。

在院落的西南角,还吊着一个高达1.8米的大铁钟,它是念佛的号角、庙院的命令。大钟一敲,响彻数里。

在院中,仰望大殿,它有着神奇般的威严。在那雄伟的大殿屋脊上,碧绿琉璃瓦,在阳光的照射下,斑斓四射。吞脊兽昂首瞪眼,坐落在殿脊的两端。大殿内,中央分别坐着身披甲胄,手持降魔法宝的四大天王(俗称四大金刚),他们各守护着一方平安。让"天下太平,五谷丰登"。左边:增长天王魔礼青,手持青光宝剑,职风。管教众生以善为本,持剑保护众生不受侵犯。持国天王魔礼寿,手持碧玉琵琶一面,职调。教育众生要以慈悲为怀,手持琵琶,用音乐感化众生。右边:多文天王魔礼海,手握珍珠伞,职雨。用伞镇治众魔,以保护众生的财产和生命。广目天王魔礼红,手握花龙,职顺。他是龙的首领。

在大殿东头的两间瓦房里,敬着暴怒的火神等。西头的两间瓦房里,敬着慈祥和善的庐医等。

沿路绕过四大天王殿,来到第三个院落,这里就是威严雄伟的三官殿。殿前的两侧:东有瓦房五间,由道士居住。西有客房五间,专供接待客人。由此,这里便自然形成了一个规整的院落。在这个院落里,异常幽静。这里没有花草,没有让你陶醉的美景,院中只有四棵粗大的辛夷树,开着紫红色的花朵,很是安静。唯有在西客房的北山墙上的那棵粗大的爬山虎,偶尔发出沙沙响声。

在三官殿门前的右边,竖立着一通巨大石碑。它显得是那么肃穆、庄严。它虽然没有鲜花一样的受人欣赏,也没有活的生命,在它那孤独冰冷的身上,更看不到人间的欢乐,但它却让人们对它顿然起敬。你看!此碑上刻的不仅仅是死者的生平,碑文上还清晰地记载着"三官"的来历。三官,即"天官,地官,水官"。这"三官",是宋朝真宗皇帝对他们三位亡灵的加封。他们三位是"天官唐洪,地官葛庸,水官周武"。当初,他们都是西周皇帝周历王的忠臣。当他们发现皇帝周历王昏君无道时,便都悄然隐去。后来,皇帝周历王被杀,周宣王继位,并是一个有道的明君。他们三人便又出来保朝。不久,周宣王一死,幽王继位。他们看到幽王整日寻欢作乐,宠纵褒姒,昏君无道。他们又再次隐退,从无还朝。直到数百年后,宋朝真宗皇帝登泰山游玩,他们三人突然显灵。这让真宗皇帝见此大为震惊,便给他们三人加封。

漫步登上台阶,来到三官殿,殿内更是威严肃穆。殿中央,安然坐着三尊巨大神像,竟高达3米。面容慈祥和善,这就是三官的塑像。他们在世时,是保国的忠臣。数百年后,他们对明君的忠心,又深深感动了宋朝皇帝,把他们加封。从此,他们便受到了后人的爱戴和敬仰。三官庙的创建者之所以把他们供奉在此,让后人瞻仰、传颂,更是对他们的崇敬。这是一种正义感的体现,爱国的象征。关于对《三官庙》的赞颂,《郑县志》里早有记载。在《郑县志》卷之十六的"艺术志"里,在二十三页里的《重修三官庙记》里写道:三官即天官、地官、水官。天官赐福,地官赦罪,水官解厄运。

从三官殿出来,来到西客房观赏,在西客房里,有古老的条几、八仙桌、太师椅等,木质坚硬,色彩自然:颜色黑里透紫,紫里透红。这就是最珍贵的紫檀所作。这些摆设的讲究,决不亚于大官员之家的客厅。

从西客房出来,离开三官殿,来到第四个院落,景色十分迷人。院中有粗大的古柏,名贵的何首乌,还有一年四季盛开的鲜花,从初春的文冠,到寒冬的蜡梅,品种众多。这些鲜花吸引着无数的彩蝶,来这里采花飞舞。在这里赏游,没有恐惧,没有梦幻。更没有秋风扫落叶的凄凉感,这里永远是春天。在这如诗如画的院落里,抬头向大殿望去:玉皇阁,啊!这里原来是玉皇大帝的宫殿。雄伟的玉皇阁大殿,竟多达五间,在门前台阶中间的大青石上,雕刻着活现的巨龙,欲跃腾空。仰观玉皇阁,更是威严。上有碧绿的琉璃瓦,镇脊兽。殿檐四角上挑,檐下四周的大方木上,还绘画着五颜六色的图案和花纹,工艺精致,妙不可言。

在玉皇阁大殿前的东西两侧,分别有楼房五间,供众多的道士们居住。在玉皇阁的前面,又坐落着三间出檐的厦棚,四角上卷。在厦棚中央的上方,醒目地书写着"何天之瞿"四个大字。在厦棚东西两端的墙壁上,又各镶嵌着一块巨大的石碑。西端的石碑上雕刻着吕祖神像。东头的石碑上雕刻着南海大士。当你穿越花丛,迈上台阶,走进大殿。这里更是肃穆威严。殿中的四根红色大柱,粗达90厘米,傲然耸立。四面墙壁上,又都绘画着生动形象的壁画,栩栩如生,形象逼真。东墙上画的是八仙过海。西墙上画的是天兵天将,各路神仙。更引人注目的是大殿中央供奉的男女两尊神像,竟高达3米以上。在他们慈祥的面孔上,看上去是那么悠闲安详。他们不就是人们心目中的玉皇大帝和王母娘娘吗!你看,在他们两旁,还站着天兵天将、温神马王,给他们保驾护卫。

在大殿中央的上方,还醒目地挂着一个"万岁牌"。这是庙院的荣耀。这块"万岁牌",是哪位皇帝所赠,传说不详。但据三官庙村的宋增荫老人回忆:"传说清朝的乾隆皇帝曾来过这里。八国联军时,慈禧太后和光绪皇帝逃难西去,回来时路过郑县也来过这里。"

在这个庙院的东边,还有一个贯通南北前后很大的院落。它是由北、东、西,数十间瓦房构成。在这个院落里,住的是庙院的长工和勤杂人员,还喂养着耕牛骡马。从民国十六年,庙院的最后一任住持道士张太阳,把庙院双手托送给郑县当局后,这里便成了郑县第一所师范学校。

庙院的西边,南北古柏林立,青翠宜人。越过柏树林,再往西去,前面不远有一个大花园。从玉皇阁出来,往西走出偏门,迎面穿过柏树林,便来到花园。在这个花园里,有月季、刺梅,还有海棠、牡丹等100余种花。当人们在烟雾缭绕中进香完毕后,便来到这里清醒自己的大脑,让大脑从那梦幻里回归到现实。在这里,每当春天来临,百花盛开,各放异彩,这里便成了花的海洋。据尹窝狗老人回忆:"传说过去不知有多少书生少年,都曾在这里赏花吟诗。也有不少闺阁少女曾在这里观蝶思春。更有众多的游人常在这里驻足忘返。"

春夏过后,这里也并不冷落。八月有桂花盛开,十月有菊花怒放。寒冬,还有迟开的蜡梅,清香袭人。她在瑞雪的怀抱中,犹如迟来的爱情,为珍惜时间对它的短暂,而尽情地展示自己的姿容和芳香。吸引着无数的情人和游客前来观赏,这里依然是春满人间。

从花园出来,漫步西去,这是哪来的芳香?香得简直让人陶醉,还引来无数的蜜蜂在空中飞舞。见此情景,游客忙尾随蜜蜂走去。原来这里桂花在盛开,满园飘香。面对棵棵如林的桂花,好奇的人忙上前抱树丈量:啊!桂花竟长成了大树,这不知要得多少年?

出了桂花园西去,啊!好一个典雅的月形大门,这里还有一个庭院!在庙院的衬托下,它显得是那么清幽、古朴,犹如世外桃源。一踏进大门,迎面飘来一股清香。抬头望去,是黄腾腾的木瓜挂满枝头,清香洒满庭院。在庭院的中央,是一个用玉石砌成的菱形大鱼池,造型美观、秀丽。池水碧绿平静,清澈见底,偶尔可见鱼儿在水底游动。水面几片油亮而碧绿的卧莲,拥着几束粉红色的莲花,犹如东方淑女,美而不艳。在鱼池的两端,还各有一具陶瓷鱼缸,造型古雅。缸内清水覆盖,底壁绿绒一寸有余,在阳光的照射下,满缸生辉,碧绿绒绒。一鱼儿从水底游出,掀起微微涟漪,绿绒随其摆动,真乃好一幅天然佳作!在这个碧绿的世界里,动静皆是景,动中折射出宁静。建造者竟把一个庭院装扮得如此雅静,宛如诸物入梦,可见,建造者技艺在胸。

听!从东屋里传来琅琅读书声,这是哪家的孩子在此读书?读得竟如此专心,旁若无人。连窗前陌生者的出现,都勾不出他们的目光。足见师者严教有方。离开窗前,来到西屋,这里更让人惊奇:在巨大的书案上,摆放着"文房四宝",一张张"习作"就地而眠。这里竟有如此之物,这是何处!?从西屋出来,心存疑问,便向上房望去:三间瓦房,闭门未开。门上有醒目的警示:"游人止步。"这更增加了游人的神秘感:此屋虽不能擅入,但可让人联想:这室内的主人,不是墨客圣贤,便是沉睡着巨著、墨宝。望而却步,真让人遗憾。

接着,尹窝狗几位老人告诉我:"这里是三官庙的书院,是三官庙里的道士读书学习的地方。关于三官庙里的道士读书学习,至今还有佳话流传。传说:过去三官庙的道士招收弟子,从不招收长者,只招收10多岁的儿童。招来后,先让他们在这里专心读书学习。等将来长大后,凡是学习优者,还允许他们考取功名。一旦他们考取得中,还允许他们还俗做官。传说清朝年间,离三官庙不远的刘胡同村,就有一位姓张的,考取了秀才,还俗离去。"每逢游人从书院出来,总是望着庙院不住地赞叹:三官庙真了不起,庙院里竟还配有如此的"书院",实属罕见,可见创建者的境界不凡。

最后,老人尹窝狗补充道:"过去老人传说:最初,庙内还有很多房屋建筑、花草、树木,以及设施和神像。"

四、三官庙道士的墓地和安葬

当我问到三官庙有无墓地时,三官庙村原村长孙长山老人告诉我:"有,三官庙道士的墓地就在现在的河南省纺纱机械厂院内。三官庙道士死后是立葬。道士死后,地下挖坑,把缸放入,再把尸体立放缸内,顶上再加缸扣上。然后把两缸的对接处粘封,上面封土而起,这就是道士的安葬。解放后,建河南省纺织机械厂挖地基时,挖出了很多道士的墓葬。村里人都好奇地去看。从道士墓葬里挖出来的骨头,骨节很长。这证明古人比现在人高。"

五、三官庙的衰败和毁灭

三官庙从明初兴建直至中华民国，在这长达数百年的历史中，它有盛有衰，几毁几修，历经沧桑。尤其是以蔺得盟、胡正教等数十位住持道士相继去世后，庙院道规不严，财产大量流失。有些建筑，也因失修而毁。特别是到了清朝末期，多数道士染上了抽鸦片的恶习，庙田被卖掉大半，庙院逐渐走向败落。直到民国十几年的最后一任住持道士张太阳时，他竟把一个庙院双手托给了郑县当局，由郑县当局在庙院里办起了郑县第一所师范学校和小学，并把庙田划为学田，只留下了数亩，供道士自种自食。

1943年后，日本帝国主义侵略中国来到郑州，他们到处烧杀抢劫，无恶不作。就连这座与世无争的庙院，他们也不放过。当时他们住在离三官庙不远的东边，为了找柴烧火做饭，他们就把罪恶的目光投向了这座庙院建筑。接着，很快他们就对三官庙下了毒手。他们大拆庙宇，扒毁建筑，就连一个木材不多的小小书院他们也不放过，惨遭毁坏。据当时目击者尹窝狗、司文喜等老人回忆："日本鬼子扒玉皇阁大殿时，我们都跑去围着看，日本鬼子用两三厘米粗的钢丝绳，拴住顶梁柱，用几辆大卡车猛拉。接着，'轰隆'一声巨响，尘土冲天，大殿应声倒塌，化为废墟。可怜大殿里的各路神仙，也都被倒塌下来的沉重屋顶砸得一个个东倒西躺，粉身碎骨。无奈的神魂借助冲天的尘烟夺命而逃，把一堆堆粉碎尸骨留在人间，化为尘埃。一座雄伟的三官庙就这样被日本人毁掉了。一个好端端的雄伟庙院竟在日本人手里化为废墟，变为灰烬。日本人走后，三官庙周围的村民也趁机来庙里抢砖搬瓦，哄抢庙物。一个雄伟的三官庙，就这样在中原大地上含恨消失了。现在，就仅存下来的几块石碑也成了村民们家中的餐桌和院墙。"

接着，我问尹窝狗、司文喜等老人：那庙门前的两尊石狮弄到哪里去了？老人们不假思索地说："民国十六年，冯玉祥在碧沙岗建墓地时提出要三官庙门前这对石狮，郑县当局以250块银圆卖给冯玉祥后,这对石狮子就放在了碧沙岗北门。'文化大革命'破四旧时,打坏一个。后来,1973 年北门扒掉改建时,这对石狮和碧沙岗牌子都被埋在新建的大门地下。"

(张洪烈　郑州市中原区委宣传部)

齐礼阁的前世今生

"月亮在白莲花般的云朵里穿行,晚风吹来一阵阵快乐的歌声。我们坐在高高的谷堆旁边,听妈妈讲那过去的事情……"

每当听到这首歌,我总会想起童年的美好时光,但不一样的是,由于那时候爸妈工作忙,我总是躺在爷爷奶奶的怀抱里伴着这首歌,听他们讲那过去的事情。奶奶喜欢讲一些古老神奇的传说,爷爷往往喜欢抚今追昔,感叹着翻天覆地的变化。世世代代的人们生于斯、长于斯、逝于斯,我深深地热爱着这片厚重的热土。

齐礼阁村位于郑州市二七区西嵩山南路、淮河路两侧。东临小李庄、孙八寨,西接中原区的后河卢、郭阁庄,南连黄岗寺村,北靠耿河、路寨和曹寨。有15个村民组33个姓氏7000多人,其中阁姓占总人口的90%。齐礼阁村有2000多年的历史,据1924年出土的唐代《阎锜墓志铭》记载:"秦咸阳令阎乐于汉初游宦于此,定居繁衍后代。"因距管城(现郑州)七里,故名七里阎。唐代将军阎彦翘、阎彦乐曾在此屯兵驻防,镇守管城,故村名曾改为留兴屯。明正德年间修筑村寨后改称"齐礼堡"。清乾隆十七年(1752)称"齐礼阁"至今。

寨墙记忆

齐礼阁有四个寨门:东寨门,北寨门、南寨门、西寨门。寨墙很高也很夯实,寨周围有护寨河。护寨河里种有莲藕,每年的莲花盛开时候。绿盈盈莲叶如大伞一样,莲叶顶着盛开鲜艳漂亮的莲花,真如一幅漂亮画卷,鲜艳美丽得让人陶醉。尤其是阴天下雨的时候,池塘里的青蛙咕呱呱、咕呱呱地鸣叫,让人难忘。村民回忆,曾和童年伙伴在池塘边放羊,追逐嬉戏。西寨门外大路,有条南北公路"郑密路",郑密路十字路口,路西是"农林果树研究所",院内桃树很矮,结的桃子很大。都说那是仙桃,看着让人垂涎欲滴。由于铁丝网围着,很难钻进去摘一个尝尝鲜。

环绕齐礼阎村的寨墙毁于1941年抗战时期,寨墙几乎被日军炸平,村民无房居住,临时建棚打窝在菜地,凄凉一片。解放后还断断续续保留着断壁残垣。荷塘的东南角有一座空院子,院子的主人,不成年景的时候逃荒去了陕西,再也没有回来。解放后这里已成为村里的粉坊,每天都生产出很多粉条、粉皮、粉芡,这些东西刚做出来的时候湿湿的,必须晾晒。一到中午,大人们都去歇晌了,正是小孩子最活跃的时候,经常有几个偷偷扯几根粉条,抠一点粉皮儿,放进嘴里,那滋味淡淡的、甜甜的,让人回味无穷。

老街庙会

齐礼阎村东西大路分有:中街、北街、南街。从北寨门方向到南寨门也有一条大街。南北大街和中街十字口交会处,是村里最繁华的商贸区。东南角是粮食储备库,东北角是供销社。西北角有一个理发店,西南角不远有一个院,院内搭有大戏台。路南大院里边,每年春节和村庙会都唱大戏。戏楼台旁有个石碑。石碑上记载"郑之西南偶,有村焉,曰齐礼阎",下面还有碑刻诸多文字。

齐礼阎村一年有两次庙会,即农历六月二十五日、张爷(张彦)庙会。张爷庙会都是天很燥热,每次庙会经常会出现下午刮风下雨现象。听老人说六月二十五这个庙会,就是祭祀张爷(张彦)下雨的祭拜日。唱大戏就是让张爷(张彦)降雨,浇灌滋润庄稼五谷丰登。还有一次是腊月二十三日庙会。听老人说这次庙会是祭拜灶王爷,让他上天庭搬年。让年来人间帮我们降妖除魔,辞旧迎新,让新的一年生活更加富裕,平安快乐。每年这个庙会上卖年画、对联、灯笼、纸币、燃香,各种年用品用具一应俱全。

金海公社

齐礼阁 1976 年以前是归十八里河公社管辖,1976 年体制编制为金海区金海公社。金海区由老鸦陈公社、金海公社组成。

金海公社成立,把我们须水公社管辖的石羊寺大队、冯湾大队、道李大队划归金海公社。金海公社是专供郑州市民菜篮子的蔬菜农业公社。1983 年撤销公社成立齐礼阁乡,沿至 2006 年,撤乡后改制为淮河路街道办事处。金海公社在西寨门外的路北,派出所就在公社大院内。

20 世纪 70 年代,随着郑州城区的发展和对蔬菜需求量的扩大,齐礼阁村大力发展蔬菜种植。村域地势平坦,土地肥沃,水质好,适应多种蔬菜生长。其中大白菜具有棵大、结实、帮薄、质地柔软、汁白如乳、味甜易熟等特点,受到民众的喜爱。此外,齐礼阁的红萝卜、韭黄、西红柿等蔬菜在郑州一带也很有名气。蔬菜种植面积达千亩以上,成为郑州市著名的商品蔬菜生产基地。

西寨门外郑密路往南走,路西有金海水库。为什么叫金海水库?是因为航海学院帮忙修筑,它的水源是从梅山,金水河源头流过来的水,如今的齐礼阁已被鳞次栉比的高楼大厦包围,改造后回迁,村民生活发生翻天覆地的变化。

这就是"齐礼阁"这个地名的由来。新中国成立后,我爷爷常给我讲,按照他的理论,齐礼阁的发展应该分成四个阶段:

农业商贸化

新中国成立后,为了改变我国工业落后的面貌,郑州在"一五计划""二五计划"时期先后投资建设了国棉厂、砂轮厂、油脂厂、火电厂、郑州铝厂、第二砂轮厂、电缆厂等众多国家工业项目,由于郑州工业实力的迅速发展,各个国有企业吸引来的大量职工在郑州落户,这就为齐礼阁的农业商贸化提供了条件。

齐礼阁地势平坦,土地肥沃,水质甜美,为多种蔬菜的生长提供了得天独厚的条件。后来随着郑州城区的发展,城市人口增多,土地资源紧张,蔬菜需求量扩大,而齐礼阎村由于当时处于城市边缘,有种植蔬菜的天然条件,又有良好的交通条件,于是就因地制宜,大力发展蔬菜种植,蔬菜种植面积达千亩以上,成了郑州人的"菜篮子"。

走进工业化

进入 20 世纪 80 年代,改革开放的浪潮席卷全国,各种经济形式如雨后春笋般涌现,齐礼阎紧紧抓住机遇,依托城市及时调整产业结构,大力发展第三产业,兴办副食品综合加工厂、钢化玻璃厂、保温材料厂、塑料电线厂、扁电缆厂、精密铸造厂、塑料制品厂等企业,走多种经营的发展道路。尤其是 1987 年创办的郑州市扁电缆厂生产的丁腈聚氯乙烯绝缘电线及护套平形软电缆,通过了国家电线权威研究机构的全性能测试和升级技术鉴定,成为全国首家按 GB 相关标准及参照 IEC 和法国 DIN 等先进标准制造的起重机移动电缆的更新换代产品,获得省市优秀新产品称号,成为郑州市村办企业的样板。由于齐礼阎村思想解放,敢闯敢干,村内的集体企业、个体企业、联合企业及合资企业得以放开手脚,齐头并进,同时发展,社会总产值逐年增加,完成了自身的工业化进程。

推进城市化

1992 年,邓小平同志巡视南方,并发表了著名的"南方谈话",市场经济的发展进入"快车道",大量务工人员再次涌入郑州,齐礼阎村凭借着交通便利、离市区近、租金便宜,大力发展租赁业,村民也因此走上致富之路。

但是进入新世纪,齐礼阎由于盲目发展,基础设施滞后,人民群众的生活质量得不到保障,成了二七区南部一个大型城中村。直到 2009 年,齐礼阎在政府主导下,与升龙国际投资有限公司签约,开始整体拆迁改造。2010 年,大部分房屋拆除完毕开始建设,齐礼阁正式掀开新的一页。如今齐礼阁村民已经全部搬进齐礼阁新型社区，住进宽敞明亮的现代化楼房，齐礼阁重新迸发出勃勃生机。

精神文明建设

古人常说：仓廪实而知礼节，衣食足而知荣辱。如今的齐礼阁，个个腰包都鼓了起来，是名副其实的小康村，人们过上了好日子，再也不必像祖辈一样为衣食生活而发愁，然而人们对美好生活品质的要求越来越高，丰富充实的精神生活成了广大齐礼阁人的追求。

近年来在发展经济的同时，齐礼阁社区十分注重人民群众的精神文明建设，创办村文化娱乐中心，配备书报和娱乐器材，成立狮鼓队、秧歌队、盘鼓队、腰鼓队、武术队等娱乐组织。积极组织举办书画展以及各种各样的文体娱乐活动。制定老人生活保障制度、医疗保障制度、优生优育保障制度、优军优属保障制度等，确保广大群众有所乐，有所依，有所为。随着各项制度的落实和各项事业的发展，人们的精神生活愈加丰富，居民整体素质显著提高。

每个人都有自己的家乡，每个家乡都有自己的名字，每个名字都承载着这片土地上世世代代人民的厚重和朴实善良，在这些山河故事中是沧桑的人文沉淀。城市化过程中，我们多数人都逐渐与故乡渐行渐远，成为他乡留客，这是时代发展的进程，但是愿每个人内心都能深藏着那片原乡寂寞，如最初般澄澈。

（**李柏萱** 河南省工人文化宫）

石佛记忆

中原腹地,郑州市高新区东大门、科学大道北侧有一村庄,是我生于斯长于斯的故乡,名曰"石佛"。小时候也曾好奇:村子为什么叫石佛呢?难道村里有个石佛?但却从未见到过呀。

直到2008年,村西北修建了一座规模不大的"延洪寺",我才真正知道"石佛村"的由来。相传北魏时期,曾经有位娘娘被人追杀,所乘马车的车轴突然断裂,护驾的将军情急之中将自己的一只胳膊放进车轴,使马车继续前进,娘娘最终脱险,但这位将军却因失血过多而死。为了纪念他,皇帝在其死去的地方(即今石佛村西北)修建了一座庙宇,名为"研红寺",后改为"延洪寺"。唐朝初年,开国大将尉迟敬德曾主持重修该寺,命人雕刻了一尊释迦牟尼石像,以取代此前的泥塑佛像,因此该寺后来也被称为"石佛寺"。明弘治二年(1489),延洪寺再次重修,当时所立碑文记载:"其石佛相见,寺存焉。因石佛以名之,按本州志中有所在焉。"证明当时寺中已有石刻大佛。石佛村,应为唐初延洪寺规模扩大之后,逐渐在寺院周围形成了村落,村子因为寺庙而得名。

随着时代变迁,朝代更替,石佛寺也时兴时落。据明朝重修碑文记载,寺庙兴旺时僧近百人,每天远近香客、八方施主都来上香朝拜,香火繁盛,车水马龙,人来人往,像赶集一样,热闹非凡。大殿雄伟,金碧辉煌,气势壮观。寺前道路四通八达,有一条官道直通郑县(今郑州)。并设有三个庙会,每当庙会更是盛况空前,寺里还有戏台,庙会时有大戏助阵。当时的石佛寺占地36.6亩,另有购买的293亩田地租给邻村穷人耕种,所有课租供寺内一切开销使用。

清朝同治年间,延洪寺(石佛寺)也经历了一次较大的重修。民国初年,冯玉祥主政河南时广兴学校,当时周围几个村主管教育的名士(当时叫学董)联合商议决定扒庙建学,用扒掉的砖头木料在石佛村、大里村和东史马村分别盖了一所小学,从此石佛寺荡然无存,只剩一尊石佛风吹日晒,东史马村村民将其拉到本村,为其盖了一间房子遮风避雨。"文化大革命"期间,两个"破四旧"的年轻人砸掉了石像的头,由于怕石佛被毁,200多名村民连夜把大石佛埋于闫姓村民的宅基地里,把房子推到,后来又在上面修屋盖房。

　　2008年,村民挖出石佛,使其重见天日,并在旧址上重修延洪寺,将高2米、重2吨的释迦牟尼石佛重塑金身之后供奉寺内,同时,寺内还供奉着20世纪中期在石佛村东南挖出的一尊卧佛。新修的延洪寺大殿三间——玉皇殿、观音殿、财神殿,分别供奉着玉皇大帝、观音和财神赵公明。此外,寺院内廷还竖立着明弘治二年重修的寺碑(1999年发掘,郑州市文物保护单位),碑文是少林寺晚学晋阳法广所撰所书,详细记载着延洪寺的历史、盛况、规模等。

　　石佛村,依靠香火旺盛的石佛寺自然形成,具体年代已无可考,但至少可以追溯到明朝初年。当时,张氏一族从山西洪洞县迁居至此,迄今已有28代,是该村最大的姓氏之一。此外,黄氏和付氏也是石佛村的望族,分别于明朝嘉靖年间和明朝晚期从河北满城和荥阳汜水迁入。李氏、徐氏、范氏,以及回族的白氏、杨氏、刘氏均于不同时期从周边迁居于此。人丁兴旺的石佛村,得益于这里得天独厚的自然条件,这方水土千百年来养育着在此生活的人们,使他们世世代代耕而食、织而衣。

　　据"石佛遗址"所述,发源于密县北圣水峪的贾鲁河为淮河支流,流经村子东头,在此盘桓三四里长,是石佛村民祖辈赖以生存的母亲河。曾经的贾鲁河几十米宽,水质甘甜,鱼虾成群,河边芦苇丛生,河岸杨柳成行,堪比"波渺渺,柳依依。孤村芳草远,斜日杏花飞"的江南风光。后来,由于河道淤堵及环境污染,贾鲁河曾一度成为污水河。近年,积极响应"绿水青山就是金山银山"的号召,政府对贾鲁河进行了改造。如今的石佛段贾鲁河重新恢复了昔日的"美貌"，碧波荡漾，水质清澈，优美的生态环境甚至吸引来了两只疣鼻天鹅落户于此，并产下了七只萌宝小天鹅，吸引周边村民和郑州市民争相围观。

除了贾鲁河，石佛人引以为傲的还有 1971 年挖掘的两个沉沙池。北池和南池分别占地 800 亩和 60 亩，浑浊的黄河水从邙山提灌站干渠引黄入郑，流经至此逐级沉淤，清澈的水再流入西流湖，为柿园水厂提供充足的水源，满足了市区西部广大人民群众的生活用水。今日，沉沙池业已成为石佛村周边一道亮丽的风景线和市民休闲放松的好去处。

一方水土养一方人，丰富的水源加之中原腹地温带季风气候所造就的肥沃土壤，石佛村村民们世代以耕种为生，日出而作、日落而息，主要种植冬小麦、玉米和棉花。20 世纪 70 年代，随着引黄入郑工程的实施，村西部依托河渠开始大量种植水稻，并有人兴建鱼塘，成了名副其实的鱼米之乡。

同时，凭借着延洪寺旺盛的香火和便利的交通，石佛村自古就是个大集镇，商贾云集，客来人往，买卖兴旺。特别是农历逢双的集市，十里八村都来赶集，东西大街两边饭店、杂货铺、铁匠铺、棉花行、药铺齐全。村集一直延续到 20 世纪 50 年代村里集资成立了供销合作社，这个合作社半个多世纪都是村里的地标之一，也是乡亲们茶余饭后、农闲时节聚在一起拉家常的地方。

改革开放之后，石佛村响应国家号召，创办了第一个村办集体企业——石佛修配厂，后来又相继开办了面粉厂、焊丝厂等。20 世纪 90 年代，村里一些头脑灵活的人借着政策东风，凭着聪明才智，相继开办了纺织配件厂、木器加工厂、服装厂、床上用品厂、塑料橡胶制品加工厂、化工厂等，有些企业越做越大，产品遍及全国，甚至走出国门。这些集体和民办企业增加了村庄集体财力，用于修路、打井等基础设施，同时也对安排就业、村民创收做出了积极贡献，造福一方。

石佛村中央矗立着一座气势恢宏的大礼堂，它坐北朝南，长 59.5 米，宽 16.5 米，高 5.7 米，为中国传统的砖木结构。这座大礼堂建于 1958 年，由河南省建筑厅下放的两位工程师设计，石佛村村民集体兴建。礼堂上方由知名艺术家唐玉润先生亲笔手书9个大字：石佛人民公社影剧院。礼堂两侧各有三间配房，前面有一广场。近60年来，大礼堂一直是石佛村村民重大集会和主要的演出场所，是本村的政治文化中心。

2006年，土生土长于石佛村的旅美艺术家黄国瑞先生重返故里，看中了这里安静淳朴的环境，率先在家乡成立了工作室。随后，河南省美术馆的雕塑家王一丁、画家苏笑石等陆续加入，并成立了石佛艺术公社，短短几年中先后有200多位艺术家进驻，给这座古老的村落注入了更多现代文明和浓厚的艺术气息。艺术公社先后邀请国内外艺术家交流讲学，并多次举办大型艺术活动，引起国内外广泛关注，被誉为郑州市的"798艺术区"。

石佛村是远近闻名的回汉多民族聚居村，除了汉民外，还有两个村民组近千口信仰伊斯兰教的回民。他们与其他回族同胞一样，严格遵循宗教信仰，辛勤劳作，善于经商。自从以白氏为代表的回族人民于清朝乾隆年间迁居石佛以来，几百年来与汉族同胞和睦相处，亲如一家。有回族的地方就有清真寺，石佛清真寺始建于清朝中叶，包括男寺和女寺，占地面积2.6亩，建筑面积3000平方米，是当地穆斯林举行宗教活动的场所。寺内珍藏有30卷手抄本《古兰经》，据说是伴随着石佛清真寺的诞生而来，是镇寺之宝。现在矗立在石佛村西北、具有典型伊斯兰风格的清真寺是在原址上于2005年建成的，修建费用既有政府出资，也有民营企业家捐资，还有本坊回汉乡亲的捐助，体现了回汉民族团结、世代友好的睦邻关系。

2016年，按照政府的统一安排部署，具有1300多年历史的石佛村整体拆迁，虽然依依不舍，但村民们毅然选择顾全大局，舍小家为大家，含泪暂别故土。5年后的2021年，新盖的居民楼在石佛村原址拔地而起，小区内环境优美、鸟语花香，小花园、健身区、篮球场等软硬件设施齐全，交通便利，周边还有配套的公办学校、幼儿园、社区医院等。许多乡亲们喜笑颜开地表示，一辈子都没梦想过有朝一日自己也会住上高楼大厦，虽不像昔日那样邻里间鸡犬相闻，但彼此的距离更近了，冬日午后、夏日黄昏，依然可以再聚在一起"喷空儿"（当地方言，"聊天"）。

"万里乡为梦，三边月作秋。"曾经生我养我的老石佛村虽然已经成为了历史，但故乡的一草一木、一人一物依然时不时重回梦中：春日傍晚在紧靠学校的沉沙池边"逮毛毛妮儿"（本地一种略有甜味的野菜），夏天清晨在附近的莲藕池边读书，秋日午后在房顶上摘枣子，冬日入夜围坐炉边取暖说笑……记忆中的故乡宛如一支歌曲时时萦绕耳畔，恰似一泓清泉时时流过心田，好像一丝荷香时时魂牵梦绕。

（**张伟红**　郑州商学院外国语学院）

石羊寺石羊报恩的传说

　　石羊寺社区位于郑州西南部,辖东石羊寺、西石羊寺、张家门、杏树湾、郑湾5个自然村。石羊寺社区的前身是石羊寺村。石羊寺1961年属于须水公社。1976年属于郊区金海公社。1981年属于金海区金海公社。过去石羊寺以种菜为主,兼顾种粮。

　　见证石羊寺历史悠久的除了400余年的古槐以外,还有石羊寺以寺名命名村名。石羊寺就在该村的西北部寺前有一对青石雕刻跪卧式绵羊,高1.5米,故曰石羊寺。一般来说,寺庙门前摆放石羊,寓意忠孝,象征吉祥。但是从石羊寺庙的跪卧石羊来说,应该是"羊羔跪乳"报恩父母。石羊的主人应该是当时的高级官吏。石羊寺初建之时,规模宏大,建筑雄伟,占地40亩,呈长式,从山门到佛祖殿在一条中轴线上。共有建筑4座,从南至北,依次排列,雄伟壮观。头门是个卷棚,除门庭外,两边两个陪房,宽敞明亮,室内设备古香古色,接待客人和商谈事宜。房顶四面挑角,室内画有龙凤麒麟,八仙和花卉图案,精雕细刻,栩栩如生。

　　石羊寺门前是条大路,是郑州通往须水、荥阳、巩县、洛阳的官大道。终日车水马龙,熙熙攘攘,热闹繁华。前院,右边有一大牌楼,左边有一戏台,逢年过节或庙会期间演戏娱乐,三里五村,七乡八镇的乡民到此,走亲串友,人流如织。同时有物资交流贸易进行,方圆内的小摊贩蜂拥而至,是日,各种商品摆满村街,琳琅满目,满足着乡民的各种需要。

　　石羊寺二门里有元始天尊,通天教祖,哼哈二将,威武逼真,闪闪夺目。

　　东边有一火神庙,香烟缭绕,终日不断。中院有一个八角石碑,刻有唐诗、宋词,古雅明快;左边有一五间,红柱、彩门,书室是学经典、传技艺的专用房子。后院有六幢大石碑,木栏杆隔开,封顶挑角,接着有东西相对,每边六间,两边共十二间的生活房。最后是佛祖殿,重檐歇山琉璃瓦顶高大宽敞,四角挑起,屋檐上有各种陶制人物、灵禽走兽、活灵活现。清代中后期,太平天国运动将寺院焚毁。火神殿建于咸丰元年二月初四,当时社首是王德亮、张兴,集资大部分砖瓦、木料筹建火神殿。

石羊寺城中村除了有一棵400余年的古树以外,在城中村改造前,还留有两尊石羊。史料记载,这两尊石羊属于南北朝北魏时期的作品,也是能够引起石羊寺村人回忆的珍贵纪念物。关于石羊寺,还流传着"石羊寺石羊报恩救弱女"的传说:

很久以前,寺里住着个老和尚,被一群恶僧赶走,恶僧凭借点儿三脚猫功夫,不守佛家清规戒律,经常在郑州横行乡里,欺男霸女。有一老汉,名叫汪五,忠厚老实,膝下只有一个女儿。老汉从狼嘴里救过一只小羊,交给女儿喂养。女孩十分高兴,精心呵护,把小羊收拾得干干净净。有一天,闺女放羊回来,经过寺庙,碰见寺里和尚,和尚看到女孩美若天仙,淫心顿起立生歹意。这闺女跑得不快,被逮个正着!抢完姑娘还想抢小羊。抢到以后,小羊被带进一个柴房里。小羊身小体轻,趁恶僧们喝酒喝得晕头转向的时候,悄悄地溜了出来。小羊跑回家里,冲着汪老汉咩咩叫,凑到跟前咬裤角。汪老汉知道,闺女对这只羊最好了,平时总是形影不离,今天怎么了?汪老汉感觉事情不妙,就对小羊说:"要是知道下落,就带我去找你的小主人吧!"小羊点点头,撒腿往外跑!汪老汉跟着来到了这座寺庙!恶和尚见汪老汉前来找回女儿,死活不认。小羊不停仰头咩咩叫着。石羊寺附近的乡民闻讯赶来,他们都很有正义感,对寺里的那群禽兽一忍再忍,终于忍无可忍了。大家一商量,咱们合伙大闹石羊寺吧,要求恶和尚赶快放人。一时间,石羊寺外人群聚集,器械摆动,大有拼杀之举。

恶僧不思悔改,拒绝交出姑娘,还命令僧徒关住寺庙大门,不要放走闹事人等,并趁机派僧徒深夜前去州城报官。州官听到有人聚众造反,勃然大怒,着官兵前去围剿。到了石羊寺听到乡民陈述原委,已经明白八九。知州收了恶僧的钱财,故意刁难汪老汉和热情乡民。他说:"你们说得神乎其神,只要羊羔找到姑娘,我立刻令他放人!"恶僧在一旁恶狠狠地笑着。小羊咩咩地叫着往寺里走,州官和汪老汉后面紧跟。在一个禅房里,小羊前蹄击打着一个墙壁。在场每个人都听出不一样的声音。显然里面是空的。汪老汉和乡民们要求州官做主,说这墙壁中间有夹层。州官无奈,下令跟班衙役砸开墙壁,姑娘果然捆绑在里面,嘴里被堵,不能喊叫。州官看看恶僧,只得责令恶和尚赶快交出汪老汉的闺女。父女相见,互抱痛哭。乡民们都为汪老汉女儿重见天日,父女团圆高兴不已。离开寺庙的时候,发现小羊不见了。没有进寺门的人说:庙前的石羊少了一只,可是如今,一个也不少了,只是原来都昂着头,现在有一个低着头,摸着石羊暖暖的。至于后来恶和尚罪恶滔天、恶贯满盈,触怒了皇上,敕命火烧石羊寺,且将恶和尚缉拿归案。恶和尚做梦也没有想到自己会锒铛入狱,落了个可悲可耻的下场,还被判五马分尸。这一公案才算了结。据寺内石碑记载:明朝嘉靖二十四年(1545),村民重新集资修建石羊寺,规模小于原来的寺庙。清朝咸丰元年(1851),村民又在寺庙内增添了火神庙。民国期间,冯玉祥主政,寺庙改学堂。学校一直发展,延续至今。

(**荆建利** 二七区)

石羊寺石羊报恩的传说

昔时凤凰未可见，此地真有凤凰台

——郑州凤凰台

传说——天命玄鸟 降而生商

郑州凤凰台位于郑州旧城城东偏南处一地，是郑州八景之一。郑州旧城城东偏南数里，有一片风光旖旎的湖泊，古称仆射陂。

凤凰台是个不缺少历史文化的地方，据《新唐书·地理志》记载："县东四里，有仆射陂，后魏孝文帝赐仆射李冲，因以为名。后名城湖，为郑县胜景。"明朝万历年间，历任户部主事的阴化阳迁入郑州，把凤凰台周边土地买下，兴建亭台楼阁、水榭长廊，《东山胜地记》对此有详细记载。

关于凤凰台名字的由来，共有三个传说，郑州地方志采用的是其中一个传说："凤凰台，在州东门外二里许，世传有凤凰集。"这是清朝时期的《郑州志》中的记载，也是流传最多、最早的一个传说，可追溯至汉朝。

另一民间传说是大禹治水时期，洪水淹没了黄河沿岸的村落。陕西一魏姓老人带着一家四口，坐在木排上，顺黄河水漂到了凤凰台附近。突然，他们看到不远处的大水中的一个土丘上，卧着一对凤凰，老人说："凤凰不落无宝之地，我们就把木排停在这里吧。"水退后，老人发现凤凰卧的地方原来是一个高高的土台，从此这里就名为"凤凰台"。

《凤凰台是个好地方》一文中还记载有一传说：很早以前，这块地方有一个湖泊，名叫东湖，俗称东湖胜地，湖水清洁甘甜，湖边长着茂密的梧桐树，树上住着一只美丽的凤凰，渴饮湖中水，饥食梧桐果,每到春暖花开的时候,百鸟便飞来朝凤,它们欢聚在一起,一同飞舞歌唱。后来,人们发现这里的水,不但能喝,还能浇地种庄稼,所以都慢慢迁来居住,与凤凰做了邻居。岗上曾筑有一个凤凰台,雕梁画栋,建筑优美,台旁苍松翠竹,风吹翠竹声若凤鸣。每到荷花盛开之际,游人络绎不绝,如赶庙会,登台四望,满湖景色令人心醉。后来有一只老鹰,非常嫉妒凤凰,为了把凤凰赶走,霸占这块宝地,就挖空心思,挑拨附近的青龙和凤凰作对。青龙受了老鹰的欺骗,不分青红皂白,一头钻进湖里,把湖水喝得一干二净,企图把凤凰渴死。从此,这里的人们也就没水喝了,庄稼没水要枯萎,荷花无水要干枯,大家焦急不安,都非常痛恨老鹰和青龙,而正直善良的凤凰感到这里的人们,为它遭受灾难,实在不忍心,就决定舍己救人,让泪水流入湖中去养育人们。于是凤凰昼夜卧在湖边,哀鸣流泪,流呀!流呀!直到流满了一湖泪水,它才停止了呼吸。人们为了纪念舍己救人的凤凰,就把它埋在湖边岗上,起名叫凤凰岗,在岗上又修了一座凤凰台,还把这里定名为凤凰台村。

也有一说法,为"玄鸟生商",在《诗经·商颂》里有一首诗叫《玄鸟》,是祭祀商代祖先"武丁"的颂歌,开篇这样写道:天命玄鸟,降而生商,宅殷土芒芒。在《史记·殷本纪》中,也有类似的记载:殷契,母曰简狄,有娀氏之女,为帝喾次妃。三人行浴,见玄鸟堕其卵,简狄取吞之,因孕生契。这两处记载,说得都是商部族的来源。在古代,商部族确实以玄鸟作为氏族图腾,"玄鸟生商"的传说,就是原始商部族的起源神话。按照"玄鸟生商"的说法,凤凰台或许在殷商时期就被命名了。

诗韵——文人墨客　形之咏歌

明代以降,凤凰台附近种植了大量荷花,嘉靖《郑州志》就有莲花池及"荷芰分香花有颜"的记载。凤凰台修建有亭台,清代列为郑州八景之一,是郑州文人墨客聚会之处。《东山胜地记》记述了凤凰台宽宏瑰丽的情景。文中说:"台自北而东,绿柳长廊,碧荷水殿。夏秋间,极目注望,荷香十里,识者拟之为东山胜地。"

清朝时期，许多文人墨客来凤凰台游览赏景，写下了许多赞美凤凰台的诗篇。清代绍兴人徐邦珍寄寓郑州时写道："欲避炎威何处幽，凤凰台畔可寻游。"便是当时胜景的写照。著名诗人王士禛的诗句，对当时的凤凰台景色描绘得脍炙人口："野塘菡萏正新秋，红藕香中过郑州。仆射陂头疏雨歇，夕阳山映夕阳楼。"诗人张庆誉的"登凤凰台"是这样描写的："春日郊原气象新，高台四望绝风尘。山岚积翠疑如黛，湖水翻若意似筠。"凤台荷香，还是古时郑州的八景之一，许多诗人还把凤台荷香列为八景之首。诗人朱炎昭在郑州八景中对凤台荷香描写道："凤凰去后乘空台，台下陂塘面面开。乱把秧针将水刺，齐撑荷盖接天来。"

奇观——绿柳长廊　凤台荷香

据文字记载，商代便有人在凤凰台定居。魏晋南北朝时期，北魏献文帝拓跋弘曾把这块风水宝地赐封给他的勋功仆射李冲，并赐名"仆射陂"，在这里种植大量的莲藕，使这里成为"绿水映倩影，荷花送清香"的名胜景区。明朝万历年间，历任户部主事的阴化阳迁入郑州后，竭尽家资，把凤凰台方圆几千亩买了下来，兴建了很多的亭台楼阁、水榭长廊，种上花竹草木，使这里变成荷香十里、绿林丛竹的游览胜地。碧波荡漾，鸥翔鱼跃。明清以前的凤凰台面对广阔十顷、水光如鉴的城湖，"夏月荷花盛开，香风袭人，一郡之胜概也""极目注望，荷香十里"。

"凤台荷香"列为郑州八景之一，湖中多次生长并蒂莲花，据《郑县志》记载："乾隆六年，凤凰台莲开并蒂。""顺治十一年，州东凤凰台池内开并蒂莲花数枝。"古人认为"莲开并蒂"为祥瑞，人见此，必定寿限长。为了突出郑州的莲藕，《郑县志》上还绘有一幅《凤台荷香》图，工笔细腻，栩栩如生，张钺在图旁题诗："十里薰风三尺水，红云擎出翠云乡。"清代著名诗人王士禛路过郑州时，见到满池是荷花，处处有莲藕，赋诗颂道："野塘菡萏正新秋，红藕香中过郑州，仆射陂头疏雨歇，夕阳山映夕阳楼。"当时来郑州观看荷花、莲藕的达官显贵、文人墨客，留下了很多诗词，反映了莲藕生长的盛况:"仆射陂边烟景多,云绵十里翻风荷。""荷叶荫荫满池塘,古木森森遮日影。""乱把秧针将水刺,齐撑荷盖接天来。"

凤凰台曾经还是个避暑的好地方。清初郑州有个叫张抱的进士,曾步李白《登金陵凤凰台》的诗韵,写了一首游郑州凤凰台的诗:"凤凰台上凤凰游,四壁薰风拂细流。过雨芰荷走珠颗,迎晖山坞疑丹邱。蝉鸣绿树深深地,鸥泛碧波曲曲流。对此正堪娱永日,肯将盈昃恣闲秋。"这首诗比起李白的大作,当然大为逊色,但它却把古代郑州凤凰台这个避暑胜地的景象留给了后人。

传承——世代传承　源远流长

凤凰台村素有名胜美誉之称,占尽先祖风光,祖先为我们留下了丰厚的文化遗产。受益于社会制度的优越。除了风景名胜之外,凤凰台村民还传承祖先遗志,留下了许多脍炙人口的先祖遗传处世格言。如:"勤善智诚勇,民族好传统。人勤为立本,善良修自身。智者事竟成,诚待好名声。勇敢对恶敌,永立世界林。""男儿壮,性刚阳。少而学,多思量。勤有功,嬉无益。树大志,莫小计。古之训,随年移。三十立,四十欲。五十发,六十力。男创业,无终期。""女儿优,性温柔。自以幼,主内修。当自立,要自强。应典雅,宜大方。切以记,柔以刚。做人母,责任重。身教严,后代传。民族兴,立大功。"这些格言,反映了凤凰台村民对生活的昂扬斗志和深厚的传统文化底蕴。

《凤凰台村志》中,以这样一段话作为全书的结尾:"当你们以后看到这部村志的时候,在这块土地上,世世代代的凤凰台村民通过勤劳的双手,开创过辉煌的农耕文明。他们的血汗浸透过这里的每一寸土地。这些都是凤凰台村的村魂,无论以后历史进程到哪个阶段,无论你们以后在哪里生活,都应当记住,凤凰台村有三千多年的历史,凤凰台村是一个历史文化底蕴丰厚的名村,凤凰台是个好地方。"

这段话读来让人十分感动,凤凰台如一颗闪亮的明珠,有着悠久的历史文化和优良的民族传统,在社会的发展中,凤凰台曾流传着许许多多的传说和故事。在这块有着迷人色彩的沃土上,凤凰台的人们通过勤劳的耕耘,发展了底蕴丰厚的凤凰台文化。我们能从凤凰台村民淳朴的民风中,更进一步了解到凤凰台人宝贵的精神财富。

变迁——红动郑州　凤凰涅槃

新中国成立后,在党和政府的领导下,凤凰台发生了天翻地覆的变化,村里的土地经过农田改造,变成了年年丰收的高产田,低矮破旧的农舍变成了漂漂亮亮的新村,凤凰台成了远近闻名的富裕村庄。特别是改革开放以后,随着城市迅猛发展,凤凰台成了交通便利、环境优美、商业兴隆、人气旺盛的好地方。是改革开放让这里有了大变化,是城市框架的拉大让这里有了大发展。昔日的凤凰台,一棵梧桐树,落下了一只凤凰,今日的凤凰台,如一片茂盛的梧桐林,引来千万只金凤凰。凤凰台成了难得的"黄金宝地"。

凤凰台的村民也不会忘记,村南地曾有一片洋槐树林,3000多亩,北部有几百亩是凤凰台村的,而大部分是七里河村的。解放前这一带全是沙荒地,沙岗一道又一道,坟地一片又一片,非常荒凉。一到冬天,西北风一刮,沙尘满天飞,沙土压坏了农田,风沙成为郑州市一大灾害。中华人民共和国成立之后,为了锁住风沙,党和政府动员植树造林。机关干部、工厂工人、部队官兵、学校学生,来到凤凰台南地,进行栽树。几年以后,这里变成一望无际的洋槐林,洋槐林封住了风沙,也是郑州市东部的一大景观。

城市的建设靠一个又一个小细节来完成,城市的文明体现在一个又一个小细节上。物华天宝的凤凰台携着浓浓的人文气息、厚重的文化韵味,完成了一次历史性的华丽转身,她对重视人文名胜、热爱自然风光的精神,美化城市环境的实践,仍可为我们今天现代化建设所借鉴。通过政府的带领和村民的努力,进行农田改造、污水治理、公厕改造、建设学校、家家翻盖新房,如今的凤凰台,正如诗歌《凤凰台之歌》里形容的一样:"高楼林立马路宽,绿树成荫花争艳。社区景美像花园,幸福生活如蜜甜。"

挖掘、传承凤凰台的历史文化，探索文商旅融合发展新模式，推动产业转型升级、经济创新发展，打造凤凰台高品质街区。街道的文商旅融合发展整体规划以凤凰台原有的文化为底蕴，以现有的产业为基础，融入现代的活力元素，采用艺术化的手法，凤凰台村已被打造成十分具有特色的社区。

产业转型升级、城市空间品质提升。随着时间的变迁和城市的发展，凤凰台农田变广厦，阡陌变通途，一座座商务楼宇拔地而起，一个个花园小区汇聚此地。20世纪90年代以来，凤凰台紧抓时代机遇，以专业批发市场建设为契机，在郑州率先建成以东建材为代表的大型建材家居专业批发市场集聚地，并带动茶城、花卉市场等相关产业聚集，开启了新一轮的发展。

如今的凤凰台，是人们向往的好地方。她深处闹市，四周边有一条条宽阔平坦的道路，有一个个大型的专业批发市场，有一个个花园式的生活小区。周边还有郑东新区会展中心，郑州世纪欢乐园，郑州航海广场，郑州航海体育场等旅游景点，使凤凰台显得更具魅力。

千年大泽激扬新梦，科学发展铸造和谐。历史在发展，时代在进步。随着城市框架的拉大和文明城市的创建，被誉为都市村庄的凤凰台也随着城市的发展在改变。乡村变成社区，村民变成市民，由散乱到祥和，原来的村民也已迁入新居，感受着繁华的都市生活。她摒弃愚昧落后的陋习，继续和发扬光大传统的、有健康意义的内容，在城市化进程中彰显出新的风采，实现了涅槃，已经成为郑州一张亮丽的名片。

（**封宇** 郑州中建深铁轨道交通有限公司）

响楚汉鼓角　听隋河古韵

——记索须河

水,利万物而不争,它不仅参与一切生命的运动,由起到落,由生到死,也在生活里给予了人们无尽的灵感。我们生而为人,应该如水一般温润,如水一般厚重,如水一般包容。老子"上善若水",明示为人之道,莫过于此。它更是生命之源,在生存条件有限的远古时期,也许唯有河岸,才可能提供人类生存的必要条件。而自然的提供总是福祸相依。人类文明的进步无时不在突破自然界的局限。也许无所谓征服或顺从,人类智慧在改造自然的同时也匡正着自身。试图对自然河流兴利除弊的运河,正是人类雄心与智慧的明证。

1400多年前的一天,一支龙船船队由都城洛阳而来,缓缓航行在宽阔的河面,正是船中的一个人,下令开凿营造了你。而此时经过的地方已被他的父亲改名荥州为郑州,他便是隋炀帝。那时候的你还叫通济渠,和永济渠、邗沟、江南河一起组成隋唐大运河。由于地处运河体系和陆运的中枢,来自全国的货物由此中转。车水马龙,商队、行旅、官差云集来往,郑州成为全国贸易的中心。这座横卧于你之上,名叫"惠济"的古桥,桥面两道深达5厘米的车辙印也映射出了郑州往昔的盛世繁华。你留在郑州的这段,现在名叫索须河,静静地向东南流淌,如你最初的名字,通济天下。

泉、溪、湖、江河、海、洋,一滴滴水组成了你们。而你叫索须河,也叫通济渠。但你还有一个更为知名和庄重的名字:中国大运河通济渠郑州段。你是浩浩汤汤中国大运河的一部分,你是珍贵的全国重点文物保护单位,也是坐标郑州的世界文化遗产,更是中国第一个也是目前唯一一个还在使用的世界文化遗产……

掐指一算,你已经有 2500 多岁了……

"至今思项羽,不肯过江东。"公元前 202 年,楚汉相争时期,刘邦和项羽的大军在黄河之滨对峙,两军分立鸿沟两侧,并以鸿沟为界攻防筑城。鸿沟便成为楚汉疆域的分割线,那两座遥遥相对的城池则被后人称为汉霸二王城。

二城之北紧靠黄河,2000 多年前的这里,西南万山丛错,地势险要。而如今,昔日的军事要塞早已经变成两座高高耸起的土坡,任凭历史的风沙在上面川流不息,而那条曾经万夫莫开的鸿沟,则成了流传至今的"楚河汉界",永远烙印在我们的象棋棋盘上,叫多少后人耳熟能详。

你的前身,便是开凿时间如此亘古久远的鸿沟:春秋战国时期,中原地区重要的大规模水利工程。可不是那些古装剧导演镜头里的一条"小水沟"。在拍楚汉战争影视剧的"楚汉鸿沟对峙"的桥段时,都干脆安排"项羽""刘邦"这哥俩,找条小水沟划线对峙破口大骂。可事实呢? 鸿沟就算真是水沟,那也是从战国至东汉的 400 年里,最值钱的那一条水沟——中国北方最重要的运河主动脉。

鸿沟的开凿,可追溯到公元前 361 年。当时的魏惠王刚刚把都城从安邑(山西夏县)搬到大梁(河南开封)。搬家后的魏国,东面是齐国,西面有秦国,南方还有楚国,等于受着夹板气。严峻的现实,也叫魏惠王下了决心:想致富,先修路,要强国,先挖沟——挖鸿沟。

于是,战国历史上又一个不惜血本的大工程,就在中原大地迅速实现了:这可不是挖个"小水沟",而是工程量空前的新型运河——整个鸿沟从荥阳开挖,引黄河水为水源,行经今天中牟开封等地,最终经颍河注入淮河。战国时代的北方大地,与今天的气象水文大不同,分布着大大小小的湖泊。于是以倾国之力开凿的鸿沟,也聪明地利用圃田泽等湖泊调节水系,历经两次大规模开凿,终于完工。如今鸿沟故道的不远处便是滚滚黄河,我们伟大的母亲河。

逝者如斯夫。公元605年，隋朝开始大举兴建隋唐大运河这一旷世水利工程，连通淮河和黄河的通济渠，便是其中的首期工程。通济渠起始于河南荥阳，属于引黄工程建设的范畴，经鸿沟、蒗荡渠、睢水等，最后与江苏境内的淮河打通，沟通起黄河、淮河两大南北水系。

大运河的开通，激活了中国南北交通的大动脉，也为中国南北经济、文化交流与发展，带来实质性的助益，运河流过的地方，也都成为当时富泽一方的代表。

据史书记载，当时的通济渠两岸，城镇商业繁荣、各类店铺林立，甚至还分布有多座皇家的离宫，大大小小的运输码头更是不计其数。通济渠郑州段、通济渠商丘南关段的码头，都是当时大运河上较大的码头之一。

作为大运河的一部分，通济渠郑州段已经静静流淌了上千年。这条河流流经的地方，也发生过许多值得铭记的历史故事，也诞生了诸多值得铭记的历史人物。"江山代有才人出，各领风骚数百年。"这些故事，这些人物，都和这湾澄澈的河水一起，成为这片土地的一部分。

通济渠开通后，从隋至元，通航700余年。隋唐时代，渠岸风景可谓盛大。据《大业杂记》记载，当时的通济渠"水面阔四十步，通龙舟，两岸为大道，种榆柳。自东都至江都两千余里，树荫相交，每两驿置一宫，为停顿之所，自京师至江都，离宫四十余所"。据说隋炀帝对运河大堤上千里相接的柳荫喜爱不尽，于是给柳树赐了御姓，称为"杨柳"。所以，在后世文人墨客吟咏书写中出现的"杨柳"，其实并不是指杨树和柳树，而是特指运河大堤上这些被赐了御姓的柳树。唐代诗人白居易乘兴游览大运河通济渠隋堤时诗兴大发，热情赞美让他如醉如痴的河岸胜景："西至黄河东至淮，绿影一千三百里，大业末年春暮月，柳色如烟絮如雪。"尽管这赞叹之中有着对隋末时势的感叹，但是"隋堤烟柳"却从此成为汉语古诗里的经典意象，亦是"荥泽八景"之一。烟柳难觅，阡陌纵横中一切美景成了过往。

隋堤烟柳的盛景在南宋以后曾有中断。当时北方沦陷为金人的领地,汉室皇都南迁,对峙的双方谁都无暇顾及运河。元朝定都北京之后,另开京杭大运河,在隋运河的"人"字上拦腰取直,通济渠逐渐废弃。

但你依旧是那一颗蚌里用历史凝结的珍珠,散发着迷人的、沉淀的、厚重的美,就像静卧你身上的那一座桥,风雨里的风雨楼。"野店山桥送马蹄,白沙青石洗无泥。泊船秋夜经春草,明日看云还杖藜。"漫步桥上,用脚步丈量着遗痕,仿佛还能走进那一场盛世繁华里……

（**张忠伟** 郑州市道路运输服务中心）

樱桃沟的传说

郑州樱桃沟位于二七区西南部,距市区约 10 公里,郑登快速通道、嵩山南路、大学南路、郑州西南绕城高速樱桃沟站和郑尧高速侯寨站均可直达,交通十分便利。以樱桃沟村为中心,丘陵纵横、沟壑起伏,延绵百余里,布满了青翠繁茂的樱桃树,享有"百里樱桃沟"的美誉,樱桃品质优良,被评为"郑州十大历史名产"。在这片神奇的土地上,给后人留下许多美丽的传说。

一、石匠庄村与竹竿园村的由来

据村上老人口耳相传,在很久以前,石匠庄村名不叫石匠庄,叫李家台,竹竿园村名也不叫竹竿园,叫张坡崖村。

相传"王莽撵刘秀"的故事就发生在这里。有一天,刘秀为了躲避王莽士兵的追杀,东躲西藏。天黑时来到了杨柳村(现刘家沟)西北李家台的沟顶又饥又渴,步履艰难。远远看去在沟的半坡崖有灯光,像是有一户人家。刘秀顺着灯光连滚带爬,最后晕倒在老汉李福秀大门口。李福秀老两口刚躺下没多久,就听到门外狗叫得厉害,李老汉越呵斥狗叫得越凶,于是李老汉披上衣服出来打开大门,一人从门外栽倒进来,李老汉吓了一跳,赶紧回屋叫来老伴,与老伴商量救人要紧。李老汉身边有 5 个儿子,个个都聪明懂事。于是李老汉把大儿子叫醒,来到门口摸摸来人还有口气,几人便合力把刘秀抬到屋内。边呼唤边用勺喂水,几口水下肚刘秀慢慢醒了过来,李福秀老伴急忙做些热馍饭菜,刘秀边吃边把遭王莽追杀逃命逃到这里说了出来,还没等他说到谢字,就听到村外狗叫的嘈杂声。刘秀一听大事不好，王莽追上来了，让老人家快快找来纸笔，写下"救命之恩日后定报"八个字，交代让其收好，日后到京城找我刘天德，有恩必报，我得赶快走，不能连累你家遭殃。于是老汉领刘秀来到后院，让刘秀翻墙顺沟而下逃命去了。再说王莽来到了李福秀家，翻箱倒柜找了个遍，没见人影，狗急跳墙似的顺着现在樱桃沟的情人谷，把沟沟脑脑搜了个遍。天亮时分，王莽和士兵来到了现情人谷不远的南台上，王莽和士兵跑了一夜精疲力尽，实在不想动了就坐下休息。从台上往下看，只能看到一眼望不到边的竹林，王莽和士兵们实在累极了，就在南台的磨盘柿树底下打起了瞌睡，却不知刘秀就在南台沟底的竹竿下面藏着。按理说王莽和士兵们站在台上应该可以看见刘秀，但是无巧不成书的是，前几天农夫在南台锄地时刚好把除掉的马齿苋都扔到了沟下的竹竿梢上，刘秀正好躺在下面才使王莽看不到下面有人。刘秀在竹竿下面把王莽和士兵的话听得真真切切，吓得不敢动弹，之后刘秀借着追兵们瞌睡之际，悄悄顺河沟逃去，躲过一劫，刘秀大难不死，才有了后来称帝之事。

再回头说李福秀老汉一家，之前说过老汉有五个儿子，都很聪明懂事。大儿子自小就喜欢写写画画。他家有一盘磨，以给村民们磨面为生，时间一长，磨越来越不好用，磨的面越来越粗，越来越黑。老两口说："儿子，要是咱家有人会石匠会锻磨盘就好了。"大儿子听了就记在心里，这一天父母把锻磨的石匠师傅请到了家里，师傅干活时，大儿子就跟着摸摸看看，连吃饭也是忙着跑前跑后，问这问那，不离师傅左右，很快和师傅处得熟了。爹娘也看出来大儿子的心事，就求师傅收下这个徒弟，师傅也看中了大儿子是个好苗子，当天就答应了下来，过几天爹娘选了个好日子，带着礼物来到了石匠家，大儿子就拜到了石匠门下做了徒弟。

徒弟徒弟三年奴隶，徒弟给师父免费打杂种地端茶送水，很快三年过去了，大儿子学成回到了李家台，锻磨手艺除了师父外远近闻名。后来他又把手艺传给了其他几个兄弟。经他们兄弟锻过的磨，磨得快出面率高，面又细又白。由于他们兄弟磨锻得好，大哥又会写写画画在石头上刻精美的图案，转眼几年过去了，李家台大人小孩都学会了石匠手艺,方圆百里都很有名气。

刘秀回京后做了皇帝,享受无上的权力和富贵。有一天,刘秀在朝堂上告诉大臣说:"各位爱卿,我刘秀能有今天我不能无情无义,当年王莽追杀我,追的我晕头转向,多亏了李家台的李福秀全家助我逃走,张坡崖的竹园又掩护了我,我才能大难不死逃出生天,才有今日。我要亲自到那里看看,重谢他们。"刘秀来到李家台村口,第一眼就看到这里的民房,墙全是白石头垒成而且上面还锻有龙凤等图案,活灵活现。一问方知是李福秀老汉的儿子传授的手艺,全村人几乎都有此手艺。于是刘秀说,以后这个李家台别叫李家台了,就亲笔题名为"石匠庄村",并把张坡崖(现竹竿园)南大滩起名官地滩,就作为李家的俸禄,免去税收。接着来到当年躲避追杀的竹竿园,把张坡崖村改名为"竹竿园村",马齿苋菜叫"晒不死"。

人们为了纪念刘秀的题名,"石匠庄村""竹竿园村""官地滩"一直沿用流传至今。

二、千年皂角老树

在牛王庙嘴村,我们能看到的两棵枝繁叶茂的老皂角树。皂角树高约6米,腰围2米,分枝延伸直径25米,覆盖面积达400平方米,已有上千年树龄,被称为"皂角树王"。关于"皂角树王"还有一段美丽的传说故事。隋朝末年,秦王李世民为了打败王世充,与夫人长孙氏来中原地区打探军情。没多久,就被王世充发现了。李世民与夫人为了躲避追杀,来到荥阳郡西南(今郑州西南,即樱桃沟所在地)。见此地民风淳朴,无王世充兵马。李世民本想在此先安顿下来,再作打算,但王世充穷凶极恶、四处烧杀抢夺。李世民看到百姓生活在水深火热之中,决定继续冒险打探军情,早日打败王世充。李世民考虑到行程的危险性,便将长孙氏单独留下,然后自己一人向洛阳去了。谁知,李世民一去数月没有消息,长孙氏非常担心,为了祝福自己夫君早日平安归来,长孙氏种下了两棵皂角树,并于每月初一和十五在皂角树上挂红色带,表达对李世民的思念和祝福。一年之后，李世民在少林僧人的帮助下，摆脱了王世充的追杀，并且带领军队渡过黄河，一举歼灭了王世充的全部兵马。李世民大胜之后，率领亲信把长孙氏接回太原。李世民和长孙氏离开之后，两棵皂角树在村民的照顾下，依然枝叶茂密。至今长安古寨的遗迹依然还在，当地老百姓还流传一句佳话——"红绸寄相思，情郎平安归"。每月初一和十五都在皂角树上系红丝带，来祝福自己健康长寿和平安幸福。

三、石匠庄内说石匠

石匠庄是郑州市西南方最边沿的一个行政村（辖石匠庄、竹竿园、刘家沟、黄沟、曹庙5个自然村）。该村历史悠久，但由于时过境迁，以石为业的人在20世纪80年代中期，村上有一个叫李合运的老石匠下世后，后继再也无人了。由于该村的樱桃成为附近村民的主业，因而行政村村名于2003年改成樱桃沟村，石匠庄仍为辖下一个自然村。

在石匠庄内，现虽无从事石匠的人了，可是村民们说起石匠来，却总有说不完的话题。村民传讲，200多年前有一李姓人家，由周垴村迁此定居，全家以石为业，开始在梅山起石（一种红砂石）锻造新磨，渐而又发展为农户锻修石磨。此行业在民间称为石匠，一代一代往下传，从业的人多了，村名也随之叫成了石匠庄。

在村内还有个传说，早年村内有位年青石匠，不但身材魁梧，英俊标致，且又精明好学，技艺不凡，他到各村去锻磨，很是招人喜欢。有次到一个乡绅家里做活，为考验一下石匠的本事和应变能力，乡绅发问道："小石匠，你都能干哪些活儿？"石匠说："大的能修天补地，砌金龙殿，小的能雕王母娘娘的绣花针。"乡绅知道他所说的天地，指的是两个上下磨扇，金殿指的是扇磨的两个淌粮食的磨眼，样子像龙，绣花针指的是磨齿的细小。乡绅一听，知道是个行家里手，接着又问："你是根上起，还是梢上起？"石匠说："我是起根末梢。""这话咋讲？"石匠道："根上起，我是祖传的手艺，这末梢是拜师学艺。因我是门里出身，后又遍访名师深造，这就叫起根末梢。"这一问一答的对话，折服了乡绅，乡绅为石匠摆下酒宴，以宾客相待。从此石匠庄的名声叫得更响了。

四、龙池的传说

现在樱桃沟社区三组刘家沟，原名叫杨柳村，在这个杨柳村出过两位龙王。一位青龙王，一位黄龙王，黄龙王为哥哥，青龙王为弟弟。黄龙王以大欺小，想独霸龙池，青龙王不敌黄龙王被赶到杨柳村一户农家做长工，以便后期找哥哥黄龙王夺回龙池栖身。青龙按照东家的分配到北沟负责种菜，管理菜园，要定时浇水。可是过了一段时间，东家发现每当自己浇菜时，菜畦就没有那么湿润，而到他(青龙王)浇菜时，菜畦怎么会如此透湿呢？东家为弄清楚此事的缘由，就在他(青龙王)浇菜时暗藏于沟嘴上观察，东家发现青龙王浇菜非常神奇，只见他躺在菜园草舍中就把菜给浇透了。东家就问青龙王，让你浇菜，你却躺在舍中休息，无奈青龙王就向东家说明事情的真相：其实我是龙池的一条青龙，被兄长黄龙赶出家门，我想在你家栖身，等长大后，找大哥黄龙夺回龙池，但是要完成此事还需要你的帮助，在我和大哥交战前就要割上几十斤肉，蒸上几大锅馍，然后再准备些石块、砖，到龙池边等着。等交战时，如果池中出现黄水，就向池中扔石头、砖，如果池中出现青水，就向池中投大肉和馍。在东家的帮助下，青龙获胜占据了龙池，黄龙败逃到今黄龙岗的李家台。事后青龙王对东家说村名不要叫杨柳村了，就叫刘家沟吧，以后如有旱情取雨，不要说是杨柳村的，就说是刘家沟的。青龙王为了感恩刘家沟，所以村民每次祈雨，刘家沟总比别的地方下得早、下得多。

(**苗金明** 郑州市二七区樱桃沟小学)

"三全路"的故事

"大概所有的城市都会有一条中山路。如果没有,那一定有一条人民路,不然就有一条解放路。如果上面的都没有,那肯定有一条建设路。"这种高重复率的路名遍布全国各地,而每个城市的路名,又各有特点。

打开郑州地图,你会发现郑州各区道路命名都有自己的特色,比如在中原区,南北向以"山"命名、东西向以"河"命名,道路名称气势磅礴,如嵩山路、秦岭路、汝河路、淮河路、嵩山路、桐柏路、伏牛路、华山路等;郑东新区命名以"龙"字打头的道路不少见,其中,又分为"龙润""龙泽""龙腾"等几个"派系";高新区道路命名最有诗情画意,东西路称为"街",南北路称为"路",有枫杨街、翠竹街、梧桐街、冬青街、长椿路、雪松路、春藤路、石楠路、银屏路、金梭路等,路名里涵盖了"梅兰竹菊",在高新区,只看名字会以为误入"植物园";金水区则"经纬分明",经一路到经八路,纬一路到纬五路,不仅与经纬走向相同,利于分辨,同时和数字结合,条理更清晰;经开区的道路命名显得简单明了,直截了当,南北路从经开第一大街一直向后延续,东西路则以航海路为界,南北侧分别有经南一路至经南八路、经北一路至经北六路。

一个城市的路名不仅可以直接指代城市的道路,在数字化的今天,还具有重要的定位意义。路名也展现着一个城市的气质和性格,记录着城市的历史,展现着城市的美学,所以对道路名精细化管理就显得尤为重要。那么,道路命名的背后又有着怎样的深意呢? 在北环附近,有条名为"三全路"的东西向道路,这个略显特别的名字,背后又有怎样的故事呢?

165

"因为三全的老厂子在这儿,所以这条路就叫三全路。"

听到三全,相信很多人的第一反应就是"三全食品厂"。三全路的命名和三全食品厂确实有着千丝万缕的联系。郑州人口中的"三全",就是目前中国最大的速冻食品企业三全食品股份有限公司。乍看起来,三全路与别的市内道路无异,车流涌动,道路两边高楼林立。可每次走到这条路上,郑州三全食品股份有限公司董事长陈泽民都会有种别样的感受:"它是有故事的,也是有内涵和意义的。"作为三全食品公司的创立者,每每走到这条路上,他都会想到自己的创业往事。

"当时刚建厂,四周都是荒郊野地,并没有路,后来随着城市的发展新修了这条路,也就是现在的三全路。"陈泽民说。2008年,三全食品在深交所上市,为了嘉奖企业贡献,政府就将这条路的冠名权有偿出让给企业,从此这条路改名为"三全路"。

那么何为"三全"? 故事要从1978年说起。当时,崭新的时代气息扑面而来,年轻的陈泽民还是身在重庆的一名外科医生。1984年,陈泽民被调到郑州市第二人民医院当副院长,由于工作关系,他有了更多机会到广州、深圳等地出差,看到沿海地区越来越多的人富裕起来,陈泽民也受到深深触动,便萌生了创业的想法。

1989年,他和爱人向邻居借了1.5万元买了一台软制冰激凌机,创办了三全冷饮部,搞起第二职业,专门经营软质冰激凌,这也是三全食品最早的雏形。

1990年,郑州国营食品厂也开始生产冰激凌。实力上无法与前者抗衡的陈泽民想到很受消费者欢迎的汤圆。身为重庆人的陈泽民,一直有自己动手做汤圆的习惯,批量销售汤圆,储存是个大问题。陈泽民想起有一年冬天到哈尔滨出差,见当地人一次包很多饺子,吃不完放到户外冻着。于是他突发奇想:饺子能冻,汤圆也应该能冻。

3个月后,从原料配方到制作工艺程序,从包装材料到包装设计等,陈泽民拿出整体方案,做出了中国第一颗速冻汤圆,并先后申请速冻汤圆生产发明专利和外形包装专利。

那么,为什么会取名"三全"呢? 有人猜测说"三全"是指色、香、味俱全；也有人说"三全"是国家、集体、个人三全其美；还有人说"三全"是全面管理、全面质量、全面服务。每次听到这种种解读，陈泽民都含笑不语。

"其实，名字是我母亲起的，她是一名小学教师，她说你们这些搞个体户的，如果不是十一届三中全会，你们敢这样吗？"陈泽民说，"三全"就是感念十一届三中全会带来的改革开放，"如果没有十一届三中全会，我哪敢想做第二职业"。"没有解放思想，就没有我的今天，也不会有今天的三全食品。我把企业命名为'三全'，就是为了纪念党的十一届三中全会。"

"有时宵夜吃速冻汤圆，朋友跟我开玩笑说没你我们可吃不上。我说，没我你也能吃上，但没有十一届三中全会，没有改革开放，可就真吃不到了。"陈泽民笑着说。

三全食品伴随着时代的脉动不断发展壮大：1993年，三全食品厂正式成立，1998年改制为郑州三全食品有限公司，2001年变更为郑州三全食品股份有限公司，2008年，三全食品在深交所上市。经过20多年的发展，原来作坊式的小工厂已发展成为具有400个品种的大型企业集团。

从三全冷饮部到食品厂到食品公司到股份有限公司再到如今的上市公司，企业的名称、规模、组织结构、管理模式都发生了翻天覆地的变化。陈泽民的称呼也从"陈师傅"变成"陈厂长"再到"董事长"。他说："名头越来越大，但'三全'二字从来没有变过。"

陈泽民说，党的十九大以来，国家进一步改善民营企业发展环境，发挥企业家作用，有的地方还提出政府是企业的"店小二"，树立起强烈的为企业服务意识，这都让他备受鼓舞。

陈泽民最初的梦想只是希望通过办企业让家人过上更体面的生活，不承想，一颗小小的速冻汤圆最终走向全国、走出国门。"这些都得益于我们走的是一条改革开放的道路。"陈泽民说。

政策和产业交相辉映，良性互动，导致更多的速冻食品企业在粮食大省河南先后出现。除去肉食品加工外，速冻食品在河南也形成了一个"名片"产业，产品出现在全国各地的餐桌之上。

从无到有，从小路到主干道，全长12公里的三全路连接着郑东新区和西三环。40 年流光过处,改革开放的中国用无数普通人的故事、用活力与生机向世界宣告"有梦想谁都了不起"。

(刘蕊　郑州市公共交通集团有限公司)

有花月季　聚而成园

——郑州市月季公园

宋代杨万里曾有诗云："只道花无十日红，此花无日不春风。一尖已剥胭脂笔，四破犹包翡翠茸。别有香超桃李外，更同梅斗雪霜中。折来喜作新年看，忘却今晨是季冬。"

这"无日不春风"的花，便是月季。

月季，被誉为"花中皇后"，色彩艳丽，香气浓郁，花荣秀美，四季常开，深受国人的喜爱。

而郑州人对月季的感情，却又有升华，因为郑州市的市花，正是月季。1983年3月21日，郑州市七届人大三次会议批准月季为郑州市市花，自此之后，郑州就又多了一个别称——月季城。

为了凸显市花月季区别于其他花卉的不同，也为郑州市民提供一个赏"月"游玩的集中区域。2004年，郑州市政府在原郑州市城市园林科学研究所基础上，改建郑州市月季公园。2005年4月建成并对市民免费开放，同年成功举办了首届中国月季展览会。

郑州市月季公园位于郑州市西站路80号，公园南邻金水西路，东临嵩山北路西侧，西临西站东街，总占地面积76228平方米。它的建成，标志着月季在郑州终于有了一个固定的"家"，填补了郑州市花卉主题公园的一项空白，更是对郑州市市花月季乃至全国月季的发展起到重要推动作用，为广大市民提供了一个赏品月季、交流学习月季历史文化、休闲游乐的场所。

有花月季，聚而成园。

自建园以来，郑州市月季公园每年承办郑州市月季花展，多次代表河南省及郑州市组织月季展品参加国际、国内花卉展览，并取得优异成绩,目前已成为郑州市对外接待的重要窗口之一。公园建设采用现代园林设计手法,贯彻建设"生态园林"思想,突出月季主题,改造优化原月季品种园,大量充实月季品种和数量,配置优良乔木、灌木和花草,植物造景与园林建筑小品、地形融为一体,充分展示月季栽培、发展的历史文化。建成以月季为主题,体现"生态造园,以人为本"的宗旨,自然、和谐,融观赏、休闲、游乐、科普、研究为一体的公园。

2021年5月以来,公园又进行了全方位的提升改造和拆围透绿工程,工程建设中注重与原有景观的协调性和统一性,依托公园良好的现有基底打造景观品质优良的郑州市精品月季专类公园。依托现有水景并延伸,搭配太湖石和汉白玉石桥,形成优美、完整的水系景观。植物配置上,尊重场地现状,保留园内长势良好的乔灌及月季品种,结合月季应用展示,打造百米月季花溪、百米月季花廊、百米月季花墙等多处精品月季景观。同时改造提升结合拆围透绿还绿于民,把公园园景与城市街景相互融合,结合中原文化、中国古典园林文化和时代精致审美的特征和需求,整体凸显了宋式建筑风格,为公园景观增添了文化内涵。

如今的月季公园花更艳、香更浓,亭、台、轩、榭造型幽雅,月季文化底蕴深厚,设施先进功能齐全,就像一幅美丽的画卷,让人流连忘返,不但是融科研、科普、教学、观赏、休闲为一体的专类公园,更是郑州市的一张重要园林文化名片。

相比郑州市的其他公园来说,月季公园是年轻的,但毫无疑问,它承载了很多西区人民的记忆。曾经听一位游客朋友说,他和他的爱人就是在月季公园相识、相知、约会、恋爱,直到结婚、生子,月季公园就是他们两口子爱的见证。红色的月季切花就是爱情的象征,是每一对恋人表达爱意的最佳礼物,在月季花海的见证下,从恋人结为夫妻,更是一段浪漫的人生回忆。相信随着时间的推移,会有越来越多像这样美好的相遇在月季公园悄然发生。

还有不少已经退休的老年朋友说,是月季公园为他们提供了重要的活动场地,能够让他们约上三五好友,在鸟语花香的环境下健身、唱戏、聊天,享受退休后的老年时光,即使一个人生活也不会寂寞，因为来到月季公园，每天都能认识新的朋友，可以说，月季公园已经成为他们生活中不可或缺的一部分。

每年的"五一"前后，是月季公园举办月季花展的时间。在花展期间，园内数百个品种的几十万株各色月季花，在骄阳下盛放，为游客朋友们打造了一片花的海洋。国内外慕名而来的游客在这几天里，恨不得将月季公园的每个角落落都逛个遍，生怕漏看了哪一朵悄悄开在树丛草间的月季花。对于一些爱花人士来说，如果5月份能来到月季公园赏花，每走几步就有一片让人流连忘返的月季绽放，简直是一件比过年还高兴的事情。

在月季公园成立的近20年里，先后有一百多位园林人在这片土地上奋斗过。他们之中，有省五一劳动奖章获得者，有省建设劳动奖章获得者，有技术英杰，有先进个人……无论是谁，在自己的工作岗位上，他们都无愧于作为一个园林工作者的职责与担当，始终践行着自己的初心与使命，燃烧着自己的光和热，将月季公园建设得更加美丽，让游客们来到这里都能享受到"花中皇后"的魅力，使月季公园成为郑州一抹亮丽的风景线。

"月季只应天上物，四时荣谢色常同。"在历史悠久的文化名城郑州，在城市西方的一个角落里，有花月季，聚而成园。郑州市月季公园，坐落在这片古老而又年轻的土地上，像园内的每一朵月季花一样，向阳而生，蓬勃生长，向来往的每一个人，展示着自己的魅力，以梦为马，不负韶华！

（**孟思羽** 郑州市城市园林科学研究所）

固城村里说故城

——惠济区固城村村名考辨

　　在郑州北部,距离黄河南岸5公里的贾鲁河北岸有一个村子名叫固城村,它是隶属于郑州市惠济区新城街道的一个自然村。对于大众而言,"固城村"是个司空见惯的村庄称谓,毕竟这样的名字既普通,又无新意。但这样的名字对于历史学家或考古学家而言,多少会拨动他们胸中那根考据的弦。历史恰似一个善于捉迷藏的小孩子,他喜欢把真相藏起来,让你看不见具体而真实的过往,但是他不经意落下的文明线索,却会让后来的有心人发现这些奥妙,并找出其中的信息所在。

　　提起郑州,大家通常会想到这是一座具有千年历史的古都,那是因为她悠久绵长的历史与不断迭代的古代文化遗存。一座城的历史是不同时期历史与文化相互叠加、相互融合所沉淀出的结果。于是,在历史的长河中,一座城不但有了记忆,也有了自己的特征。大城如此,小镇、小村也一样。考古学家在野外调查时,听闻到一些地区或村庄的名称,往往会激起一种历史沧桑感,如"管城""古荥""东周"等历史地名,亘古有之、历久弥新。"故城村""古城村"等,看似普通,却足以启动考据心理,这些村庄名字里的"gu"和"cheng",其实就是历史小孩在躲藏自己时,有意留给世人的线索。

　　一个村庄在历史上被不断地界定,慢慢地也就具有了自己的名字与性格。而黄河南岸、贾鲁河北岸的这座名叫"固城"的小村庄不止一次地吸引了考古学家的眼光,"固城村""故城村""古城村"……这几个"gu"字固然不同,但是就发音而言差别并不大。"固"字或许就是古的意思,"城"则代表了在这一处的位置,应该存在着一座比较早的城址。那么这里的这座古城究竟是什么时代的城址？城址的面积有多大？又是谁的城呢？这些都是萦绕在考古学家心头的问题。

2017年开始，郑州市文物考古研究院为了配合该地区的基本建设，对贾鲁河北岸进行了详细的考古调查与发掘工作。其中，在对固城村周边区域的发掘中，发现了较为完整的文化地层序列与古代人类密集的生产生活遗迹现象。较厚淤积层下的明清地层中发现了许多古代窑址，证实固城村曾是闻名遐迩的窑厂的传闻。其下的唐宋地层中，也发现了许多窖藏坑与灰坑。更下方的汉代地层堆积较厚，遗迹现象也最为丰富，发现了许多灰坑、墓葬、水井等。在发掘区中，还发现了零星的商代文化遗存。这些遗迹现象为考古学家提供了重要的线索：这一地区所见的考古文化遗存从商代到明清皆有发现，却以汉代的遗存为主，尽管唐宋的遗存也有发现，但并不占主导地位。随着发掘和研究的不断深入，人们不由得发出疑问，此处在过去相当长的时期内人烟繁盛、商业兴旺、技术发达、交通便利，这里会不会存在一个唐宋以前的城址呢？这一地区发现的古代遗存究竟是哪座城内的文化堆积？

疑问一直压在考古人的心头，城究竟在哪里？是什么形制的？她有名字吗？她的生命力这样长久，是否在历史中留下关于她的只言片语？焦躁与痛苦，兴奋与不甘一起折磨着找不到答案的考古工作者。

2020年，疫情在华夏大地肆虐，固城北侧苏屯建设区的考古工作紧张有序地开始了，当太阳的光芒洒在考古工作区的工作剖面上时，考古人员正在忙碌地刮剖面。突然，一个年轻的考古队员惊叫道："这好像是夯土呀。"这一铲的发现，仿若按下了探索固城村逝去秘密的引擎。听到发现了夯土，在场的考古队员都聚了过来，通过多次的刮剖，大家确定了这就是夯土。有夯土的存在，证实了高等级建筑的存在，是城墙？是宫殿？还是别的什么遗迹？顺着这个刚露脸的遗迹现象，考古队员在可踏查的范围内对这一块夯土的厚度与分布范围进行了确认。经探查，夯土呈南北向条状分布，并且超出了发掘区域。这一发现令大家振奋不已，我们已经找到了与城内堆积相呼应的建筑遗迹了，这应该是一座古城，原来"固城村"的附近真的有一座城。

由于发现了古城城墙的这一线索，考古人员以城墙为中心展开了细致多样的考古工作。通过全面调查、考古勘探、区域发掘、重点解剖等工作，考古人员掌握了这座地下古城的基本面貌。这是一座南北向分布的古代城址，南北宽1000米左右，东西宽700米左右，城址面积可达70万平方米。在对城墙进行解剖之后，考古学者发现该城址的城墙在夯筑时历经三个时代，分为三次四段夯筑而成。一期城墙位于最东侧，二期城墙依托于一期城墙，并利用一期城墙的壕沟作为基槽分两次夯筑二期城墙。三期城墙利用二期城墙壕沟做基槽夯筑城墙墙体。至此考古学家对于这座城址的分布范围与面积有了了解，同时对城墙的时代也有了清晰的认知，根据城内地层关系、城墙、遗迹的各种打破关系，初步确定城墙为不同时期所筑。其中一期城墙修筑时间应为东周；二期城墙是在最早城墙的基础上扩建，规模最大，时代应为汉代；三期城墙时代应为唐宋。城墙的解剖结果与文化层的堆积时代极为契合，且相互照应。考古学家勾勒出这座城大体的历史发展脉络——始筑于东周，盛于汉代，终于唐代。

这座位于黄河南岸、贾鲁河北岸的庞大城址，究竟有什么样的过往，又应该叫什么名字呢？这成了考古工作者思考的新问题。依照王国维先生提出的"二重证据法"的中国史研究方法，考古工作者把目光从室外转向了史册与文献，在浩瀚的历史典籍、史志文献中苦苦寻找"固城"这两个字的出处。苍天不负苦心人，功不唐捐，玉汝于成。在《民国郑县志》中，考古工作者发现了"苏屯，毛庄，……固城，杨庄"的村庄名称的记载，与固城村并列的这些村庄目前也都存在，并且彼此为邻。在更早的《乾隆郑州志》中，也有"固城砦，在州北"的记载。其中"州"为郑州，固城在郑州北部地区，名字叫作固城砦。明代学人在校勘《水经注》时曾将"故市县"标注为"固市县"。由此可知，故市县和固市县都是这里曾经使用过的地名，现今所沿用的"固"字应该源于明代，而其早期的称谓为"故市"，是汉代阎泽赤的封国。在唐代的《太平寰宇记》中有"故市城,在今县西北三十里,汉为县,后汉省。徐晃击袁绍军于此"的记载。这里所讲的故市城与故市县应该是同一座城,在唐代它被称为故市城。北魏的郦道元在《水经注》中也有同样的记载:"又东北迳故市县城,汉高帝六年,封阎泽赤为侯国。"在《三国志》中也有关于这座城的记载:"又与史涣击袁绍运粮车于故市。"由此,我们进一步确认了这个固城村应该就是文献记载的故市县城。

故市县城由何而起?为谁而建?在汉代的文献中,我们发现了关于这座城最早的记录。其中在《汉书》中就有"故市"作为城址存在的记录。"河南郡,故秦三川郡……阳武……巩,谷成、故市,密,故国。"而在《史记》则记录的更为详细,"故市侯,以执盾初起,入汉,为河上守,迁为假相,击项羽,侯,千户,功比平定侯"。这段文献对于故市城的研究有着非常重要的作用,也是关于故市城目前所知最早的记录。通过这段文献,我们对这段历史有了清晰的认知。秦末,楚汉相争,阎泽赤作为刘邦阵营的得力干将,从士卒做起,为刘邦立下了汗马功劳,后来由于功绩卓著,作为河上守,治理黄河河道,最高曾做过代理丞相,后来,这位西汉的开国元勋被封为故市侯,是故市城的城主。在《史记》中有:"六年四月癸未,侯阎泽赤元年。""九年,夷侯毋害元年。""后四年,戴侯续元年。""孝景五年,侯谷嗣。""元鼎五年,侯谷坐酎金国除。"通过这些文献,我们得知,阎泽赤在任故市侯之后三年便辞世而去,他的儿子夷侯阎毋害接替了城主爵位。在吕后执政期间,吕后四年(公元前184),阎泽赤之孙戴侯阎续继承了城主侯位。孝景五年,其玄孙阎谷继承侯位,至武帝时期,由于酎金案,失去了爵位,封国也被除去。从公元前201年故市侯国立国,直至公元前112年侯国被废除,在这近百年的历史中,故市侯国从立国到失国,经历了四任侯主。至此,我们为固城村地名的来历也找到了最初的起源。

历史总在不断地变迁,例如固城村的村名,从故市侯国(西汉早期)→故市县(西汉)→故市县(北魏)→故市城(唐宋)→固市县(明代)→固城砦(清代)→固城(民国)→固城村(中华人民共和国)一路走来,看似变化多端,但也总有些是不变的,那就是沉淀下来的历史与文化,他们把自己的辉煌与过往藏在这简单又不普通的名字里,含蓄而深沉。

　　考古工作者通过自己的工作,为现存的固城村找到了属于她的历史与荣光。回溯这段历史,我们看见了,我们发现了,我们也证实了:固城村所在的这一片土地,文化自商代星火初显,并且在东周时期筑土成城,汉代之时依旧城而造新城终成蔚为大观,在唐宋之际又渐近繁华,而后便淹没于淤土之下。

　　所有的一切都看似已经终结,但是,这对于考古工作者而言,这只是个开始。历史是一层层叠加过来的,在这一块土地上,我们在这一区域曾发现过更早的文化遗存,而这样的遗存也将会是善于捉迷藏的历史留给我们的下一个有意义的文明的碎片。

　　　　　　　　　　　　　　　　(**刘文科**　郑州市文物考古研究院)

五代井——"愚公"精神永传承

　　我的家乡在新密市屈咀村,村子里有一口老井,相传是自清朝光绪十五年(1889)开始历经五代人用近百年时间建成的井,故名曰"五代井"。村里的老一辈人常讲"五代井"一步步挖掘建成的故事,讲他们对这口井的执着,但那时的自己懵懵懂懂,感受不到吃水的困难。如今想来,"挖井人"秉承着"一不怕苦、二不怕死"的"愚公"精神,凿石掘井一心为民,只有经历过没有水的艰难日子,才能真正感受到"吃水不忘挖井人"。

　　犹记我小的时候,村里的生活用水已不那么困难,父亲却告诉我在20世纪70年代之前,缺水已然成了村子的一大难题。因屈咀村地处雪花山下,地势沟壑纵横,土薄石厚,地表雨水奇缺,凿井难,村民们总是要跑十几里路到别的村挑水吃,而村里的庄稼也因缺少水源无法得到充分灌溉,只能寄希望于风调雨顺,因此十里八乡都流传着这样一句民谣,"屈咀干河沟,缺水望天愁。望穿多少眼,白了少年头"。"屈咀村"的名字也是由他乡人口中的"缺水村"日久口误而来。先辈们为了生存,曾在清朝时期痛下决心凿石掘井,但因当时技术落后,凿井难见成效而后便间凿间歇。直至1948年密县解放后,屈咀村村民们继承先辈愚公之志,并请省水利专家进行科学定位,战寒冬、斗酷暑,凿石掘井20载,终于在1968年胜利凿穿石井,并创造了人工凿石井深152米的中国记录。至此,屈咀村世代"吃水贵如油,庄稼靠天收"的困境才彻底改变。

　　有了水,人们的生活才能有保障;有了水,庄稼才能顺利生长。"五代井"的开凿,不仅解决了2000多口村民用水难的这一民生问题,更是使得我们村1000多亩庄稼的全覆盖灌溉成为可能。提起

"五代井"，父亲总是很自豪地告诉我，"当年'五代井'打出来水的时候，你二伯还在井旁边拍纪录片呢"。因为村里缺水，从记事起二伯便一直往家里挑水吃，小时候挑不动就挑半桶水，长大后便整桶整桶地挑，每天都是先把姥姥家的水缸挑满，再把自家的挑满，因为家里穷买不起平板车，这样来回跑上五六趟，一天便过去了。自从"五代井"出水后，二伯每天排队从井里打水回家也就不到一个时辰的工夫，这可比之前幸福多了。再后来村里又建了胜天渠，打出的井水顺着水渠流到各个生产队的田地里进行灌溉，这一利民措施也引得全国各地的人们来慕名参观。二伯说那时候自己还参加了中央电影纪录片厂拍摄的纪录片，纪录片里的他穿着奶奶给新买的上衣，头戴鸭舌帽，开心又自豪地喊着："'五代井'出水了！"可惜那时候信息还不像如今这么便捷，未曾留下照片。

到了 20 世纪八九十年代，随着家庭联产承包责任制的推广，村里的庄稼已不再需要统一灌溉，而是包产到户由农民自己去负责完成整个农业生产周期内的全部生产任务，"五代井"与胜天渠也就失去了其统一灌溉庄稼的作用。因为受到改革发展浪潮的影响，屈咀村也渐渐摆脱贫困的影子，各家各户都开始走出"土房子"，用水泥板砖盖起了平房，并在院子里建上蓄水池，每次下雨都会在平房上摆上空桶，将接到的雨水倒入蓄水池中以供家用，雨水不足的时候，村里也有供水车可以随时买水回来用，生活用水全靠"挑水吃"已然不再是时代"主流旋律"，久而久之，"五代井"也渐渐淡出了大多数村民的视野之中。直到 20 世纪末，在新密市政府的规划下，宽敞的马路修到了屈咀村，农民有了更多的从业选择，耕地已不再是村民们的主要收入来源，家家户户也都架上了自来水管，再加上填坑修路等城镇发展需求而导致井水逐渐变浅甚至枯竭。至此，为屈咀村服务了二十多年并见证了时代变迁的"五代井"也便彻底完成了它的光荣使命。

"五代井"虽没有给我们这些后辈留下太多印记，却将这份凿石掘井的"愚公精神"深深烙在我们心中。后来在"五代井"井房旁，村民们精心设计雕塑了一座六角亭，亭内基座上矗立着一座宽 0.8 米、高 1.8 米的四面围成的石碑，碑上记录了断水之苦、凿石之艰，以"励后人之志耳"。时隔多年，再去看碑文时我仍会感慨万千，"当五星红旗飘扬，华夏改元，吾村贫苦农民听命于中国共产党及毛主席的号召，愚公移山改造中国，村党支部以王天成为代表帷幄运筹，举村老幼寒暑苦战，历二十余春秋，终于一九六八年凿穿盆石，掘出海内闻名之三十丈石井，惟我国人工深井建设之圭臬！抑亦吾村水利建设之发端"。虽未亲身经历，但是内心仍会叹服党的号召力量、人民团结的力量、先辈们持之以恒的力量，"举村老幼寒暑苦战"，万众一心方可成就大事。

如今的我离开了家乡，投身轨道交通事业，而我的家乡屈咀村也已不再是当初"缺水望天愁"的小村子了，现在已经成为家家户户衣食无忧、生活富足的平安路社区，人们也都架起了自来水、买上了汽车、盖起了楼房，生活越来越美好，人民越来越幸福，而这些翻天覆地的变化无一不与党的正确领导息息相关，无一不与屈咀村的人们向着美好生活而不断努力息息相关。

近几年，根据新密市城市发展要求，我们村也有不少地方进行了迁徙，"五代井"所在生产队也在其中，拆迁区域内的建筑虽已全部推平，却唯独留下了"五代井"旧址和其纪念亭，它就像是坐在村里的一位饱经风霜的老者，向后辈们不断讲述着一个时代、一种精神、一份传承。

附：五代井纪念亭碑文

五代井碑文（抄录版）：

五代井乃吾城关镇雪花山下屈咀村之饮灌井，吾乡丘陵起伏土薄石厚，地表水奇缺地下水难掘。世世代代吃水贵如油，庄稼靠天收，如逢旱灾，贫苦农民便一根扁担挑两筐，拖儿带女逃他乡。

一九四三年大旱，吾村三百五十户千八百余口，逃荒者百五十又三户四百九十又二口，饿死者五十又二人，卖儿鬻女者三十又八人。

故有民谣曰:屈咀干山沟,世代发水愁,望穿多少眼,白了多少头。吾村邻人以"缺水村"谐音称之。解决人畜用水,诚吾村数代人之夙愿也。

昔日清朝同治年间,先辈便集资凿井,一升石渣一升粮,然井未足丈遂财尽粮竭,半途而废后敛资频仍间有掘凿,解放前终止挖掘。

当五星红旗飘扬,华夏改元,吾村贫苦农民听命于中国共产党及毛主席的号召,愚公移山改造中国,村党支部以王天成为代表帷幄运筹,举村老幼寒暑苦战,历二十余春秋,终于一九六八年凿穿盆石,掘出海内闻名之三十丈石井,惟我国人工深井建设之圭臬!抑亦吾村水利建设之发端。

后又机钻十又六丈,计四十又六丈。耗工二万又一千,资八万又四千,使田千二百亩得以灌,民二千有余得以饮。

此井自清代开凿至今历五代始成,故名之曰:五代井。

特为此文以记其开凿之艰辛而励后人之志耳!

定井者:省地质局工程师 钱昂 贾学彦

掘井者：王天成　王寅　王兑　王栓　张二卿　张石头　张驴　张合义　王老虎　陈结石　张德枝　王朝　王中朝　王建章　张元　张东林　张进财　李创成　张德现　王国立　王太顺　王文灿

（**张筱筱**　郑州地铁集团有限公司运营分公司变配电工程师）

五代井——『愚公』精神永传承

181

朝阳沟

"一座城市的魅力是由久远历史的沉淀和博大精深的民族文化凝结而成的。"郑州作为中原城市群核心城市，国家重要的综合交通枢纽，也有着自己独特的历史底蕴。5000年前，中华人文始祖轩辕黄帝出生并建都在郑州这片土地上。自此，在这片土地上，人们开始繁衍生息，创造了属于自己的文明。

即使我们对豫剧不是很了解，但也应该听说过这个名字——《朝阳沟》。老一辈的人总是将它挂在嘴边，曾看过这样一段评价："豫剧《朝阳沟》在中国现代戏的历史上所具有的独特的品位和所拥有的特殊地位是无可争辩和替代的。"而这么经典的作品，正是从郑州登封朝阳沟这片土地上孕育而出的。从中，我们不难看出，朝阳沟的名字也是由此而来。1957年，杨兰春在曹村生活，收集素材，创作了这个著名的作品《朝阳沟》。而后，村民与干部就与乡镇申请更名为朝阳沟。在此之前，朝阳沟的名字为曹村。据历史记载，在唐朝时期当地已经形成了村落，多数村民姓曹，称为曹村。

艺术源于生活，我们透过《朝阳沟》这部优秀的艺术作品，也能窥探到朝阳沟深厚的文化底蕴，多彩的人民生活。《朝阳沟》描写高中毕业生银环到未婚夫拴保的家乡朝阳沟参加农业生产，遇到了一连串困难，思想上发生动摇。在中国共产党基层支部和群众的帮助下，又由于在劳动中培养起来的对土地和庄稼的深情，她认识到农村也是知识青年贡献力量的广阔天地，终于在农村扎下根来。

"山沟里空气好实在新鲜，朝阳沟好地方名不虚传……"这便是《朝阳沟》中的经典台词。2006年，朝阳沟村被郑州市批准建设

"朝阳沟郑州市级森林公园",先后累计投入资金 5000 万元进行绿化美化。2009 年,又在朝阳沟森林公园投资 100 万元高标准建设了"杨兰春文化园",如今这里已成为朝阳沟村文化旅游开发的一个最亮景点。2010 年,又对朝阳沟水库进行了整修加固,恢复了湖面碧波荡漾、水鸟游弋的美景。两岸青山对峙,沿街绿树成荫,再现了"朝阳沟好地方名不虚传,在这里一辈子我也住不烦"的佳话。2013 年又投资了 1400 余万元,完善了街道树绿化、公园补植、道路修缮等基础设施建设,借助《朝阳沟》的品牌优势,全力打造一线的旅游观光胜地。一改昔日的容貌,朝阳沟的发展也越来越欣欣向荣,一切都建立在文化底蕴上,韵味越来越浓。

"走一道岭来翻一架山,山沟里,山沟里空气好实在新鲜……朝阳沟好地方名不虚传,在这里,在这里一辈子我也住不烦啊……"这是中国豫剧现代戏《朝阳沟》里女主角银环的经典唱段。而如今,随着朝阳沟的不断发展,这里真的成为宜居之处。"一村两戏传华夏,天下无二独一家。"不论历史如何变化,经典永不过时,《朝阳沟》会被人们世世代代传唱下去,朝阳沟也会在党的带领下,一切向更好的方向发展。正如那句话所言,"我们都有美好的未来"。

(**孟庆梅**　郑州公交第三运营公司 318 路调度员)

"二七"精神伴我行

1921年1月,在中国共产党的领导下,郑州铁路职工学校创立,铁路工人高斌、姜海士等人于夜晚来校上课,故称"工人夜校"。武汉共产主义小组成员赵子健从北京被派到郑州铁路职工学校任教,并任代校长。他从调查工人情况入手,向工人讲授文化知识,启发工人觉悟。1921年3月,李大钊到郑州视察和指导工人运动,到夜校向工人介绍俄国十月革命,宣传马克思主义,号召工人组织团结起来,工人夜校很快成为联络团结工人的阵地。8月,中国共产党成立了领导工人运动的机关——中国劳动组合书记部,邓中夏任主任。9月,由高斌等48位夜校学员发起的郑州铁路工人俱乐部成立。

在中国共产党的领导下,京汉铁路16个分工会组织如雨后春笋般建立起来,并决定于1923年2月1日在郑州普乐园(今钱塘路二七纪念堂)举行京汉铁路总工会成立大会,此举吓坏了帝国主义和封建军阀吴佩孚,他们对工人成立总工会又恨又怕,下命令阻止总工会的成立。

1923年2月1日清晨,各地代表1000多人从郑州车站出发,向总工会成立大会会场——普乐园挺进,行至钱塘里(现钱塘路)北段时,突然被军警阻拦,双方僵持2个小时,最后,代表冲破军警阻拦,直奔普乐园,撕下封条,砸开铁锁,冲进会场,郑州分工会委员长高斌庄严宣布京汉铁路总工会成立。反动军警恼羞成怒,包围会场,殴打工人、破坏大会,驱逐代表,郑州陷入白色恐怖之中。为了抗议军阀对总工会的破坏,在中国共产党的领导下,总工会当晚召开紧急会议,决定2月4日举行京汉铁路全线总罢工,并将总工会迁移江岸办公。

2月4日上午9时,郑州铁路工人领袖高斌拉响了京汉铁路大罢工的第一声汽笛,揭开二七革命斗争的序幕,郑州成了这次大罢工的主要策源地,3个小时之内,南到江岸,北至长辛店,京汉铁路全线3万多工人实行了总同盟大罢工。长达1200多公里的京汉铁路顿时全线瘫痪,交通断绝,商运停滞。

2月7日,反动军阀在江岸、郑州、长辛店及其他各站,对手无寸铁的工人进行了血腥屠杀。工人运动领袖林祥谦、劳工律师施洋、郑州铁路工会委员长高斌等52位同志壮烈牺牲,300多人身负重伤,40多人入狱,1000多人被开除,这就是骇人听闻的"二七惨案"。由此,全国工人运动暂时转入低潮。

"二七"京汉铁路工人大罢工,是"五四"运动后中国工人阶级的一次伟大斗争,充分显示了中国工人阶级坚定的革命性、坚强的战斗力和大无畏的牺牲精神,扩大了作为工人阶级先锋队的中国共产党在全国的政治影响,形成了"二七精神",在中国革命史、中国工运史上写下了光辉的一页。在不同时期,"二七精神"有不同的内涵。民主主义革命时期,"二七精神"体现为反帝反封建的爱国主义精神,不畏强敌、不惧牺牲的英勇斗争精神和铁肩担道、勇立潮头的精神。社会主义建设时期,"二七精神"体现为克服困难、不怕牺牲的献身精神和全心全意为人民服务的奉献精神。改革开放时期,"二七精神"表现为以改革、奉献、拼搏争先为主要内涵的火车头精神。

从1922年1月到1923年2月,在中国共产党创立初期的第一个工人运动高潮中,全国罢工斗争达100多次。二七大罢工是其中最著名的工人运动之一,虽然在帝国主义及封建军阀的残酷镇压下失败,但罢工斗争对中国革命和中国工人运动都有深远的影响。它是中国工人阶级在中国共产党领导下进行的一次空前的工人运动,其经验教训奠定了中国共产党领导下的工人运动的基础,为中国共产党第三次全国代表大会制定统一战线的方针、政策提供了重要依据。二七大罢工在中国工运史、中国革命史上留下最为灿烂的一页,"二七精神"成为激励人们继往开来的宝贵精神财富。

(马胜利　第三运营公司二车队)

凤凰台大米

在金水区,有不少和"凤"字有关的路,比如:凤凰路、凤鸣路、玉凤路,这是因为毗邻凤凰台村而得名。郑州凤凰台位于郑州旧城城东偏南,是古郑州八景之一凤台荷香的主景。

凤凰台在近代闻名缘于一种叫"凤台仙"的大米。在凤凰台村土生土长村民的记忆里,他们这里有种"神米"。从前的凤凰台以北不足百米之处有一眼泉,四季不淹不旱,农民在泉水漫过的那片土地上种下稻子,产出来的大米一头粗大,一头尖细,颇似凤凰的眼睛,最为神奇之处在于这种大米蒸熟后可以"粒粒不倒,颗颗直竖",香气扑鼻,吃起来香软可口,食后香味绵绵。夏天的剩饭还不易变味。当地人称之为"凤台仙",也叫"大白芒"。"稻子的'芒'有两寸多长。""凤台仙"在明清两代已成为"贡米"。20世纪70年代听老人说,凤凰台过去有梧桐树,招来凤凰,至此有了仙气。这仙气据说就是"地气",好比郫县豆瓣酱,只有郫县某一个地方才能生产制作出最佳的豆瓣酱一样,得益于风水地气。而郑州凤凰台的地气很神奇,一直在方圆多少里之间来回徘徊。某年某块地出了仙米,第二年那块地就不一定还能出仙米。地气转到哪里,哪里才能产出,而且产出的仙米必须上交朝廷。这仙米就叫"凤凰台大米"。

凤凰台大米晶莹如玉,甚至透明发亮。在那里所种的大米几乎等同于凤凰台大米,饱满狭长如凤眼,晶莹剔透似白玉,而且我们种的大米也很像传说的凤凰台大米那样,蒸熟时一个个米粒都竖立了起来。年长的村民回忆,1960年,"凤台仙"丰收,他们特意精心碾了一百斤凤凰台籼米,到北京敬献给毛主席。"舂米的时候特别仔细,都是在干净的桌子上轻轻甩打出来的,一颗颗白白净净的。"可惜的是,这种大米产量极少,如今凤凰台村健在的80岁的老人尚没有尝过"凤台仙"的味道,而且其种植面积小,只能在凤凰台的自来泉附近生长,无法推广。到20世纪80年代,凤凰台附近相继开发,生产"凤台仙"的稻田被占,"凤台仙"从此绝迹。当地人觉得很遗憾,当时没留心,连个稻种也没保存。

凤凰台如今已经大厦林立,凤凰台早被夷为平地,田地也没了,十分可惜!

如今的凤凰台村开发改建,老居民都搬进了小区安置房。站在已经满是钢筋混凝土的凤凰台,想着唐代诗人罗邺写凤凰台的诗"却羡无愁是沙鸟,双双相趁下斜阳",世界早已经变了模样。

（**马胜利** 第三运营公司二车队）

凤凰台大米

虎牢关

虎牢关,又称汜水关、成皋关、古崤关,是古京都洛阳东边门户和重要的关隘,位于今河南省荥阳市西北部 16 公里的汜水镇境内。虎牢关作为洛阳东边门户和重要的关隘,因周穆王在此牢虎而得名。此关南连嵩岳,北濒黄河,山岭交错,自成天险。大有"一夫当关,万夫莫开"之势,为历代兵家必争之地。

虎牢关属古成皋县,公元 598 年隋朝改成皋县为汜水县,唐朝以后称为汜水关。《穆天子传》的记载大意是:天子猎于郑,有虎在乎葭中,七萃之士擒之以献,命畜之东虢,是曰虎牢。

从荥阳汜水镇西行,过汜水河,即为虎牢关。这是明清时期的虎牢关布局。虎牢关村村民王小生仍记得这一时期虎牢关的构造:巍然耸立着雄壮的关门、关墙,一夫当关,万夫莫开;关门之西即为三义庙,是为感念刘、关、张三英战吕布而建。明清时期,虎牢关杳然已逝,但其布局及残迹尚在。它们残留在三英战吕布的历史演义中,依稀这里就是三英战吕布的真正战场。事实上,明清至今的虎牢关布局,已非"三国"时期的虎牢关布局。洗去"三国"的脂粉,虎牢关自有其不灭的历史光芒。只不过,长久以来,虎牢关的历史光芒,被《三国演义》的历史演义覆盖,《三国演义》虽然使虎牢关名扬天下,但同时也毁掉了虎牢关的历史之实。

汜水河南北流向入黄河,水入黄河处的土塬岭 20 米处,悬一铁链,号称张飞绊马索,土塬顶有点将台一方仍在。汜水桥向东是汜水村,原是镇单位,镇时就是汜水关,关分上下,下为汜水村,上为上街村。其上下由一深沟为称,沟底为河道,沟项则是豫东平原伸向这里的平坦地面的尖尖处,因豫东平原入新郑地势渐升,入郑州渐走窄成三角锥形，其南是嵩山余脉阻挡，其北是黄河坝岭，受两地势夹成三角状。

新中国成立后，关门、关墙、三义庙被毁，三义庙中的古碑则被拉到汜水河铺桥，如今残毁大半，又被拉回到新修的三义庙旁，其上刻字模糊，历史的记忆含混不清，唯有三义庙前的一通古碑，残留明清时期虎牢关的旧影：这通古碑刻于雍正九年（1731），高约2米、宽约0.7米，上部已经断裂，楷书"虎牢关"三个大字，苍劲有力。这是明清虎牢关仅存的印迹。

走出"三国"的影子，虎牢关面目隐约。虎牢关之名，源自西周时期。据《水经注·河水》记载，周穆王姬满在圃田泽打猎，命随从掠林惊兽时，忽然看到有老虎在芦苇丛中游荡，"天子将至，七萃之士高奔戎生捕虎而献之天子，命之为柙，畜之东虢，是曰虎牢矣。然则虎牢之名，自此始也。秦以为关，汉乃县之"。

在周穆王"柙虎"于此之前，汜水是周武王之弟虢仲的封地，史称东虢；因"柙虎"于此，方有"虎牢"之说。"虎牢"之名，并非一成不变，随着朝代更替，屡有变化。自秦代起，开始在"虎牢"设立关口，名之为虎牢关。东汉建武元年置成皋关，东汉灵帝中平元年设旋门关。魏、晋为黄马关。隋设金堤关。东晋太宁三年赵主石虎讳虎为武，唐代避高祖李渊祖父讳，亦改虎为武，称虎牢关为武牢关。北宋大中祥符四年，真宗以虎牢关为"玉关之枢会"，"鼎邑之要冲"，诏改为行庆关。明洪武四年改虎牢关为古崤关。明晚期至清复为虎牢关。因在汜水之西，有时也被称为汜水关。这些关口名字虽然更迭，但其位置大致就在"虎牢"之地，而作为一个地理概念，"虎牢"的范围涵盖汜水镇一带广泛的地区，春秋时期也曾在此筑虎牢城，某个时期很可能并非只有一个关口。

周武王伐纣克商后，将商都定在陕西西安。封周文王的两个弟弟，也就是武王的两个亲叔叔虢仲、虢叔分别为东虢国君王、西虢国君王。西虢国在今天陕西宝鸡陈仓一带，东虢国就在河南荥阳汜水镇一带。东西虢国分别在王畿的左右，作为商都的藩屏。周幽王三年，攻打褒国，今天陕西汉中中部、留坝县以南地区，褒国兵败，献出美女褒姒祈求投降。从此周幽王异常宠幸褒姒，终日沉迷酒色、不理朝政。

郑恒公见周幽王疏于朝政,料想国家即将再起战祸,便在谋士的建议下申请来到了东虢国与邻国的交界处,建立了郑国。"子颓之乱"中,郑国因平乱有功,周惠王将虎牢以东的土地赐给了郑国。之后又被晋国占领。韩国在虎牢消灭郑国后,虎牢再次易主,成为韩国土地。一直到秦庄襄王派蒙骜攻打韩国,韩国又将虎牢献给了秦国。此后秦朝在此设置关卡。虎牢关因南连嵩岳,北濒黄河,山岭交错,自成天险,自此成了兵家必争之地。

楚汉战争时期,刘邦彭城之战兵败之后,项羽的楚军乘胜追击。当刘邦撤退到荥阳的时候,不再走了,选择在这里反击项羽的楚军。当然此时萧何已从关中补充了兵员过来,刘邦也让韩信、彭越、英布等过来荥阳会和,当然还有最重要的一点就是,荥阳是函谷关的屏障,过了函谷关就打到刘邦关中老家去了。当时楚汉实力相差悬殊,项羽兵力几倍于刘邦,荥阳的特殊地理位置,也是最适合打消耗战。

刘邦在张良等谋士的建议下,两次放弃成皋,又两次夺取成皋,运用大纵深长线作战,最终消耗掉项羽实力,并于此消灭项羽手下第一大将龙且。项羽迫于无奈选择休战言和,双方签订了历史上有名的"鸿沟协议"。然后就在项羽退兵,准备回彭城守卫彭城抵御灌婴的时候,刘邦撕毁协议,突然对项羽楚军发动战争,并进行大规模的战略追击,直至垓下之战项羽兵败后,乌江自刎,楚汉战争宣告结束。

作为军事战略重地,历史上也有非常多的军事战役发生在虎牢关。春秋鲁隐公击败燕国军队;战国时期齐、楚、燕、韩、赵、魏六国驻兵虎牢关和秦国对抗;楚汉争霸时期,刘邦和项羽在此打了著名的"成皋之战";东汉末年,刘备、关羽、张飞在此大战吕布,史称"三英战吕布";唐太宗李世民也曾在此大战隋朝末年的河北农民起义首领窦建德;南宋时期,金兵入侵江南,岳飞曾在此处大破金兵于竹芦渡;之后的元朝、明朝、清朝虎牢关仍旧战火不断、杀声时起。虎牢关为古代帝王们争夺天下留下的历史遗迹。

自周穆王圈养猛虎而得名虎牢关,秦朝时期在此设置关卡,称虎牢关。东汉光武年间,更名为成皋关。东汉灵帝时期,又更名为玄门关。司马晋、北魏时期更名为黄马关。五胡乱华时期,赵国国主叫石虎,忌讳虎字,更名为武牢关。隋朝杨坚时期更名为金堤关。到了唐朝李渊时期,避讳祖父,再次更名为武牢关。北宋时期,宋真宗谓虎牢关"玉关之枢会""鼎邑之要冲",下诏书改名为行庆关。到了明朝朱元璋时期,更名为古崤关。明末至清初,最终被更回虎牢关,因在汜水镇,也称汜水关。

而今在荥阳市的西北,昔日的虎牢关已变成了虎牢关旅游区。该旅游区把虎牢的路拓宽重修,扩修了关羽三义庙,重新修整了当年吕布使用过的点将台,并在黄河渡口提供非常多的船只,供游客乘坐、休闲、饮食。

(马胜利　第三运营公司二车队)

虎
牢
关

洛达庙村

随着城中村的拆迁改造、各种新地标的拔地而起,郑州的面貌发生了巨大变化。记忆中的城中村,正从郑州版图上渐渐消失。郑州的村庄名,看似平淡稀奇,背后却有着一个个动人的故事和一段段惊心动魄的历史。村庄也许会消失,这些故事却在人们的记忆中难以抹去。

洛达庙村位于今陇海西路与西三环交会处东北侧。洛达庙村原名"奉寨"。传说,不知何年何月有一商人落魄至此,见村头土地庙残破不堪,土地爷塑像几乎倒塌,不禁心生感慨,遂上前祭拜。祷告曰:若保佑我日后发达,来年定重塑金身。果不其然,该商人自此生意兴隆,财源滚滚。商人也力践前言,来此重修了土地庙,重塑了土地爷塑像,庙名为"落达庙",意为"落魄后自此又发达"之意。因庙宇形式气派,土地爷塑像慈善端庄,引来十里八乡百姓祭拜,土地庙香火日益鼎盛,人们逐渐将该村名字改为"落达庙"。新中国成立后,又称"洛达庙"。

洛达庙村村民以宋、冯、郑为三大姓。宋姓何年何月迁徙至此,至今已无法考究。冯姓迁居时间大概在清道光末年,郑姓比其晚20年左右。据郑姓老辈人传说和《郑氏家谱》记载,其祖迁移洛达庙也有一段"龙王爷喝水"的故事。郑氏祖先原为密县岳村人氏,是战国时期郑国后裔。明朝年间,因官府征集修茸郑州城隍庙匠人,来到郑州。初居城隍庙前名叫"庙道街"一小巷,后落户贾鲁河畔郑湾。一年后,贾鲁河发大水,郑湾被淹,村中龙王庙也进了水,龙王塑像泡在水中。村民纷纷传说:"龙王爷喝水,了不得。"洛达庙郑氏先祖恐此事对家人不利,遂携全家迁至郑湾村东坡顶居住。此地距洛达庙村不过半里地之遥,随着人口繁衍,房舍增多,逐渐与洛达庙村连在一起,遂成村中大姓。

　　此外,洛达庙村还是著名的夏商遗址。1956 年,在该村发掘出两座商代窑址,出土了大量文物。

(赵青　第三运营公司 269 路)

洛达庙村

商城路上塔湾的塔和硝滩的滩

行走在郑州的街头巷尾，从南到北纵横交错着太多的路径，不要说是郑漂，就连土生土长的郑州人，都很难认得每一条道路，而关于这些道路的历史真相，能够说上一二的人更是少之又少。然而，正是这些小巷胡同，构成了这座城市难以抹灭的历史记忆……

在管城区商城路上有两条小路，如果不是老郑州人可能都不知道这两条路的来历。

在商城路城隍庙西面，是南北走向的"塔湾路"。虽然曾经在这条路上来来回回走过数次，可第一次得知它的名字的时候，还是觉得像是横空跳出的一条新路名，然而，细细追寻它的历史脉络才得知，这里原来是唐代开元寺的故址。

寺前原有一座北宋时期重建的佛教舍利砖塔，昔日这里景色清幽，古塔耸立。郑州八景之一的"古塔晴云"，就是指这个地方。1938年，日军入侵河北后，郑州受到威胁，驻郑国民党军队用炸药对塔进行爆破，炸了几十次后，古塔西墙部分倾塌。1941年，日军第二次进攻郑州，许多人躲入塔内，日军炮轰使塔体坍塌，砸死30多人。塔毁后，仅留有塔基埋入地下。1974年，从舍利塔塔基挖掘出碑记、墓室、佛像等石刻后，塔基填土、封实，从此塔迹完全泯灭。现在，开元寺的两座石经幢（唐代刻石）和塔基内出土的文物，都在郑州市博物馆妥善保存。开元寺舍利塔原来所处的地方，后来被叫作"塔湾"，这个名字一直沿用到今天。

在和塔湾路交叉的一个路口有一条路叫硝滩街，郑州人都知道。"地片"一般是某个特定的地域范围，常常没有严格的地域界线，是指某个地理或人文的自然实体，成为人们约定俗成的称呼。

郑州历史悠久、绚烂多彩。随着时间的推移和自然的变迁，尤其是现代城市规模和环境发生了巨大变化，郑州的某些"地片"所指的实体早已不复存在。但是，"地片"叫起来顺口容易记，成为老郑州人挥之不去的永久记忆。"地名不寻常，沧桑名里藏"，硝滩展现出的郑州古城历史的久远，早已成为老郑州的文化名片。

据传，很久以前，郑州城北门内就是北大街，住着几十户人家，靠农耕为生。由于黄河多次泛滥，郑州东城外广大地区地势逐渐增高，这里成了低洼地区，土地盐碱化，田园荒芜，村民们被迫迁往他乡，这里竟成了一个无人居住的盐碱滩地。冬春白茫茫，夏秋水汪汪，遍地盐疙瘩。这片不长庄稼的盐碱地被人们叫作硝滩。

当时硝滩一带建有十几个淋硝的泥池，池子呈长方形，有小半间房子那么大，1 米高左右。池子旁有口为淋硝而打的水井，水很苦，不能喝。在泥池一端的下方，埋有一口大水缸，是用来接盛淋下硝水的。

土法淋硝的方法是这样的。先将富含硝盐的土地上用铁耙将土耙虚，然后再用小石磙将土轧平。半个月后地面就泛出一层白霜，将白霜的土收集起来放入池中，并用井水浇灌至九成满。硝水从下面慢慢渗出流入缸内。渗淋出的硝水像浓茶一样，检查硝水质量的办法很简单，是将一个生鸡蛋放进硝水缸里，如果鸡蛋能漂起来，就说明硝水质量好。

淋硝池旁垒有一个大火炉，上面放一口头号大铁锅，将淋出的硝水倒进锅里用大火煎熬。等锅里的水熬得快干时，上边析出一层白色结晶，那就是硝，并可将盐分离出来。一口大锅一次约出五六斤硝，出十三四斤盐。

此地有家宋姓老户，祖上留下了三亩地，土质含硝多，不长庄稼，多年来，宋家就在此地取土熬硝为生。州官同意宋家免交皇粮，条件是要把熬出的硝全部卖给公家，因为硝是做火药的原料。盐是熬硝的副产品，可以食用，战争年代解决了买不到海盐的困难。当年这里贫穷人多，小孩们拿起小扫把，去路边或墙根扫点硝土，送到淋池，换一些买纸、笔的零花钱。北大街硝滩一带硝地多，干熬硝的人也多。解放后北大街出产以熬硝为基础，建立了化工厂,一直干到1958年。后来,随着城市发展,人口增多,硝滩里的积水坑被填平,硝滩的地垫高了,修马路、建医院、学校、工厂、商店、住宅,逐渐把硝滩的地占完了。硝滩不再出硝了,传了多少代的人工熬硝业从此结束了。

但是,硝滩却成了郑州市的一个地名,这个"地片"永久被人们记在心里。过去在管城回族区的商城路中段,曾有个叫硝滩站公共汽车站。因此,知道硝滩的人不少,但是,可能有很多人没有听说过,更没有见过古老的土法熬硝是咋回事。

（**陈驰**　第三运营公司 S139 路）

郑州兑周村陈年往事

众所周知,郑州大学是全国知名高校。那里人才济济,群英荟萃。那里书香满园,学风浓郁。但是,知道郑州大学所在地兑周村的人就不多了。兑周村位于中原路和大学路交会处。村子在金水河的北边,村里有个典雅别致的清真寺。清真寺飞檐斗拱,气势恢宏。寺庙的两个门匾,赫然书写着汉字"清真寺"和"清真女学"。每当夕阳西下,杨柳拂岸,金波荡漾,显得宁静祥和。

村名由来

兑周村是个回族村。回民人口占大多数。但最早来到这个村里安家落户的却不是回民,而是两三家汉民。人们从兑周村的村民就可以看到一点村子的掌故。

据村人回忆:兑周村这个地方,在很早的时候,本是荒野之地,没有房屋,也没有人烟。有一姓周的人家,不知从什么地方逃荒来到此地,搭建了一个茅草庵,算是在此居住下来。据说他靠编草囤底为生。

什么是囤底呢? 囤底是储存粮食防潮用的。从前,农民打粮食用囤存起来,囤底就是个草垫子,把它放到粮食囤下面,这样粮食就不会发霉变质。尤其是大户人家更少不了它。

这家姓周的就有这个手艺,编得既结实又敦厚耐用,所以,非常好出手,方圆的村民都买他的囤底。一次,姓周的在集上把囤底卖完了,有人还想要买,他说:"想要就到我家买好了。"买囤底的人问他:"你家住在哪里?"姓周的犯了愁,他心想我住的地方没有名字。他又想了一会儿说:"我姓周,是编囤底的,我住的地方就起名叫'囤周'吧。"

囤周从此就叫开了。当时,人们文化水平不高,"囤"字不大好写,加上"囤"和"兑"字发音近似,人们就逐渐把"囤周"称为"兑周"。兑周早许多年前就没有姓周的了。据知情消息人士说,姓周的搬到了周新庄,但没有人进行过考证。

在那之后,姓于的、姓刘的迁到这里居住。接着,姓帖的、姓金的、姓杨的、姓马的回族都陆续迁来。兑周村的名字一直延续至今。由于回民人马兴旺,所以发展为回民村。

书香遗风

兑周村是个书香浓郁的村庄。从村子的名字看就可窥一斑。村中有文化人,觉得"周"名字不雅,加上此处正好位于郑县之西的泽地,而八卦图中"兑"释义为西,就取"囤周"的谐音"兑周"为村名。这个有文化的人可能是回民金家。金家在兑周村是个大家族,人口多达几十户。

金家祖上多是读书人,祖上堂号叫"丰耕堂",意思明显是既读书也种地。金柏林曾祖父叫金甲第,是清朝文秀才,金甲第读了很多书。金柏林小时候曾看到金甲第有十来个大柜子的藏书。金甲第是当时有名的私塾先生。后来的金柏林兄弟五个,他祖父是金可砺,他五祖父叫金可范,都是教私塾的。虽然是一家回民,但是那么多人都饱读四书五经、诸子百家之类的,形成了门风浓郁的书香世家。

兑周村有兴学重教的优良传统。中华人民共和国成立前,中原路小学叫兑周村国民小学,还只有低年级,没有设五、六年级。兑周村国民小学是民国时期建立的。起初,兑周村有几位做生意的人叫杨茂林、杨继震、杨继文、金福恒,他们做生意赚了钱,不忘村民父老,年终分红时杨继震首先提出不要分红钱,愿意捐助办学。其他做生意的人也多少捐一些钱,才把学校建了起来。从此,兑周村结束了私塾时代。

初建的兑周村国民小学,仅有东屋三间办公室和校长家属住的。北屋五大间,设两个教室,每年招收学生不足一百名。新中国成立后,兑周村国民小学改称兑周小学。到 20 世纪 80 年代,又将兑周小学改称为中原路小学。金柏林平时有学问,经人介绍,曾在该校任教,虽然生活困苦,但任劳任怨。在此期间,他还不断努力,最终走上了革命道路。

苦难历史

民国前的郑州,有说不完的苦难历史。兑周村同样不例外。村人至今还有人提起蒋冯战争。蒋冯战争就是蒋介石和冯玉祥打仗。蒋介石的实力比较强,蒋介石已配备有飞机。那时飞机是小型的,双翅膀,比现在的飞机落后多了。但蒋的飞机也能用在战争上,也会扔炸弹。当时兑周村金家有个老人叫金长宝,即金秀斋的爷爷。他行路不方便,自己搬了座椅到大门外大槐树下乘凉,这时恰巧蒋介石的飞机飞来,扔下一枚炸弹落在了老人身边爆炸,把老人炸死了。

抗战时期郑州沦陷。日本兵侵占兑周村时,村周围都扎下铁丝网,日本兵全副武装,昼夜巡逻。村上有兄弟二人,是同父异母。老大叫马路妞,老二叫马锡范。一天,马路妞在铁丝网外走动,被日本兵发现,招呼让马路妞过来。马路妞一时害怕,未敢移步,日本巡逻兵随即开枪将马路妞打死。从此,全村人再也没有人站在铁丝网周围活动了。

马路妞的弟弟马锡范。日本人刚进村时,村民全部逃到荥阳的马沟村一带避难。一天,马锡范回郑州看看家乡。当时日寇气势嚣张,家里人也都不赞成,最后马锡范自己回去了。马锡范回去时穿了一件上衣,上身比较长,很像传说的八路军穿的衣服。马锡范大概一进入日本警戒区,就被日本兵抓去了。后来听说他被关进了酒井特务队。特务队的队长叫酒井勇一,是个杀人魔王。有人说他是日本天皇的外甥,在特务队的魔窟中,杀死中国人不知有几百几千! 有人说马锡范在特务队的地窖中,是被日寇警犬咬死的。后来他家的人,在旧衣市场上曾见到他的血衣。

金柏林的父亲金福生被日本兵抓住,强迫要金福生给找鸡蛋吃。当时群众都跑了,没有人家再养鸡了,去哪里找鸡蛋?日本兵让金福生脱下上衣,赤膀跪在地上,用刺刀在金福生胸口上划口子。在这千钧一发之际,金柏林有个本家四爷叫金长生,他急中生智,把自己家唯一一只小山羊牵出,交给日本兵,并跪在地上叩头哭求才算饶了金福生一条命。后来金福生每回忆当时情景,仍然心惊肉跳不已。

日本投降后,菜王村还驻了一个汽车团,当时这个汽车团的团长姓苏,是个大贪污分子,他把能开动的汽车和能用的零件,几乎全倒卖完了。1948年10月,姓苏的携眷逃到南京向蒋介石假汇报,说菜王村有很多好汽车被共产党接收了,蒋介石气急败坏,马上出动美制野马式飞机,携着重型炸弹轰炸了菜王村。

金水往事

金水河就从兑周村南面穿过,紧靠村子,村上河边有土地的住户,还利用河水种过稻子、芦苇。早年没人把这条河叫金水河,当时河水很小,流的河道小孩子一大步就可以跨过去了。可是河水常年没断过,人们时常还会在河里捉到虾蟹呢。

村的东南头有个水潭,有十几米见方,环聚了一潭水,一到夏天就成了全村青少年的洗澡塘。青年人在那里游泳洗澡非常高兴,一玩就是大半天。不要轻视这条小河,中华人民共和国成立前有一年发大水,全村家家户户都进了水,都把床淹了。

新中国成立后,随着日月变换,岁月更迭,金水河得到根本治理。兑周村周边环境优美、人流如织,成为人们向往的地方。

郑州惠济桥

——大运河上的沧桑石桥

惠济桥是一座三孔拱券式石桥，宽 5 米、长约 40 米，东西向，位于北纬 34°53′35.59″，东经 113°34′45.46″，在郑州市惠济区大河路办事处惠济桥村内，横跨中国大运河通济渠郑州段（历史上被称为汴河、贾鲁河等），是元明清时期郑州运河上的重要设施，是郑州市现存最古老的桥梁，至今已有 600 年左右的历史。

通济渠郑州段全长约 19 公里，包括汴河遗址段和索须河段。惠济桥下的河段，正是汴河遗址段。通济渠郑州段是中国大运河的重要组成部分，发挥着承上启下、连接东西的重要作用。2014年，中国大运河申遗成功，作为中国大运河的一段重要河道，通济渠郑州段成为郑州继"天地之中"历史建筑群之后的第二处世界文化遗产。惠济桥因此成为世界文化遗产的附属文化遗产。

一、惠济桥的建造年代

在第三次全国文物普查中，文物部门根据惠济桥形状以及桥基底部的地层堆积情况分析，确定了现存的惠济桥应建于元末明初，已有 600 年左右的寿命了，其所在的古河道，至少在唐代就已经形成。对于文物部门的分析，现存惠济桥村的一通明代嘉靖戊戌年（1538）的石碑，《重修龙岩寺归寂殿碑》可以佐证。碑文清晰地刻着："大明国河南开封府郑州荥泽县惠济桥。"碑文中还提到了，明朝初年，龙岩寺的旧址位于惠济桥旁边："国朝初，我荥泽惠济桥艮维旧有寺一区，枕峙河浒，扁曰龙岩，相传古刹也。"碑文明确证明了明代初年已有惠济桥。

二、惠济桥的形状

据惠济桥村的老人回忆,惠济桥桥头有石刻二龙戏珠,桥头两侧分别修建了八卦亭,解放初期桥两侧的石栏格还完好矗立,三孔拱桥古风犹存。后经"大跃进""破四旧"两次大的破坏,桥的原貌黯然失色,八卦亭也被拆除。现在我们看到的桥楼以及桥面两侧的桥栏,均是文物部门依据遗留卯口间距及明代工艺复原维修加固后的成果。维修后的惠济桥,中间栏板刻惠济桥三字,两侧石栏格上镌麻姑献寿、猴子捞月、福禄财神等浮雕,望柱雕刻不同造型的石狮,八卦亭高耸于两端桥墩之上,为高台歇山式建筑。飞檐反宇的八卦亭、横卧运河的桥梁,还有枝叶婆娑的垂柳,构成了一个古朴雅观的画境。

维修后的惠济桥

惠济桥现状（一）

惠济桥现状（二）

惠济桥车辙

乾隆《荥泽县志》卷首有一幅《惠济长桥》图画,画中的惠济桥为三孔拱桥,桥两侧各有六根望柱和六块石雕栏板,桥中孔券顶刻有吸水兽像,两端有壮观的桥楼。

清代的惠济桥横跨运河河涧,势若长虹卧波;两端的桥楼,高高耸立;两岸满堤烟柳,房屋错落有致,矗立此桥,仿佛来到人间仙境。"惠济长桥"由此被誉为"荥泽八景"之一。面对此景,荥泽县县令崔淇作《惠济长桥》赞曰:

彩虹天半落何年,惠济佳名到处传。
已赖慈航能普渡,共遵王洛足周旋。
一川烂漫花成锦,两岸霏微柳拂烟。
车骑往来临碧涧,桥卤仿佛是升仙。

乾隆《荥泽县志》中还收录了另一首有关惠济桥的诗歌,是从大诗人杜甫的四首诗中辑出来的四句话组成的：

> 野店山桥送马蹄，白沙青石洗无泥。
> 泊船秋夜经春草，明日看云还杖藜。

这些清新的诗句所勾勒的场景与崔淇诗歌的意境完全不同，展现了惠济桥的另一面，同时也表达了人们对惠济桥的热爱之情。正是因为大家对惠济桥的极度喜爱，所以才从一位名扬千古的大诗人的四首诗中，分别挑选一句话，符合当时惠济桥的境况，也符合诗歌在字数、韵律、对仗等方面的要求，组成另一首诗来讴歌惠济桥。

三、惠济桥的作用

惠济桥桥面是由青石砌筑而成。桥面上的车辙，历经数百年的碾压，深达 10 厘米左右，正是此桥承载历史前进的脚印。在被认定为文物保护单位之前，一辆又一辆的载重汽车曾顺利地通过此桥运送货物。

明清时期，运河水经惠济桥转向，经索须河注入淮河，惠济桥发挥了重要的交通功能，带动此地成为交通枢纽，繁荣一时。乾隆《荥泽县志》记载："惠济桥，在县东八里许。昔贾鲁河经流其下，今河徙而南，止存石桥，附居者烟火千家，往来贸迁多会于此。"从《惠济长桥》图画中可以看出，清代惠济桥周边房屋众多、人烟稠密，一派繁荣景象。此外，这里盐业、烟草、药材、丝绸、染织以及各种杂货应有尽有，热闹非凡，由此人们作诗歌颂惠济长桥之地位置重要、物华天宝：

> 势控霓虹镇水涯，楼台灯火几千家。
> 风流非是竞豪爽，地钟人文萃物华。

在距离惠济桥西约 500 米有一处被称为"南大馆"的古代驿站遗址。据当地老人介绍，南大馆是"官"地，方方正正、齐边齐沿，约有三四亩地大，自古至今，没人敢占。这也就说明了惠济桥曾是繁忙的交通要道，南来北往的官员、客商在此居住、囤货。惠济桥周边曾有多座庙宇，如八蜡庙、龙岩寺、卢医庙、玄帝庙等，也说明了惠济桥一带经济发达，人文荟萃。

特别值得称颂的是手工制品桥辫，即用麦草编的缝制草帽用的辫子，因最早始于惠济桥而得名。民国三年（1914），桥辫因品质优良、制作精美，在美国旧金山万国商品赛会上展出。至 20 世纪80 年代，桥辫仍旧出口国外。现在人们的生活水平有了很大的进步，桥辫也销声匿迹了。不过，或许这一带的老人家还保留着当年的绝活儿。

惠济桥村保存着一块记录重修惠济桥的石碑，上面刻着集资修桥的人员姓名及钱物数量，如"王光立钱一千""医学训科赵星桥钱二千""三义坊钱一千""方杨氏捐石三块"等。可见修桥之时，附近百姓无论男女，无论从事何种职业，有的捐钱，有的捐石，都在为惠济桥的修建贡献出自己的一份力量，说明了惠济桥在百姓心目中占据重要分量，表达了百姓对惠济桥的喜爱和关心。

据惠济桥村村民所言，惠济桥在嘉靖年间由官员张书基督工复修，以惠济行人之意将其取名为惠济桥。"文化大革命"之前，惠济桥村还存有一块先民送给张书基的写有"惠济传芳"的金字牌匾，可惜后来遗失了。幸运的是，有关惠济桥的传说至今仍然广为传颂。在这些传说中，人们想象了惠济桥的建造起源，有说当地一名乞丐因受到大家的资助而成长、成才，高中状元之后修建了方便家乡居民的惠济桥；还有说法是一名书生到了这里贫困交加，受到这里人的好心资助才得以赴京赶考，成名后不忘报恩，修建了惠济桥。这些传说体现了惠济桥周边居民善良、纯朴、乐善好施的美好品质，也说明了惠济桥已经与周边居民产生了共鸣，建立了深厚而强烈的情感联系。惠济桥不光具有普通桥梁的使用功能，是人们出行的工具，还是人们日常生活中不可或缺的伙伴，陪伴在人们身边，承载着人们深厚的思想情感。

2004 年，惠济桥村所在的郑州市邙山区更名为惠济区，惠济桥功不可没。"惠"的字面意思为给人好处、受到的好处，如恩惠、受惠无穷等。同时"惠"又是常用的敬辞,如惠顾、惠临等,体现了尊重、欢迎对方的语意。"济"在汉语中解释为对事情有益,富于成果、成效,还有形容人多之意,如人才济济、济济一堂等。"惠""济"相连,寓意区域有"聚八方之恩泽,平等互惠;揽四海之贤才,和衷共济"的深刻含义。惠济桥村、惠济区皆由惠济桥衍生而来,正是惠济桥的价值与人们的思想感情产生共鸣后的结果,表达了人们对惠济桥的热爱、崇敬和自豪之情。

总之,惠济桥是一座重要的古代石拱桥,历史时期发挥了重要的交通功能,现如今仍然蕴含巨大的价值,其艺术造型、传说故事等具有丰富的历史价值、文学价值和人文旅游价值。如今,惠济桥每日接待旅游者前来休闲观光,文史研究专家也慕名而来。惠济桥的传说故事已列入非物质文化遗产保护名录。

参考文献:

[1] 张万钧,李刚太.乾隆荥泽县志点校注本[M].郑州:中州古籍出版社,2006.
[2] 段补圣.顺治荥泽县志[M].郑州:中州古籍出版社,2009:130.

(**鲍君惠** 郑州嵩山文明研究院)

中牟城隍庙的历史

城隍,《说文解字》曰:"城,以盛民也。隍,城池也。有水曰池,无水曰隍。"《周易》亦有"城复于隍,勿用师"之语,逐渐形成掌管一方祸福的正神。在汉朝就有祭祀城隍的民间行为,但朝廷颁布法令祭祀城隍,则开始于南北朝时期,唐朝时逐渐兴盛,宋朝把祭祀城隍列为国家祀典,元代封城隍为佑圣王,明朝洪武元年(1368)把天下城隍封为四等神爵:王、公、侯、伯,分别对应国、省、府、县四级。洪武三年(1370)除去城隍封号,颁布祭祀城隍的详细典章制度,朱元璋此意是让城隍在幽冥中监督官民并予以奖罚。从此全国每个县都建有城隍庙,有史料记载沧州曾经筑百尺高的城隍像。地方官员到任时,城隍庙也是必须祭拜之处。清代沿用,民国时期废弃。

中牟的城隍庙是明朝第一任县令张永泰响应朝廷法令,于洪武三年(1370)修建,由于动工仓促,准备不足,没有建筑配套设施,规模较小,神像也是泥塑。其后虽经多次修缮,并无大规模改动。至成化年间,黄河决口,洪水漫入县城,城隍庙地势低洼滞留大片积水,致使城隍庙坍塌。这片水域之后竟然一直不干涸,甚至水面还会有所扩大,于是人们传言这里有龙居住,常常有人去烧香祭拜,有时官府还会在此求雨,后来成为"中牟八景"之一——龙池灵应。城隍庙的住持张泰文想重修庙宇,多方募集资金及物料,又把新庙址选在旧址南高平处,完成基础工作,木料也运送到位时,张泰文去世,其弟子张清素接任继续施工。正殿、厢房、甬道等很快建成。接下来就是铸造神像,大家都说之前用泥塑弊端很多,不尽人意。有人提议做成铜像,坚固且能保存长久,又防水且保养方便,唯一不足就是造价太高。三异乡蔡键的 30 多个商人商议后表态:他们南来北往做生意,积攒下一些钱财,城隍是保一方民众福祉的正神,他们愿意捐资铸造一尊铜像。蔡键等人共捐白金100多两,购买黄铜1000多斤,又从大梁请来姓张的金火匠,经过一番点火熔汁、翻砂浇筑、打磨刷洗,终于铸造完毕。此像是站立状,高七尺多,比常人略高,保证大多数人在城隍像前都得仰视。张工匠的技艺确实高超,神像形体厚重,衣服、发髻等栩栩如生,通体打磨光滑圆润,金碧辉煌,受到大家一致赞许。可惜这尊铜像没有保存下来。城隍两边各有神官像一尊,前面有一个大香炉,还有一个重50斤的铜烛台。在老城隍庙里有一个大香鼎,建新庙时本打算铸成城隍像的,已经把它熔化成铁块,因蔡键等人捐铜而放弃不用。恰在此时,新知县韩思忠到任,他得知此事后表示大力支持,并召集官吏为工程募捐。中牟名士张启不仅捐款,还撰写《重修城隍庙记》,刻在石碑上立于庙前立。县令韩思忠也撰写《新铸铜城隍圣像记》以示纪念。最后修建的是石牌坊和石栏杆。工程于弘治十五年(1502)全部完工。

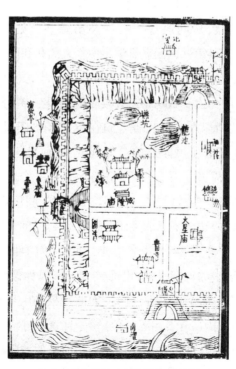

明天启《中牟县志》县城西部插图

此规模随后一直保存下来，后代没有再扩建。嘉靖四十二年（1563）起，部分房间木料开始脱漆腐朽，有几间屋顶出现坍塌，但此时庙宇无专人管理。后来有个叫何来化的的道士挺身而出，历时13年的辛苦奔波，募集来砖瓦、石料、木材、白灰、钱粮等，终于在万历十二年（1584）修缮一新，并恳请中牟名士冉梦松撰写碑文纪念。天启三年（1623）知县段耀然、名士田首凤再次修缮；顺治四年（1647）代理知县汪应聘重修；康熙四十三年（1704）知县李其昂重修；乾隆十七年（1752）知县孙和相重修并立碑撰文；道光元年（1821）知县董敏善重修，五年、九年又修补，十五年知县黄元桂、二十年知县谷怀浚、二十六年知县樊琨相继重修，咸丰八年（1858）大殿及几间厢房梁、椽等年久失修而腐朽，又加上流寇破坏，几乎坍塌，在知县鲁奉尧倡议下更换一新，并撰文立碑。之后社会动荡，庙宇维护稀少。到民国时期，随着西方文化涌入，新文化运动开始，大环境的改变让城隍庙步入穷途末路。民国十七年（1928）中央政府下令拆除全国的神像，把寺庙道院改作其他用途。城隍庙的神像随之被毁，房间改成了工厂及苗圃办公处。民国二十年（1931）改作中牟县第一区区立小学。中华人民共和国成立后改作中牟县第一高级中学校址。城隍庙，由法令而诞生，又由法令而废弃，结束了它辉煌的一生。城隍庙在县城西街，今老一高处，至今民间还有传言，一高之所以人才辈出，是建筑在庙上，有城隍保佑的结果。

清代县志记载了城隍庙的鼎盛规模：庙前是用青石铺成的一条平整的甬道，两边立有石栏杆，道路尽头是一个跨路大牌坊，上面雕刻着"城隍庙"三个大字，过去牌坊就是三间房组成的城隍庙大门，进去之后两边各有三间厢房，然后来到三间构成的二道门，最后这一进院子非常大，两边各有十二间的单门厢房及三间双门厢房，最后面居中的五间正殿，里面供奉着城隍神像。其他还有宿舍五大间，厨房、餐厅两边各三间。如此规模，在县城里堪称首屈一指。下图是民国二十二年（1933）第一区区立小学平面图，此小学就是城隍庙改建，此图房屋布局相当于原来的城隍庙。

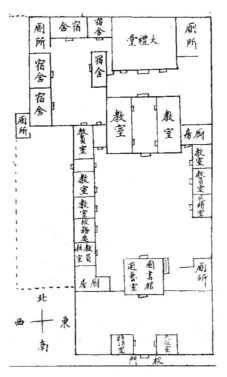

1933年第一区区立小学平面图

　　明朝时,朝廷不仅下令全国都要建城隍庙,还制定了详细的相关制度,规定了祭拜的日期、人数、祭器、祭品、祭文、祭拜流程及相关数量等。每年春秋两次祭拜,上半年是三月三日,下半年是九月九日。每到祭日,由事先推举的县里最有威望的里长带着几个德高望重老者,先给城隍披上一条洁白的锦帛,然后按照规定的仪式祭拜。城隍被认为是一县正神,掌管全县百姓的祸福与奖罚,所以官民大事小情都要去祭拜一下,求神灵保佑诸事如意。

　　民间也很尊敬城隍,呼之为"城隍爷",传说三月二十八日是中牟城隍的生日,当天会在庙里接受祭拜,满足祈求者的愿望。这一天,全县的民众都要去城隍庙跪拜、祈祷,然后走亲访友、购买货物;再后来又增加一些文化活动,如舞狮、舞龙、高跷、旱船、秧歌等,整个县城热闹非凡,逐渐演变成全县最大的庙会。

(齐治平　中牟县文化广电旅游体育局)

紫荆山公园

郑州紫荆山公园始建于 1958 年，总占地面积为 19.73 公顷，是郑州市大型综合性公园之一，因园内的紫荆山而得名。虽然紫荆山山体不高、面积不大，但其来头不小，历史文献多有记载，是国家重点文物保护单位——郑州商城遗址的一部分。

明清及民国时期的郑州地方志多次提到紫荆山。明代嘉靖《郑州志》记载紫荆山"在州北一里"。清代乾隆《郑州志》记载，紫荆山"乃北城关外崇圣寺后旧城址，日久积沙而渐厚者也。皆不可谓山。故删置冈阜内"。民国《郑县志》中也有关于紫荆山的记载："北城门外崇圣寺后旧城故址，日久积沙渐厚，而高不可谓山，故删置冈阜内。""崇圣寺"是古代郑州名寺，现已不存。所谓"旧城址""旧城故址"，指的是郑州商城遗址。这些记载说明，紫荆山是古代郑州北城门外崇圣寺后的郑州商城遗址的一部分，因长年累月沙土渐多而形成的不高的小山，故而地方志将其归类至"冈阜"而不是"山川"。

郑州北城门已消失，崇圣寺毁于战火，商城遗址至今犹存。郑州商城遗址是商代前期的商王都邑，距今已有 3600 多年的历史，1961 年被公布为第一批全国重点文物保护单位，2001 年被评选为20 世纪中国 100 项考古大发现之一。郑州商城东西南北四城墙中，东城墙和南城墙保存状况较好，现今仍大多立于地面之上，西城墙和北城墙保存下来的不多。北城墙东端位于顺河路与城东路交叉口西南，西北至紫荆山公园西门，再向西沿金水路南侧延伸至杜岭街北端东侧缓折向南，全长 1690 米。由于郑州位居黄河南岸，历史上黄河多次改道、决口，形成大量沙荒地。历经漫长时光，黄沙南移淹没了北城墙的一段,形成了一座小沙丘。为了防止这座沙丘蔓延,人们在沙丘上种植了耐干旱、生命力强、繁衍迅速、有观赏价值的灌木紫荆,由此形成了紫荆山。紫荆树的大量种植和生长,不但有效控制了沙丘的风化,还将沙丘装扮得郁郁葱葱,春末夏初满山的紫荆花灿若红霞,成为一处美丽的景观。

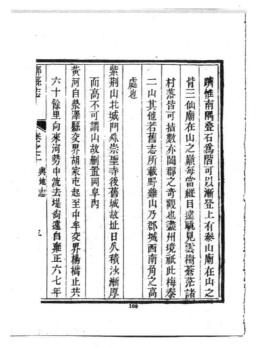

民国《郑县志》中有关紫荆山的记载

沿着紫荆山山脚下的石梯盘旋而上来到山顶的惠爱亭,亭旁有一大石碑,上书"紫荆山的由来",说的是子产春游护城河(金水河),看到满山郁郁葱葱中映出紫红色的花,就问这是什么花。一位老者上前答道,很久以前,有一只无名鸟衔着一粒黑色种子,掉在了这山上,从此山上就长出树来,这树非常奇特,每到春天,先开出紫花,然后再长出心脏形的叶子,人们管这种树叫紫荆树,这花就叫紫荆花。子产听后笑道,咱这儿,有河有水难得有山,这座山就叫紫荆山吧。从此往后,人们就把这山叫作紫荆山了。这是有关紫荆山名称由来的一个美丽的民间传说。

新中国成立后，为保护商代遗址，在党和政府的领导下，1958年春季开始在此兴建公园。群众义务劳动挖东湖、西湖，堆土于南山、紫荆山等处，并广泛植树栽花。1961年7月，郑州市人民委员会颁布《商城遗址保护管理暂行规定》，规定城垣内外10米为保护区，划出城垣重点保护地段，并对沿城单位颁发保护商城委托书，依靠沿城垣各单位保护商城遗址。1962年10月，为保护东城垣白家庄段，郑州市政府拨款2000元给紫荆山公园砌围墙，并将此段城墙纳入公园内进行保护。1964年2月1日，紫荆山公园正式对外开放，1968年5月至1975年5月曾更名为"东方红公园"。建成后的紫荆山公园，不光是更好地保护了城墙，园内还不断地增添商代历史文化元素，如以商代货币造型图案为装饰的景墙、紫荆山半山腰的商鼎以及郑州商城遗址保护标志等，营造出古朴、苍劲的中国早期王朝的风格，方便市民更好地了解郑州商城。

近年，在紫荆山山体植物改造时，公园保留了原有的青桐、柏树、三角枫、花石榴等大规格乔灌花木，突出了山体的高大气势；补植了大量不同品种的紫荆，如红叶加拿大紫荆、白花紫荆、巨紫荆等，使紫荆山公园更加名副其实。

紫荆山公园广场

紫荆山公园花木繁盛

紫荆山公园仕女雕塑

（**鲍君惠** 郑州嵩山文明研究院）

中华文明的起源：黄帝故里

【按】轩辕，姓公孙。他"生而神灵，弱而能言，幼而徇齐，长而敦敏，成而聪明"。15 岁为部落酋长，降服炎帝，打败蚩尤，统一中原，融合部族，公元前 2697 年在有熊即位，号称黄帝，距今已 4721 年。他兴农桑、创舟车、制文字、定历法，开创了中华民族近五千年的文明史，成为中华民族的共同始祖。其生长、居住、立国之地，被后人称为黄帝故里，是海内外炎黄子孙寻根拜祖的圣地。

《史记》载："黄帝者，少典之子，姓公孙，名轩辕……有土德之瑞，故号黄帝。"皇甫谧《帝王世纪》说："黄帝受国于有熊，居轩辕之丘，故因以为名，又以为号。有熊，即今河南新郑是也。"《大明一统志·古迹》："轩辕丘，在新郑县境，古有熊氏之国，轩辕黄帝生于此故名。"

清顺治十六年（1659）《新郑县志》："轩辕丘，在县境，黄帝生于斯。""具茨山上有轩辕庙，南崖轩辕宫，祀黄帝、岐伯、雷公；山下有黄帝祠。"清康熙年间，新郑县令许朝柱在新郑北门外竖"轩辕故里"大碑一座。轩辕故里又称为黄帝故里。清乾隆二十九年（1764）轩辕故里祠《重修大殿记》碑刻："古传，郑邑为轩辕氏旧墟，行在北有轩辕丘遗址，乃当年故址。"

《林则徐集——日记》："道光十七年二月，二十日，戊辰，晴。卯刻行……饭罢又行，二十里念里铺，又二十里新郑县，有轩辕故里及欧阳文忠公墓碑。由北关外转至东关内行馆宿，郑州施牧送至此，黎同知（淦）亦从汴省来见。"

自古以来，轩辕故里就在新郑北关。传说"少典生轩辕，稍长，轩辕接任有熊部落首领,制立五行之说,五行以土为中,黄帝坐中。中为土,土色黄,古曰黄帝"。

纪念遗址

黄帝故里:位于新郑市轩辕路,占地面积近600亩,有黄帝祠、黄帝宝鼎、拜祖广场、轩辕桥、黄帝纪念馆、姓氏文化馆等,是海内外炎黄子孙寻根拜祖的圣地、国家AAAA级旅游景区、全国重点文物保护单位。

轩辕丘:黄帝出生地,在新郑市区轩辕路北。

仓颉造字台:位于新郑市区南关洧水南岸,又称"凤凰衔书台"。建有凤台寺和凤台寺塔。古时林木参天,百鸟翔集,寺院耸立,钟声远传。如今,古塔依然独自高耸在台上。唐代诗人岑参有《仓颉造字台》诗云:野寺荒台晚,寒天古木悲。空阶有鸟迹,犹如造书时。

具茨山:即始祖山,又名大隗山,风后岭(即风后顶)为具茨山主峰,在新郑市区西南15公里。风后是轩辕黄帝三公之一,因为他洞悉天道,所以黄帝让他配上台,司职天官。明阮汉闻《风后顶》诗云:风后名为相,《握奇经》早传。何须下元女,已足洗汸川。文炽从分辙,功高必让权。若为防五大,旌厦有燕然。山上有轩辕庙、轩辕宫、黄帝祠、中天阁、南崖宫、迎日推策台、黄帝御花园(相传为黄帝种花处)、黄帝避暑洞(相传黄帝夏天在此避暑)、嫘祖洞、驯兽台、黑龙潭、白龙潭等名胜古迹。

《史记》载黄帝曾登此山:黄帝登具茨,访大隗,命驾于襄之野,七圣皆迷,无所问途。农历三月三是炎黄子孙登山朝圣的节日。具茨山为伏牛山余脉,主峰风后岭在新郑市境内,与新密、禹州、长葛交界处有大鸿山、陉山等。

熊耳山为风后岭之别峰,状如熊,相传因有熊氏而得名。

大鸿山:在新郑、新密、禹州交界处,以黄帝臣大鸿命名,又称大熊山。鬼臾区又作鬼容区,号大鸿,传说中的上古医家,黄帝之臣,曾辅佐黄帝发明五行,详论脉经。《史记·封禅书》记载:"鬼容区号大鸿,黄帝大臣也。"清蒋廷锡《古今图书集成·职方典》记载:"大鸿寨山,在禹州东北四十里,即具茨山之别峰,与密县、新郑相错。昔黄帝臣大鸿氏屯兵于此,故名。"

太山:在新郑市龙湖镇境内,以黄帝臣太山稽命名。山上有东岳庙、黄帝会盟祠等,是为纪念黄帝而建。

崆峒山:位于新郑市与禹州市西北交界处。山上有逍遥观,为黄帝问道广成子处。明成化年间《河南总志》:"崆峒山,在钧州西北五十里,上有逍遥观。"

力牧台和力牧峰:《史记》记载:黄帝举风后、力牧、常先、大鸿以治民,得力牧于大泽,进为将,称拜将台。后人为感念力牧协助黄帝治国的功绩,易名为力牧台。台上有秦、汉时期的砖瓦和红烧土遗存,是当时的建筑遗址。清光绪二十八年《河南通志·山川》:"力牧台,在密县城东四十里,土人呼为黄台冈,地近云岩、大隗镇,台址颇广,又曰拜将台。"清嘉庆二十二年《密县志》:"力牧台一曰拜将台,一曰熊台。"

在具茨山主峰风后岭的别峰,有一个刀削斧砍立陡石崖的险峰,叫力牧峰,是为纪念黄帝的名臣力牧而得名。

常先口:常先黄帝重臣之一,战鼓的发明者。常先主管农业,发明了很多狩猎工具。常先口在具茨山,有一处"一夫当关,万夫莫开"的关口,是进入具茨山主峰风后岭的必经之地。关口两边为悬崖峭壁,巨石林立,如两扇高大的门把住关口。在关口南面的山峰上还有两个将军石高高地耸立着,传说这是轩辕黄帝在和常先商议军国大事。

溱水、洧水、双洎河:溱水也称黄崖水、黄水河,发源于新密,洧水发源于登封。溱水、洧水在新郑双龙寨交汇后称为双洎河。桑钦《水经》载:"洧水出河南密县西南马领山。""又东过郑县南,潧水从西北来注之。"

相传,黄帝有两个宝葫芦,打开便能流出三丈宽、一丈深的水流,能直流三百里。黄帝让两个儿子玄嚣和昌意各拿一个葫芦比试,谁能让流二百里的水量流三百里,即可接替黄帝之位。兄弟二人来到嵩山脚下,各自打开宝葫芦,只见水飞流直下,滚滚向东而流。可惜,只流二百里便干涸了。多次尝试,仍未成功。两日后,玄嚣找到昌意,提出将两个葫芦拿到一起,定能流三百里。兄弟二人一起上山,同时打开葫芦,两股水流汇流一处,果真流出三百里。黄帝大喜,教导儿子说,治国犹如今日两水汇流,人心不齐,百事无成;万众一心,百事可成。黄帝把玄嚣葫芦里流出的那段河叫溱水,把昌意葫芦里流出的那段河叫洧水,两河在双龙寨汇流后就叫"双洎河"。

传说故事

黄帝诞生那天,新郑南关河里出现巨龙,跳跃半空,彩霞重叠交叉,凤凰云飞,燕行人一,鸟龙齐欢,动物欢乐不止,普天同庆黄帝诞生。

黄帝宽厚仁慈,明辨是非,见多识广,主持正义。他上懂天文,下知地理,文能治国,武能安邦。当时,中原地区部落林立,各部族为了争夺生存资源,互相侵扰,掠夺残杀,弱肉强食,暴虐百姓。神农氏部落原来势力强盛,是其他部落的"共主"。后来炎帝孱弱无力,凝聚力大大下降,主弱臣欺,无力制止部落之间的相互侵伐。轩辕领导的有熊部落日渐强盛,在阪泉经过三次激烈战斗,战胜了炎帝,安抚众多部落,平息了部落间的争斗。

九黎族首领蚩尤,依仗族人强悍勇猛和兵器锐利精良,不愿甘居人下,便借机向中原地区扩张,企图逐鹿中原,成为各国共主。蚩尤先拿炎帝试剑,炎帝大败,只好向轩辕求助。轩辕立即组织中原各个部落,兵锋所指直插蚩尤心脏涿鹿,然而,出师不利,虽屡败屡战,但九战九败。轩辕只得退回有熊休整,训练士卒,打造兵器。轩辕部落得到玄女兵书,创制战鼓、号角、八阵和指南车,经过五十二战打败蚩尤,最终凯旋。胜利之时,在太山(今新郑市龙湖镇)大会诸侯,定都有熊。四方诸侯尊轩辕为天子,取代炎帝,称为黄帝。黄帝举风后、力牧、常先、大鸿为相,方割万里,划野分州,得大小之国万区;置左右大监,监于万国,经土设井,设官司职。于是天下大治,万国和睦,政令通达,法纪严明,百姓安居乐业。

轩辕黄帝观测天相，制定黄历；建造房屋，制造用具，驯化鸟兽；播种五谷，种植林木。命羲和观日，常仪观月，大鸿观星，定天文星寰。命伶伦建律吕，仓颉造文字，大挠制甲子，隶首定算数，容成作历法。同时，嫘祖治桑蚕，嫫母制衣服，伯益掘水井，雍父制杵臼，共鼓做舟船，邑夷造马车，张挥做弓，牟夷造箭。轩辕黄帝和歧伯、雷公探讨医药，治病救人。黄帝时期在政治、经济、文化等方面还有许多发明创造，带领中华民族率先进入了文明时代。

曹植有《黄帝赞》，赞曰：

少典之子，神明圣哲。土德承火，赤帝是灭。

服牛乘马，衣裳是制。氏云名官，功冠五列。

拜祖大典

中华开国五千年，神州轩辕自古传。华夏儿女怀念祖先，到黄帝故里拜祖，具有喜庆和热闹的气氛。它使中华民族"同根同祖同源"的观念代代相传，使"和谐和睦和平"的美好心愿广为传播。黄帝故里拜祖大典凝聚了中华民族的向心力，开启了文化传承的新时代。

1992年，时任全国人大常委会副委员长的屈武题写"轩辕丘"碑文，巨碑竖立在黄帝故里轩辕丘上。2000年4月2日，世界华人协会秘书长李春燕率领海外华人200多人参加"中华民族子孙千禧龙年寻根拜祖大典"，美国著名华人社会活动家陈香梅女士为这次拜祖活动题词"中华民族千禧龙年寻根祭祖纪念碑"。

2003年10月27日，癸未年世界客属第十八届恳亲大会、"根在中原"拜祖大典在黄帝故里举行。2008年6月7日，国务院确定新郑黄帝故里拜祖大典为第一批国家级非物质文化遗产扩展项目。

近年来，数十位党和国家领导人到访、视察黄帝故里，30余位国家领导人参加黄帝故里拜祖大典，数万人现场参加大典，上亿人通过各种媒体收看大典盛况、参与网上拜祖。

（辑录　安韶军　新郑市地方史志办公室）

商城·管城·郑州古城

2022 年,郑州市中心城区建成区面积为 774.32 平方公里,是郑州商代亳都城的 249 倍,是唐武德四年(621)重筑的郑州古城的 430 倍。

一、商代第一个都城

郑州古城,滥觞于商代初期,研究郑州古城,也要从成汤建都说起。

1978 年,北京大学历史系教授邹衡首次提出"郑州商城即汤都亳说",历经近 30 年的研究、探索,加上大量考古研究和出土文物的佐证,至 21 世纪初,社会各界形成统一意见:郑州商代亳都城就是商代第一个都城。

对于郑州商都,人们称之为"亳""郑亳""汤都亳城"或其他,不一而足。竖立于商城遗址公园东大街北侧的"商代亳都都城遗址"纪念碑,将它称为"商代亳都",也可以简称为郑州商都。也有人以"西亳"或"南亳"称之,自古至今的研究者众说纷纭。

定论郑州为商代亳都城,有两个重要的直接依据:一是《史记》记载"自契至汤八迁,汤始居亳";二是《竹书纪年》记载"殷商成汤……十八年癸亥,王即位,居亳"。关于"西亳""南亳""东亳"(合称"三亳")之争,则是以唐张守节《史记正义》为代表的后世史学家的说法。《史记正义》云:"汤即位,都南亳,后徙西亳也。"关于"亳"与"三亳"之争,一言以蔽之:成汤定都的"亳"与"三亳"并非一回事。

"三亳"之争起于《尚书·周书·立政》的"三亳阪尹"。后人有两种解释:一是《尚书大传》郑玄注:"东成皋、南轘辕、西降谷也。"二是商朝几次迁都产生的地名都有"亳"字,如宋苏轼《书传》和林之奇《尚书全解》的记载:"汤始都亳,其后屡迁,所迁之地皆有亳名……蒙为北亳,谷熟为南亳,偃师为西亳。"宋魏了翁《尚书要义》两说并存。由此可以看出,郑州商都之"亳"与"三亳"所指不同。

最早论定郑州为商代亳都的有力证据是《春秋》的记载:鲁襄公十一年即公元前562年夏,"(鲁襄)公会晋侯、宋公、卫侯……伐郑;秋七月己未,同盟于亳城北"。《春秋左传注疏》杜预注:"亳城,郑地。伐郑而书同盟,郑与盟可知。"此时距成汤建都已经1000多年,《春秋》仍称其为"亳城",作为商初的都城,西周之初又为管国的都城,春秋时期仍享有"亳城"之名,且与"三亳"互不混淆,可见其对后世的影响。

郑州商代遗址总面积约25平方公里,包括外郭城、内城和宫城三层。

外郭城位于内城外围,城墙东起凤凰台,南部穿过货栈街、新郑路、陇海路,向西折向福寿街、解放路、太康路、北二七路,北部从金水路穿过花园路、纬五路与经三路一带;东部接当时的湖泊和沼泽地。遗存高度1~3.5米,基槽宽16~20米。外郭城对内城大致形成环状环抱态势,具有防御功能。

宫城位于内城东北部,东至内城东城墙北段内侧,南与唐代郑州城北城墙重合,西至今工人新村的工一街东侧,北临顺河路。整体略呈东西向长方形,东西长约1000米,南北平均宽度约600米。东北隅是亳都城的宫殿区,在长约750米、宽约500米的范围内,发现商代夯土台基数十处,面积150~2000平方米不等,台基高度1米左右。部分夯土基面遗留有柱洞、柱基槽和石柱础。

内城位于郑州老城区中心,大致呈方正形态,南北略长。东起今东明路以西,南起城南路,西至南、北顺城街,北至金水河与金水路之间。东城墙和南城墙长度约1700米,西城墙长约1870米,北城墙对角直线距离约1690米。城垣周长近7公里,总面积约3.1

平方公里。城墙采用版筑夯土方法筑成,底宽20米左右,顶宽5米多,复原高度约10米,筑城用夯土量约87万立方米。

中(仲)丁迁隞后,亳都城逐渐废弃,其北半部350年后成为管国的都城,南半部2021年后成为唐代新筑的郑州城。

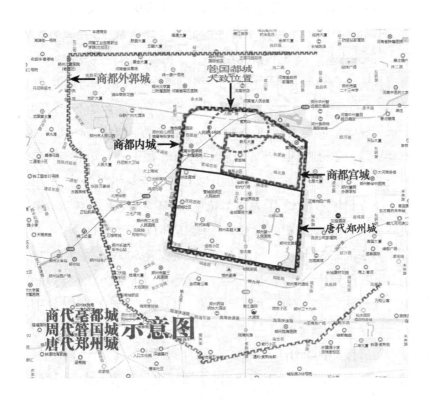

二、郑州商都的起讫

作为商代第一个都城,其建置、存续时间众说纷纭。20世纪以前,中国历史纪年只推算到东周共和元年(前841),商代纪年不在此列,因此没有商代亳都城建置的准确时间。

1996年启动夏商周断代工程(简称"断代工程"),《夏商周断代工程1996—2000年阶段成果报告》估定商代始年为公元前1600年。笔者认为,估定这个年份的方法对史志研究而言很不科学,没有使用价值。

首先,这个年份将不同研究数据相加取平均数再取整数,故称

"估定",并非实际的历史纪年。其次,断代工程研究数据中的碳14测年误差范围为60年(前1610—前1560),且测定对象存活年份无法确定,无法用于具体事件的历史纪年。再次,其余几个以史籍记载推算的年份较为悬殊,值得商榷。

断代工程选用的商代积年数据来自8部史籍,课题组排除一部,两部记为约数,不可用。另外5部中有3个数字:一部为629年,一部为576年,《易纬稽览图》《竹书纪年》《史记》三部为496年。课题组舍弃3个相同的数字,而是取5个数字的平均数再取整数,简直匪夷所思。理论上说,按哪个数据向前推算都不为过,但不能忽视一个关键因素:干支纪年。断代工程成果报告对每个推算年份的分析都有理有据,详备无遗,却没有顾及干支纪年因素,导致推算出的年份与史籍记载的干支纪年完全不相吻合。

干支纪年法每60年为一个花甲,循环往复,永远不会出错。笔者抛砖引玉,根据史籍记载商、周诸王即位年份的干支纪年,用原始方法从2023年(癸卯)向前推算,制作近5000年的干支纪年与公元纪年对照表,向前推3581年,公元前1558年为癸亥年,却恰好符合成汤"癸亥,王即位,居亳"的记载,与唐代天文学家僧一行的推算结果完全一致。

笔者推算自周厉王至周隐王(一作赧王)25王的干支纪年与公元纪年对照,与断代工程成果《中国历史纪年表》(简称《纪年表》)25王的干支纪年与公元纪年对比,仅周元王的即位年份相差一年,其他完全相同,与《辞海》所附方诗铭版《中国历史纪年表》完全相同。此外,按照断代工程所作碳14测年,郑州商城遗址二里岗下层一期遗存的拟合后日历年代为公元前1580—前1478年,与推算年份吻合。再对照商代其他28王的即位年份,周武王伐殷克商以及周隐王之前西周诸王的即位年份,基本实现零误差——由此判定,笔者的推算准确可信。

按课题组认可的史籍记载,汤都亳(癸亥,前1558)至帝辛(纣王)四十年(戊寅,前1063),商代积年496年。周文王迁都丰邑(己卯,前1062)至周幽王末年(庚午,前771)292年。二者共788年。公元前771年前推788年,正是公元前1558年癸亥年——此即商代始年,汤都亳的准确年份,比《纪年表》的公元前 1600 年(辛巳)晚 42 年,却在断代工程研究数据的有效范围之内。

商代第 11 王中丁由亳迁隞为"辛丑,王即位,自亳迁于嚣(隞)"。自成汤至太戊 10 王,在位时间累计 158 年:成汤 12 年,汤子太丁未立而亡、不计时间,太丁弟外丙 2 年,外丙弟中壬 4 年,太丁子太甲 12 年,太甲子沃丁 19 年,沃丁弟太庚 5 年,太庚子小甲 17 年,小甲弟雍己 12 年,雍己弟太戊 75 年。公元前 1558 年后推 158 年正好是公元前 1400 年、辛丑。由此推定,中丁迁隞、郑州作为商代亳都城结束的时间为公元前 1400 年。

综上,自公元前 1558 年至公元前 1400 年,郑州商都作为商代第一个都城共计 158 年,《郑州市志(1991—2000)》称亳为商都 189 年,不知何据。

隞都位于郑州市西北 20 公里的小双桥遗址,中丁迁都在公元前 1400 年。断代工程的小双桥遗存碳 14 测年,拟合后日历年代为公元前 1435—前 1412 年,与推算年份基本吻合。至公元前 1381 年(庚申)河亶甲迁都于相(今河南内黄),隞都作为商代第二个都城,历 2 王 19 年,其中中丁 9 年,外壬 10 年。

三、短暂的管国都城

周武王推翻殷商,建立西周王朝,并分封其兄弟治理各诸侯国,最初有管、蔡、郕、霍、鲁、卫、茅、聃、郜、雍、曹、滕、毕、原、酆、邢 16 个诸侯国,管国为武王三弟管叔鲜的封地。宋代王钦若、杨亿《册府元龟》:"十六国皆文王子也,管国在荣(荥)阳京县东北。"

史籍对武王元年有争议,《古今律历考》《资治通鉴外纪》认为"武王元年即西伯(文王)之十三年"(前 1050,以此推算文王元年为己卯,前 1062),《史记》《竹书纪年》等以帝辛四十二年(文王驾崩次年)为武王元年(前 1061),《通志》《史纂古今通要》等以公元前 1062 年(己卯)甚至公元前 1056 年(乙酉)为武王元年。断代工程以"武王克商"为周代始年,《纪年表》估定武王克商年份为公元前 1046 年。按史籍记载推算,武王克商应为公元前 1050 年(辛卯），"王亲禽受于南单之台，遂分天之明……夏四月，王归于丰，飨于太庙"。庚寅年（前1051）周始伐殷，翌年克商擒杀纣王，"飨于太庙"。壬辰年（前1049）大封诸侯，丙申年（前1045）武王驾崩，丁酉年（前1044，即周成王元年）葬武王于毕。

管国建立时间为公元前1050年（辛卯）。武王克商后"立受子禄父，是为武庚"，并"命监殷，遂狩于管"。《逸周书》也载有："惟十有三祀（文王十三年），王在管。"周武王此次以狩猎之名来到管地，安排管、蔡"监殷民"，因此确定管国是这一年建立的。这一安排也造成了"三监之乱"、管国夭亡。

遵循当时"灭国不灭祀"的传统，武王克商后并未彻底消灭殷商后人，而是封纣王之子武庚为邶国国君，让他掌管殷裔人祭祀先祖等活动。十六国中的管、蔡、霍三国负责监督武庚，史称"三监"。郑氏《诗谱》云："置三监，使管叔、蔡叔、霍叔尹而教之。"公元前1045年武王驾崩，立幼子姬诵为成王。成王年幼，由王叔周公旦代为治理国家，史称"周公摄政"。周公摄政引起了管叔鲜及蔡国蔡叔度、霍国霍叔处三监的不满，当年就联合武庚发动叛乱，史称"三监之乱"。

管国只存在8年多时间，成王三年（己亥，前1042），周公旦平定三监之乱，诛杀管叔鲜，囚禁蔡叔度，流放霍叔处，废除管国。《尚书》及汉代毛亨的《毛诗正义》有"三监叛……致辟管叔于商，囚蔡叔于郭邻，降霍叔于庶人，三年不齿"的记载。文中的"商"指代前朝的商代亳都之地，管叔被处死于"商"，恰恰是对否认郑州为商代亳都、否认管国在郑州之观点的当头一击。

周公旦平三监后废管国后，《汲冢周书》记载："俾中旄父宇于东。（孔晁注）康叔代霍叔，中旄代管叔。"中旄父的身份，学术界存在异议，但可以确定他不是诸侯国国君，因此断定此后管地不再是诸侯国，而是降为管邑。成周洛邑建成之前，管邑成为周王控制的东方政治疆域中心，武王诛杀管叔后派专人管理管邑，且不止一次亲临管邑，恰好说明了管邑的重要地位。史籍也不乏各诸侯国在管邑开战的实例，如《左传》记载的鲁宣公十二年（前597）晋楚之战中"（楚师）次于管以待之"，《战国策》记载的"秦攻韩之管"，《资治通鉴》记载的"安陵人缩高之子仕于秦,秦使之守管",《韩非子》记载的"魏安釐攻韩拔管",等等。

管国降为管邑,早期直隶于周王朝辖制,由中旄负责治理。后来依次属于邻(桧)国、郑国、韩国、魏国、秦国。清代高士奇的《春秋地名考略 卷六》记载:"管除、属桧,桧灭、属郑,郑灭、属韩。"

"管邑"首见于汉蔡邕《述行赋》:"经圃田而瞰北境兮,晤卫康之封疆;迄管邑而憎感叹兮,愠叔氏之启商;过汉祖之所隘兮,吊纪信于荣(荥)阳;降虎牢之曲阴兮,路丘墟以盘萦。"俗名"管叔邑"首见于班固的《汉书》:"中牟,圃田泽在西豫州薮,有筦叔邑……师古曰:筦与管同。"笔者认为"管叔邑"是俗称而非正名,因为管国被废后,不可能以叛臣"管叔"之名作为邑名。

管国都城建设仓促且为都只有 8 年时间,没有充裕的时间扩张发展,因此都城面积较小,史籍也无详细记载。清代蒋廷锡的《尚书地理今释》引《括地志》云:"郑州管城县外城,古管国城也,周武王弟叔所封。"唐代郑州城并无外城,《括地志》所说的外城,其实是商代亳都城的北半部。清康熙《钦定春秋传说汇纂》记载:"管,杜注:荥阳县东北有管城,隋置县,明初省,今故城在开封府郑州北二里。"由此确定管国都城位于商代亳都城北半部,大体位置在今河南人民会堂以南、人民路以东区域。1954 年,人民公园出土"廊"字戈,被认定为商代文物,但笔者推测它是管国文物,宋代林之奇《尚书全解》、夏僎《尚书详解》、黄伦《尚书精义》记载:"周灭殷,分其畿内为三国……廊、管叔尹之,卫、蔡叔尹之。"管叔由廊尹至管国国君,从廊地将"廊"字戈带到管国,郑州出土"廊"字戈顺理成章。

历经千年之后,无论商代亳都城和管国都城颓败到何种程度,也无论它史称亳城或是管邑,有邑自然有城,而且这座城从未移址,直到唐代,成为修筑郑州城的轮廓和基础。

四、郑州城建设维护

郑州曾为管国都城,后演变为"管城"之名。自汉代至隋初,管城之地均属中牟县。隋开皇十六年（596）置管城县和管州,管国都城演为管州城兼管城县城。北朝东魏武定七年（549）将今许昌市境内的颍川称郑州,隋开皇三年（583）将今荥阳市境内的荥州改称郑州,与今郑州市无缘。

隋大业二年（606）,郑州、管州合并为新的郑州,治所在管城县,即今天的郑州市。唐武德二年（619）,郑州治迁回虎牢。武德四年（621）复置管州并重新修筑管州城。至贞观七年（633）郑州治迁回管城,这座古城才成为真正的郑州城。

明嘉靖《郑州志》记载:郑州城"唐武德四年置管州时所筑"。此管州治就是后来的郑州治。现存《郑州志》《郑县志》对后世维修郑州城虽有记载,但过于简略且有不少遗漏,综合《宋史》《大清一统志》《河南通志》《开封府志》等记载,梳理郑州城的建设维护过程如下:

唐高祖武德四年筑城,城垣周围九里三十步,东西较长,南北略狭。城墙高三丈五尺,顶宽二丈,底宽五丈,护城河宽四丈,深二丈五尺。

旧志记载:宋哲宗元祐年间（1086—1093）吴择仁重修城垣——此项记载是错误的。综合《宋史》《钦定续通志》《宋会要》的记载:元祐年间吴择仁修筑的是金水河河堤。多年后,郑州城损坏,吴择仁受命重新筑城。竣工后,有人向皇帝进谗言,说新城墙掺了沙土,不如旧城墙结实,恐怕随时会坍塌。皇帝大怒,秘密派人取新城墙上的土块并密封送来,让卫兵用力投掷数次,城土"坚致如削铁",诬陷没有得逞,皇帝将吴择仁本为副厅级的京畿路都转运之职,直接提拔为省部级的户部侍郎兼开封知府,留下一段因修筑郑州城而被提拔重用的佳话。吴择仁任户部侍郎兼开封知府的时间是大观三年（1109）,他修筑郑州城在任户部侍郎之前,因此,修城的时间可断定为1107年至1108年。

明宣德八年（1433）,知州林厚因建筑四座城门:东曰"寅宾",西曰"西成",南曰"阜民",北曰"拱辰"。《河南通志》记载有五座城门,另一座"东南曰'迎恩'"。城上设郭门四座:东"东望奎躔",西"西维禹甸",南"南瞻舜日",北"京水朝宗"。城墙高三丈,厚一丈五尺,护城河宽四丈,深二丈。城内有大街四条:东为敏德,西曰里仁,南称咸宁,北名清平。城外修筑有外城。成化十二年(1476)知州洪宽重修,设角楼四座,更铺八所,护城河深一丈,宽二丈。为加强城防,正德六年(1511)知州萧渊修筑瓮城四座。正德十三年(1518)知州刘仲和修警铺72所,筑女墙1600余垛。

崇祯七年(1634),李自成起义军攻陷汜水、荥阳,小吏毛文炳上《修城为第一急务疏》,认为"累累土垣,非以固吾围也"。请求将土城改为砖墙。崇祯十二年(1639),知州鲁世任在土垣外壁砌筑砖墙,崇祯十五年(1642)五月被李自成起义军拆毁。

清顺治二年(1645),知州张肇升重筑砖城,号称固若金汤。顺治七年(1650)知州王登联建西城楼一座。顺治十四年(1657)知州刘永清重建东城楼一座。雍正五年(1727)知州邹丽中重修城垣,但当年"鼓裂崩坏",自南门以西到北门大部毁坏。雍正十三年(1735),自南门以东至北门"倾颓更甚",知州陈廷谟申请修补,直到乾隆三年(1738)夏,才由知州张钺完成修整,但南门外瓮城坍塌,未予修整。乾隆八年(1743),张钺修复南城楼。1744年冬,张钺捐资重修城垣。1745年秋,张钺重修西楼,但瓮城全部损毁。此后,知州王莲塘、吴荣荣分别于同治十年(1871)、光绪十六年(1890)重修城垣。

民国元年(1912),经县绅公议,筹银500两,添筑四城炮台各一座,城东北、西北隅房各三间;四城各设炮台,置炮架数具,火枪四十杆,火药四千斤,修理大小旧铁炮。经此次维护,郑州城防御能力增强,但不久后就被拆除了。

五、郑州古城知大小

历经磨难和多次修复后,一声汽笛打破了古城的宁静。1904年,京汉铁路郑州段运营,1905年,郑州开辟为商埠,随之,围绕郑州车站开始兴建一座新的郑州城。新郑州城作为商埠之地,直属省府建设管理,郑州(后为郑县)不得染指,发展十分迅速,短短几年,规模就超过了郑州古城。

旧志所载郑州古城尺寸图

1922年重开郑州商埠,1925年,商埠督办公署聘请北京大学土木工程系崔鹤峰来郑州编制商埠建设规划,当年10月发布《郑埠设计图》。1926年,崔鹤峰返回北京参加西北科学考察,规划搁浅。1927年6月,冯玉祥筹划郑州建市,市政筹备处当年制定、翌年公布《郑州市新市区建设计划草案》。两个规划虽然都没有实施,但对促进郑州城发展却大有裨益。

1928年2月,历时1307年的郑州城垣被拆除,得砖700多万块,用于建造平民住所和全市马路。至此,郑州城发展到5平方公里,其中新城区3.2平方公里,郑州古城1.8平方公里。此后连年战乱,郑州城扩展缓慢,抗战期间反而缩减,1948年解放时,城区面积发展到5.23平方公里。至2022年年末,郑州市中心城区面积扩展到774.32平方公里,是郑州古城的430倍,是商代亳都城的249倍。

《郑州市志》记载:"到19世纪末,城区面积仅2.23平方公里。"数据来源不明。笔者所说1.8平方公里,来源有三。

其一,1928年拆除郑州城垣,其遗迹尚存。唐代郑州城的东、西、南城墙于商代亳都城内城重合,成为国家级保护文物,近年来在老城墙的南部、东部建成郑州商代都城国家考古遗址公园。用百度地图实测,东城墙长约1000米,南城墙长约1700米;东大街、西大街长约1700米。今城南路古为老城外城壕,其长度也可作为参考,总长减去熊儿河—城东路段,再减去城壕—城墙的距离即可。

其二,民国《郑县志》中记载有"郑县城及四关图",图中每一方格为一华里(民国时一华里等于500米),按比例测量计算,东城墙约1000米,南城墙约1700米,西城墙约1150米,北城墙约1650米,城墙周长约5500米;东大街、西大街约1700米。与百度地图所测数据完全相同。

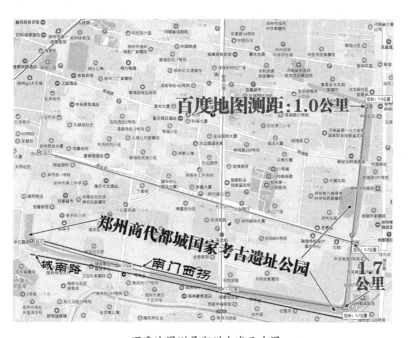

百度地图测量郑州古城尺寸图

其三,明嘉靖《郑州志》记载,郑州城"周围九里三十步"。按常识换算,古城周长只有4500多米,怎么和地图测距得出的5500米照应呢?

唐代的度量值与现代度量值不同,唐代前期和后期、不同地区间的度量值也不同。唐尺又称粟尺，《唐六典》记载："凡度，以北方秬黍中者，一黍之广为分，十分为寸，十寸为尺。"每粒粟米的大小不尽相同，这样制尺，误差在所难免。古文字学家罗福颐的《传世古尺录》(1941年刊)，对19把传世唐尺进行测算，最短0.296米，最长0.316米，平均0.306米。《文物》杂志1957年发表的《古尺考》对此进行校验，证明其结果准确。中国农史学科创始人万国鼎对14把出土唐尺进行测算，最短0.295米，最长0.314米，平均0.304米。社会活动家吴承洛在《中国度量衡史》(商务印书馆1937年版)中的测算唐尺为0.311米。

唐代出现大尺小尺之分。成书于738年的《唐六典》及《唐律疏议》记载："一尺二寸为大尺一尺，十尺为丈。"大尺用于量地，这样，唐代前期与中后期量地尺度就有1.2倍之差。按上述数据综合计算，以小尺计唐代1里折合530～568米，以大尺计折合636～682米都属正常。

实例对照：保存完好的山西平遥古城，旧志记载周长"十二里八分四厘"，实测数据6162.68米，1里折合513米。保存基本完好的安徽歙县古城，旧志记载"周围七里许"，实测数据"约4公里"，1里约折合572米。旧志记载荥阳古城周围五里，实测数据3260米，1里约折合650米。西安唐代古城，旧志记有宫城、皇城、外郭城3组9个尺寸，与新编《西安市志》记述一一对应的7个实测尺寸，折算数字中最小的1里折合530米，最大的折合705米，其余5个数字折合后在541米至559米之间。由此可见，旧制1里折合现代尺寸，并无定例可循。

以上述各例的综合平均数折算，唐代1里约607米，9里就是5460米。按唐律规定："度田之制，五尺为步。"30步约折合55米。由此计算，郑州古城周围总长5515米，与地图测量数据差15米，可忽略不计。

按测量数据，郑州古城城郭面积1.8平方公里，仅有郑州大学高新区校区面积的一半。古今对比，震撼到你了吗?!

（王曜卿　中共郑州市委党史和地方史志研究室）

郑州祭伯城记

郑州"祭伯城遗址"是第七批全国重点文物保护单位。祭伯城遗址所在位置,是知名度较高的历史文化圣地——祭城。

一、祭城由来及祭字音义

祭城本是一个村名,今属郑东新区祭城路街道。

"祭"字有两个读音:一是"jì",主要的义项是祭祀;二是"zhài",有两个义项,一是祭国,二是祭姓。郑州长期将"祭城"读作"zhà 城",这是约定俗成的传统习惯,是方言音对"祭"字的变读,俗称"念转音",可以持续,但只能用在这一个地名中。在国名、姓氏人名以及由此衍生的地名、事物名,如周代的"祭国"以及"祭公、祭伯",郑国大夫"祭仲",汉代名人"祭遵、祭肜",文化遗迹"祭伯城、祭伯城遗址"等,只能读作"zhài"而不能读作"zhà"。

祭(zhài)国是西周初期分封给祭(zhài)公的小国,祭(zhài)伯是祭公的后裔。祭(zhài)仲是郑国大夫、祭公的旁系裔孙。祭(zhài)伯城祭国的国都,祭(zhài)伯城遗址是祭国都城的文化遗迹——无论在何处见到这些词语,都不要读作"zhà"。祭仲的封邑在河南长垣县,这里现有 12 个祭城村,长垣人均读正音"zhài 城村",我们省会人更不能在这方面犯错啦。

祭伯城的"祭",小篆本字为"𢼨",隶定为"郑",其义项简单,按《说文解字》的解释,它仅指周代的祭国,以及后来出现的祭姓。后人简写作祭国、祭姓,是"郑"字的借用字,与读作"祭奠"的"祭"字没有内在联系。

二、祭国及其国都祭伯城

武王灭纣建立周朝后，公元前1050年（辛卯）开始分封诸侯国，作为护卫周王室的屏障，所谓"封建亲戚，以藩屏周"。第一次分封诸侯，分封对象主要是神农、黄帝及夏、商先贤的后人，周文王的子弟及功臣，包括管、祭、郕、霍、鲁、卫等诸侯国。周文王的第三子管叔鲜封于管国，此为"管城"之名的源头。公元前1044年（丁酉），周成王即位，周公（亦称周公旦）摄政，管叔鲜联合祭国的祭叔度（文王五子）、霍国的霍叔处（文王八子），鼓动殷纣王之子、邶国国君的武庚发动"三监之乱"。周公旦二次东征，平定"三监之乱"，诛杀了管叔鲜，只存在8年的管国灭亡。

周成王七年，周公还政于成王，营建东都洛邑（今洛阳）并第二次分封诸侯，分封对象包括周武王的子弟、周公的儿子以及其他功臣。《荀子·儒效篇》："大儒之效：武王崩，成王幼，周公屏（庇护）成王而及（继承）武王，以属天下，恶天下之倍（背叛）周也。履天子之籍（帝位），听天下之断（理政），偃然如固有之，而天下不称贪焉；杀管叔，虚殷国，而天下不称戾焉；兼制天下，立七十一国，姬姓独居五十三人，而天下不称偏焉。"至此周王朝共分封了71个封国，其中凡、蒋、邢、茅、胙、祭6国封给了周公的儿子。韦昭注《国语·卷一 周语上》："传曰：凡、蒋、邢、茅、胙、祭，周公之胤矣。"由此可知，祭国的建国时间为公元前1046年。

此次分封，周公第五子封于祭国，凌迪知的《万姓统谱·卷九十八》："周公第五子封祭。"徐文靖的《竹书统笺》："祭爵，周公第五子。"一说祭公是周公第七子，郑樵的《通志·卷二十七》："祭氏，姬姓，周公第七子所封。"熊过的《春秋明志录·卷一》："祭，本周公第七子所食采邑。"

诸侯国分诸侯国、畿内国两类：京畿之外分封的为诸侯国，京畿之内分封的为畿内国。诸侯国在远离周王室的偏远之地，按国君封爵高低分为大、中、小国，封地大小不同，杜预注的《左传·成公三年》曰："古制：公为大国，侯、伯为次国，子、男为小国。"《孟子

郑
州
地
名
历
史
文
化
故
事

·万章下》云："天子之制，地方千里，公、侯皆封百里，伯七十里，子、男五十里。"当时分封了宋国（殷商之后）、杞国（夏禹之后）、祝国（黄帝之后）、焦国（炎帝之后）、蓟国（帝尧之后）、陈国（帝舜之后）、虢国（周文王之弟）7个公爵国，负责守卫王室四方的齐、鲁、卫、晋、燕以及邢、鄦、祭、纪等10余个侯爵国。

祭国、祭伯城位置示意图

祭国及凡、毛、原、雍等是畿内国。《竹书统笺·卷八》："祭、凡，东都畿内之国。"韦昭注《国语·卷一 周语上》："祭，畿内之国，周公之后。"裴骃《史记集解》采信此说。

周成王营建东都洛邑后，祭国为东都京畿。畿内土地不多，只封伯爵国，不封公爵国、侯爵国。相对于公爵、侯爵级的诸侯国，畿内国的封地都比较小。《春秋集说》："以王制论之，畿内之国有百里，有七十里，有五十里。……祭于此时为畿内之国。"礼制虽如此，事实上，王畿之内并没有封地百里的公爵、侯爵国。祭国的爵位为伯爵，级别是伯爵国，《左传》隐公元年杜注："诸侯为王卿士

235

者。祭,国;伯,爵。"由此可知,祭国为封地五十或七十里的小国。

畿内国是周天子将自己的直属领地封给王朝卿士,它的第一个特点:国君对外称王朝卿士,协助周天子管理朝政,杜预《春秋释例·卷一》:"畿内诸侯,据其本封兼仕王朝者也,王之公卿。"无论爵位高低,畿内国国君都是周王室的直属重臣,畿外诸侯国国君则为外臣,畿内国公卿比诸侯国公卿地位更尊贵。

第二个特点:封国的爵位与国君的爵位不对应,视国君在周王室担任的职务而定。任王室三公[太宰、太保、太师(太史)]者,个人爵位为公爵。畿内国国君作为周王室的朝臣,爵位等级森严,三公为公爵,只限一身一世,其儿子不能继承,后世子孙均恢复本爵。

周成王二次分封时,周公第五子是三公之一,爵位为公爵,称祭公。至周昭王、周穆王时,祭氏仍为三公,称祭公;其后世恢复伯爵爵位,祭伯遂成为一种泛称。至周桓王时又出现一位祭公,而祭国则一直是伯爵国,所以史书对祭城、祭城遗址称"祭伯城"而不称"祭公城"。

畿内国国君作为王朝卿士,不可以外交(不得私自与其他诸侯国交往)。《春秋左传注疏·卷一考证》:"穆王之时有祭公谋父,今有祭伯,世仕王朝,盖本封绝灭,食采于王畿也。庄二十三年,祭叔来聘。注:以为祭叔为祭公来聘鲁天子,内臣不得外交……祭于此时为畿内之国,仍有封爵,故言诸侯为王卿士也。"

因为祭国是畿内国,疆域小而且无外交,国君(祭公以及后来的祭伯)主要精力是辅佐周天子,封国内事务不多而且没有史书,所以史籍记载极为有限,后世考证者只能凭支离破碎的记载进行推论,因此,对祭国历史的考证存在偏差,是在所难免的。但是,将现有史料及历代学者的考证贯穿起来,也不难厘清祭国存亡变迁的基本脉络。

三、富于传奇色彩的祭公

史籍明确记载的有五位祭公,传世青铜器上也出现过两位祭公。

第一位祭公,即祭国的第一位国君,辅佐周成王。这位祭公名祭季,官居太史,是周代初期青铜器"祭季鬲"的器主,史学家李学勤持此观点,陈颖飞在《清华简祭公与西周祭氏》中有详细论证(见《江汉考古》2012年第1期)。陕西耀县1972年出土的太史觯铭文"大(太)史乍(作)宗彝。祭季"也印证了这一说法。

第二位祭公,《竹书纪年》记载:"祭公、辛伯从王伐楚,天大曀,雉兔皆震,丧六师于汉,王陟。"现有史料记载,周昭王死于地震或溺死于汉水,这位祭公同时死亡。按《资治通鉴外纪》记载:祭公与周昭王溺水而死;《吕氏春秋》记载:祭公与周昭王溺水后被辛伯搭救,随后南下伐荆,祭公与周昭王溺死于汉水:"还返涉汉,梁败。王及祭公陨于汉。"——周昭王死时,祭已封国75年,按30岁受封祭国算,第一位祭公已逾百岁多,不可能随昭王南征。因此,辅佐周康王和周昭王,与周昭王一起溺死汉水的是第二位祭公。据青铜器"令鼎"铭文,这位祭公名叫祭仲(非郑国大夫祭仲)。

第三位祭公名祭公谋父,可能是祭季的孙子,辅佐周穆王。记载见于汲冢古书《竹书纪年》和《穆天子传》,以及史学界公认的周代文献《逸周书·祭公解》。另有清华大学藏战国竹简《祭公之顾命》相印证。《祭公之顾命》与《祭公解》行文基本一致,互为参详。专家考证,山西芮城县出土的青铜器"窎鼎",铭文中的"祭公"就是祭公谋父。

韦昭注《国语·卷一 周语上》:祭公谋父"为王卿士。谋父,字也"。《穆天子传》将祭公谋父称"邵父",晋郭璞注:"邵父,邵公谋父,作《祈招》之诗者。"

《竹书纪年》记载:"十一年,王命卿士祭公谋父。……十三年春,祭公帅师从王西征,次于阳纡。"祭仲去世12年后,第三位祭公入为周王朝卿士,位列三公,周穆王十三年随穆王西征。祭公谋父的事迹主要有四项。

一是《穆天子传》记载:"饮天子酒。"祭公谋父入朝任公卿之前居于圃郑、治理祭国。公元前962年(己未)周穆王即位后游猎四方,其中一次东游时祭公谋父前往拜谒:"吉日丁酉(日),天子入于南郑。丁丑,祭父自圃郑来谒。……祭父以天子命辞曰:去兹羔,用玉帛见。……夏庚午,天子饮于洧上,乃遗祭父如圃郑。……丁丑,天子里圃田之路。"南郑即今新郑市一带,晋郭璞注:"南郑:今京兆郑县也。《纪年》'穆王元年,筑祇宫于南郑'。……郑有圃田,因云圃郑。"圃郑即祭城、圃田至中牟祭亭,证实祭国封地为祭城、圃田一带。《穆天子传·卷五》记载:"庚寅(日),天子西游,乃宿于祭。壬辰,祭公饮天子酒,乃歌《阙(昊)天》之诗。天子命歌《南山有麓(桃)》,乃绍宴乐。"《诗经·小雅·南山有台》诗中"乐只君子,邦家之基。乐只君子,万寿无期。乐只君子,邦家之光。乐只君子,万寿无疆"的句子,或为祭公谋父原创,内容是歌颂周穆王功德,证实《穆天子传》的记载确有其事。晋郭璞注:"《诗·小雅》有南山有台,乐只君子,邦家之基,以答祭公之言。"

二是《国语》及《左传》鲁昭公十二年记载:祭公谋父为周穆王作《祈招》诗。沈德潜《古诗源》注:"昔穆王欲肆其心,周行天下,将皆必有车辙马迹焉。祭公谋父作《祈招》之诗,以止王心。"大意是周穆王想随心所欲,走遍天下,使天下都留下他的车辙马迹。祭公谋父作《祈招》制止穆王的贪心。《祈招》诗曰:"祈招之愔愔,式昭德音;思我王度,式如玉,式如金;形民之力,而无醉饱之心。"大意是《祈招》音乐和谐,表现了美德的声音;想起我们君王的气度,似玉,似金;有节制地使用民力,不要有纵酒饱食的贪心。祭公谋父以赞美的方式巧妙地劝谏周穆王。

三是《周语》记载:祭公谋父劝谏、阻止穆王伐犬戎。"穆王将征犬戎,祭公谋父谏曰:不可。先王耀德不观兵,夫兵,戢而时动,动则威,观则玩,玩则无震。"周穆王准备讨伐犬戎,祭公谋父劝他学习先王、弘扬德政,不要轻易出兵。《皇王大纪》记载:"祭公谋父谏曰:先王耀德不观兵。"有人以此称祭公谋父推行"以德治国"理念,此说不妥。按《祭公解》记载,是周穆王先提出"朕皇祖文王、烈祖武王,度下国,作陈周,维皇皇上帝,度其心,置之明德。付俾于四方,用应受天命,敷文在下。……我亦维有若祖祭公之执,和周国,保懬王家"。即上帝把明德加在周文王、周武王身上,使他们以个人美德影响众人,从而灭商建周,与后世所说用道德礼教治理国家的"以德治国"不是一个概念。

四是《祭公解》记载:祭公谋父临终,以勤政之事训诫周穆王及三公,劝他以夏商的灭亡为戒,坚守文王、武王的意愿,以中正之道治理天下。

出土文物窖鼎、司鼎、厚趠方鼎,补充了祭公谋父的另一事迹——指挥周穆王伐东夷的战争,并且担任主帅。

第四位祭公不知其名,见《左传·桓公八年》,这位祭公到纪国筹办周桓王迎娶王后之事:鲁桓公八年(周桓王十六年,丁丑,前704)"冬,祭公来,遂逆王后于纪"。《皇王大纪·卷三十五》:"秋八月,雨雪,王使祭公言于鲁,以取女,遂逆后于纪。"

第五位祭公也没留下名字,见《左传》《穀梁传》,鲁庄公二十三年(庚戌,前671),这位祭公派其弟弟祭叔访问鲁国。

祭国为畿内伯爵国,前三位祭公位列三公,后世恢复伯爵。第四位祭公再列三公,爵位为公爵,故《左传》称其为"公"。《左传》作为鲁国国史,对爵位的记载十分严谨而准确,除本国国君称"公"外,其他一律以本爵相称。故《河南通志》曰:"(周)桓王时,祭公为三公。"

此外,《吕氏春秋》等文献还记载了一位"祭公敦",只见其名未见其事。但是,这也足以说明,祭国在东周前期仍然存在,祭氏仍然比较兴盛。

四、祭国继任者祭伯祭叔

自祭公谋父到第四位祭公"逆王后于纪",历时200多年,其间再无祭公的记载。东周周平王、周桓王时,出现对祭伯的记载。《左传·隐公元年》(己未,前722):"冬十有二月,祭伯来。"《春秋左传注疏·卷一考证》:"冬十有二月,祭伯来。注:祭伯,诸侯,为王卿士者,祭国伯爵也。"

按周代礼制,诸侯国分"公、侯、伯、子、男"五种爵位,畿内国仅"公、伯、子"三种,所以史籍上只有"祭公、祭伯",而没有出现过"祭侯"。《礼记》记载:"杜预云:经传不见畿内之国称侯、男者,天子不以此爵赐畿内也。"从祭公到祭伯再到祭公，史无"祭侯"的记载，是周代礼制的结果。

为何祭伯后又出现一位祭公？王樵《春秋辑传·卷二·滕子来朝》解释："考之于经，诸侯降爵，惟滕、薛、杞。滕初称侯，桓二年称子。薛初称侯，庄三十一年书伯，以为自降可也。杞初称侯，庄二十七年称伯，僖二十三年称子，文十二年称伯，而襄二十九年来盟又称子，其升降不一。……当时诸小国爵秩，或自贬，或为时所升降，所以称号无常。《春秋》从其实而书之，以志王章之乱耳……"由此可知，上一代继承的爵位降为祭伯，下一代又升为祭公，是正常现象。吴澄的《春秋纂言·总例》记载："隐元年书伯，桓八年书公，盖由伯爵进公爵也。"

鲁隐公元年"祭伯来"，是周代史籍中祭伯的唯一活动记载，但后世的考证却非常多。"祭伯来"就是祭伯到鲁国访问。《左传》用"来"而不用"使（出使）"，熊过《春秋明志录》分析："此王臣私交之始……王臣无私交也。"《前汉书·卷三十六考证》分析："穀梁氏曰：寰内诸侯，非有天子之命，不得出会诸侯，不正其外交。"祭伯此来不是奉天子命出使鲁国，所以，《春秋左传注疏·卷一考证》说："传曰：非王命也，释其不称使。"

公元前704年"祭伯来"后，祭伯的记载中断，至鲁庄公二十三年（庚戌，前671），《左传》出现"祭叔来聘（访问）"。《穀梁传》称"祭叔为祭公来聘"。范宁《穀梁注疏》称"祭叔为祭公来使"。祭叔即祭公的弟弟，说明此时祭国国君仍为公爵祭公。不可私交，只好由祭叔代劳。《礼记·曲礼》称"诸侯使大夫问于诸侯，曰聘"。可知祭叔是祭国大夫，他执行祭公的命令到鲁国访问。

郑玉《春秋阙疑·卷十》："祭叔，当是祭伯之弟。"魏了翁《春秋左传要义·卷一》："庄二十三年，祭叔来聘。《注》以为祭叔为祭公来聘鲁天子，内臣不得外交，是祭于此时为畿内之国，仍有封爵，故言。"吴澄《春秋纂言·总例》："祭叔来聘。祭：音债。祭者，周畿内之国，隐之时爵为伯，桓之时爵为公。叔者，公之弟。"由这些考证可知，公元前671年"祭叔来聘"时，祭国仍然存在。

祭国的灭亡时间未见确切记载。《左传》记载：鲁成公四年（前

587）"晋伐郑，取汜祭"。《大清一统志》："祭城在郑州东北。《左传》：成公四年，晋伐郑，取汜祭。《括地志》：故祭城在管城县东北十五里。"由此可证，这里说的"祭"就是指祭国、祭伯城。晋国位于郑国西北，晋国讨伐郑国时，过黄河后东行，由北方的平原地带进行攻击郑国，祭国为必经之地，晋国顺便灭了祭国。

五、祭伯城不是祭仲封邑

目前关于祭伯城研究，存在一个重大失误：相关志书都认为祭伯城就是郑国大夫祭仲的封邑，郑国灭了祭国，郑庄公将祭国都城作为奖赏封给祭仲。《郑州市志》的记述："祭：古称祭伯城，为周公姬旦的第五个儿子祭伯的封国……又为春秋时期郑国封祭仲之邑。""祭伯城址：位于郑州东北祭城乡祭城村……后该城并于郑，成为郑国大夫祭仲的采邑。"

这个错误源自《括地志》。王应麟《诗地理考·卷二》："《括地志》，故祭城在郑州管城县东北十五里，郑大夫祭仲邑。"这种观点只注重《括地志》的记载，却忽略了前世的记载。李泰编纂《括地志》之前和同期，至少有3种权威的史料认为定祭仲的封邑是今河南省长垣市境内的祭城，而不是郑州祭伯城。一是杜预的《春秋释例》："初，祭封人仲足，有宠于庄公。注：祭，郑地，

《春秋左传杜注》书影

陈留长垣县东北有祭城，封人守封疆者，因以所守为氏。"二是郦道元的《水经注》："长垣县……县有祭城，濮渠径其北，郑大夫祭仲之邑也。"三是范晔的《后汉书》："长垣侯国，有匡城，有蒲城，有祭城。"李贤注："杜预曰：郑祭封人仲邑。"

这个错误还忽略了祭公、祭伯、祭叔与祭仲的关系。祭公、祭伯、祭叔与祭仲是同期在世，《左传》对祭公、祭伯、祭叔的记载见于公元前722年、前704年、前671年。江永《礼书纲目·卷三》记载：周"天子置三公、九卿、二十七大夫"。何休学《春秋公羊传注疏·卷一》："祭伯者何，天子之大夫也。"程公说《春秋分记·卷三十五》："祭伯，畿内大夫。"

对祭仲的记载见于前722年至前701年（鲁桓公十一年，庚辰）。因为祭仲卖主求荣、专横跋扈，名声不好，《左传》对他直呼名字或称"祭封人"，不称"大夫"，如隐公三年（前721）"四月，郑祭足帅师取温之麦。秋，又取成周之禾"。桓公十一年"祭封人仲足有宠于庄公"。其他史籍也大多如此，如金履祥《资治通鉴前编举要·卷二》：周平王"五十有一年（庚申，前721）二月己巳日，郑祭足帅师入寇"。陈傅良《陈氏春秋后传·卷二》称："祭仲足何以不名命大夫也？祭仲以大夫专，废置君者也。"卓尔康《春秋辩义·卷四》也认为："祭仲以命大夫而称字，深责之也。"

祭伯是祭季、祭公谋父的嫡系后裔，祭国后期的国君虽被降为伯爵，在周王室内的职务降为大夫，但仍是王室重臣，祭仲的身份无法与之相比。

郑樵《通志》及凌迪知《万姓统谱》记载："祭足，字仲足，郑大夫。其先为祭封人。"周初封于祭者是祭季，可见祭仲是祭季的旁系后裔。

祭伯为周王室大夫，天子的重臣、畿内国国君；祭仲为郑国大夫，诸侯国臣子，地位悬殊。作为祭氏同族，祭仲不敢带兵攻打地位更高的祭伯，内心不会愿意自己先祖的封国被剿灭。郑庄公身处东周初乱世，敢于攻打其他诸侯国，但祭伯是王室重臣，祭仲是他的重臣，无论碍于祭伯的权势，还是碍于祭仲的情面，他都不会也不值得侵占祭国，使自己处于唇亡齿寒的境地。

即便祭国真的已经灭亡，自诩尊重周礼制度的祭仲，也不敢接受祭国国都作为自己的封邑。《左传》记载：郑庄公准备将京城封给弟弟共叔段，祭仲劝谏庄公，京城是个大城，按周代礼制，共叔段不能受封这么大的城池。以祭仲的理由，共叔段贵为皇叔，尚且不能受封大城,他只是郑国臣子,更不能也不敢接受比京城更大、地位比京城更高的祭国都城作为自己的封邑。

吴澄《春秋纂言·卷二》:"祭在开封长垣县。"

高士奇《春秋地名考略·卷六》:"后汉志:长垣县有祭城。章怀即引杜注,惟《括地志》云故祭城在管城东北十五里,即祭仲邑。"对祭伯城为祭仲封邑提出异议:"桓八年,祭公来,遂逆王后于纪。庄二十三年,祭叔来聘。祭未尝灭也,郑安得取以封仲乎?"

王夫之《春秋稗疏·卷一》:"长垣县东北有祭城……命于周者,则祭公谋父之后,与祭伯、祭公、祭叔同族。祭音债,其国邑在王畿内,非长垣之祭也。"

《水经注》书影

于成龙《畿辅通志》:"祭城在长垣县东北。《水经注》:郑大夫祭仲之邑。《(长垣)县志》:县东北有祭城村。"

顾栋高《春秋大事表》:"长垣县……东北有祭城,为祭仲邑。"

另有确凿史料记载:祭仲从国都新郑回封邑长垣祭城时路过宋国,被宋国人拘捕。《春秋公羊传·桓公十一年》:"祭仲者何?郑相也。……庄公死已葬,祭仲将往省于留,涂(途)出于宋,宋人执之。"《水经注·卷二十二》:"留,郑邑也,后为陈所并,故曰陈留。""留"即留邑,今开封祥符区陈留镇、杜良乡一带。郑庄公去世后,祭仲回祭城省亲,路过留邑时被宋国人拘捕,要挟他废除太子忽(郑昭公),立公子突(郑厉公)为国君,祭仲卖主求荣,"与宋人盟,以厉公归而立之"。祭仲在留邑被宋国拘捕,各种古籍有所记载。如果祭仲从新郑到郑州祭伯城,就不可能绕道留邑、路过宋国之地。留邑则是从新郑到长垣祭城的必经之地,由此确定,祭仲的封邑一定是长垣的祭城。

明代《皇舆全览分省图》

留邑是新郑到长垣祭城的必经之路

郑国祭城位于长垣东北 35 里。明清《长垣县志》记载：长垣县有祭城遗迹，为祭仲的封邑。县城东北三十五里大翟里有"苗祭城寨"和祭城村。嘉庆年间，祭城村分成苗祭城、阎祭城、姚祭城、安祭城等 8 个祭城村，解放后分成 12 个祭城村。1955 年，12 个祭城村以"祭"字谐音改称苗寨、阎寨、姚寨、安寨等村，当地人至今仍称之"祭（zhài）城"村。以苗祭城为中心的 12 个祭城村，就是郑国大夫祭仲封邑。

（王曜卿　中共郑州市委党史和地方史志研究室）

历史上的三个"郑州"

隋开皇三年(583),今郑州市及所辖荥阳、中牟、新密等地(省称郑州地区)首次使用"郑州"之名。

隋大业二年(606),今郑州市城区所在区域(省称郑州市区)首次使用"郑州"之名,之后的1400多年中,"郑州"这个名字共使用了1360多年。自1085年第四次启用"郑州"以来,这个鼎鼎大名再也没有消亡过……

郑州建置沿革概况

问起"郑州"这个地名的由来,对郑州历史有所了解的人会随口答曰:因为这里在春秋时期属郑国的领地,所以,隋朝在这里设置了"郑"州。民国初废除州一级行政建制,过去的郑"州"就被称作"郑州"了。——这种说法正确与否,不要忙着下断语,先来认识一下"郑州"这一地域名称的两个概念,简要地了解一下郑州的建置沿革。

作为一个地名,现在的郑州有两个相互关联的概念:一是作为一座独立的城市的郑州,仅指今郑州市城区部分,即"郑州市区";二是作为一个行政管理区域的郑州,它包括郑州市属六区六县(市)的全部范围,即"郑州地区"。

夏初禹划九州,今郑州地区所在的区域属豫州。

商代在郑州市区建都,郑州地区有了专属的名字:"隞"(或称敖、嚣),属豫州。

西周,郑州市区称"管",属管国。

春秋、战国，郑州市区一带称"管邑"，先后属郑国、韩国。

秦代，称"筦（管）叔邑"，先后属三川郡京县、颍川郡新郑县（或苑陵县）。

西汉至南北朝时期，称"管城"，属中牟县。

隋初仍称"管城"，属内牟县（此前的中牟县，583年内牟县改属郑州）；公元596年置"管城县"，属管州；606年管城县属郑州。

唐朝至五代仍称"管城县"，属管州。北宋先后属开封府、郑州。金元两代属郑州。明初废管城县，明清两朝称"郑州"。民国初撤郑州设郑县，其间1928—1931年设"郑州市"。1948年10月郑州解放，成立郑州市人民民主政府，"郑州市"从此走上康庄大道……

历史上的三个郑州

隋开皇三年(583)，今"郑州市区"的"上级"政区内牟县属郑州，这个郑州和今天的"郑州市区"有什么关系？是不是今天这个"郑州"的由来呢？非也，这个郑州不是现在的郑州，也不是历史上的第一个郑州。

历史上的三个郑州州治、境域示意图

历史上第一个郑州出现在北朝东魏武定七年（549）。清道光《许州志·沿革卷》记载："西魏置许昌郡，后入东魏，改曰郑州……"1993年版《许昌市志》进一步考证："西魏置许昌郡（今长葛老城）。东魏天平元年（534）改为颍川。武定七年改颍川为郑州，治移颍阴（今许昌市区）……北周大定元年（581）改郑州为许州，治长社（今许昌市区一带）。"——原来，历史上的第一个郑州在今天的许昌市，因原属郑国领地而得名，与现在的郑州没有任何关系。

历史上第二个郑州跟今天的"郑州市区"也没有直接关系。现在的荥阳市，隋朝以前历称荥阳郡、荥阳县、荥州，隋开皇三年（583）改荥州为郑州（一说开皇元年二月）。它是第一个郑州的延续吗？究竟是哪年改的名？这些都不重要，重要的是其治所在虎牢（今荥阳），跟今天的"郑州市区"没有关系。今"郑州市区"当时间接地归它管辖，这样，今"郑州政区"跟第二个郑州就有了隶属关系。

隋开皇十六年（596），今"郑州市区"从中牟县析出、置管城县（今管城回族区），隶属于新设立的管州，州治管城县，今"郑州市区"由此开始成为一个"州"的行政中心。

第三个郑州和今"郑州市区"有直接关系。隋大业二年（606），郑州、管州合并为新的郑州，治所在管城县，这便是今天的郑州的前身，也是"郑州市区"第一次使用郑州之名——这个郑州只存在了一年，大业三年（607）复名荥阳郡。

反反复复郑州之名

唐武德二年（619）王世充在洛阳立郑国，在荥阳置郑州，治虎牢。武德四年（621）李唐灭郑，郑州仍治虎牢。贞观七年（633）郑州治迁至管城，"郑州市区"第二次使用"郑州"之名。

天宝元年（742）撤销郑州、置荥阳郡，治虎牢。至德二年（757）恢复郑州、治虎牢；会昌三年（843）郑州治迁回管城，"郑州市区"第三次使用"郑州"之名。这次复名，郑州存在了315年（含治所在虎牢的 86 年），至宋熙宁五年（1072）废郑州建制，管城县归属开封府。

宋元丰八年（1085）再设郑州，历金元两朝，治所皆在管城，"郑州市区"第四次使用郑州之名。——其间，今"郑州市区"一直属管城县。

民国时期郑州市与郑县划城而治

明初撤销管城县，"郑州市区"升级为"州"治，成为名副其实的"郑州"。

中华民国二年（1913）撤郑州设郑县，但"郑州"之名并未消失。1904 年，京汉铁路通车，在郑州城西部，以火车站为基础兴起了一座新城，1905 年辟为河南省直管的郑州商埠。老郑州城变成郑县县城后，新城区以"郑州商埠"（和郑县的行政级别相同）的名义，与郑县县城以城为界、分疆而治，互依共存、各自发展。

1928 年 1 月 13 日，在冯玉祥的倡导、呼吁下，国民政府批准设立成立郑州市，郑县县城仍由郑县管辖，郑县县城以外（西部至西南部）发展起来的郑州新城区由郑州市管辖，郑州市与郑县划城而治，各司齐政、各司其职——这是"郑州市区"第五次正式使用"郑州"之名。

1931 年 1 月 13 日裁撤郑州市，郑州新城区仍归河南省直管，和郑县同级并存，其名称数次更迭：1931 年 12 月成立郑州市工务局(隶属于省建设厅;1932 年 8 月直属于河南省第一区行政督察专员公署),1935 年 1 月成立郑州市政委员会(与市政府职能相当,直隶于省政府)管理;抗日战争期间,和郑县一样处于无政府状态;抗日战争胜利后,1946 年 9 月成立郑州市复兴规划委员会,负责原郑州市辖区的规划、建设与管理,直到 1948 年 10 月郑州解放,郑州市复兴规划委员会自动退出历史舞台,封建、半封建的老郑州彻底结束。

从明清时期的郑州到 1905 年的郑州商埠,到 1928 年的郑州市、1931 年的郑州市工务局、1935 年的郑州市政委员会、1946 年的郑州市复兴规划委员会,虽有郑县的存在,"郑州"之名其实并没有消失过。

1948 年 10 月 22 日郑州解放,28 日成立郑州市人民民主政府,属于郑州人民的新郑州诞生,可以称为"郑州市区"第六次正式使用"郑州"之名。

1953 年撤销郑县,新兴的郑州城区"吞并"了唐武德四年(621)建城的郑州老城。如今,那座有 1402 年沧桑历史的、面积只有 1.8 平方公里的郑州老城,在只有百年历史的郑州新城中,成了郑州中心城区内的小小一片、在百倍呵护中稳步发展的历史文化高地!

(李红　中共中牟县委党史和地方史志研究室)

几度辉煌的郑州开元寺

郑州开元寺是隋末郑州城唯一的佛教寺院,唐宋时期曾经几度辉煌。明代以后逐步败落。由于历史久远,资料散佚,史志记载简单且多有舛误,导致人们对开元寺知之甚少,甚至连建寺时间也没有定论,本文尽可能地还原开元寺的真实历史,聊补郑州文史方面的一点空白。

一、隋末创建,桂殿兰宫供尊神

明嘉靖三十一年(1552)《郑州志》(简称《嘉靖志》)记载:开元寺"在州治之东,唐玄宗开元年创建"。康熙三十二年(1693)《郑州志》(简称《康熙志》)、乾隆十三年(1748)《郑州志》(简称《乾隆志》)在《嘉靖志》记述后加了一句"头门内唐建舍利塔一座"。民国五年(1916)《郑县志》把"头门内"改为"头门外"。四部旧志均认为开元寺建于唐开元年间,并非依据史传资料,而是因为唐玄宗时曾敕令各州建寺。"二十六年(738)六月一日,敕每州各以郭下定形胜观、寺,改以'开元'为额。"(《唐会要》卷五十),正好郑州之寺名为"开元",从而望文生义、主观臆断。

据管城区教师张清杰回忆:1941年11月,郑县县立简易乡村师范学校师生在开元寺发现一块石碑,碑文中有贞观年号,开元寺塔为尉迟恭监修(1990年《管城文史资料》第二辑)。此说有一定可信度,清代陕西、山西、山东、江西四省《通志》共有10余处"尉迟恭监修(或监造)"佛寺的碑文记载,郑州开元寺有此碑或为实情。沿着这个思路,笔者重点查阅开元以前的各类史料,出乎意料地找到一系列可靠依据。

　　唐代文学家、书法家、官至北海太守的李邕著《李北海集》，卷四收录《郑州大云寺碑》一篇。开元十一年(723)，李邕由海州刺史转任陈州刺史，开办大云寺讲坛，郑州大云寺方丈(俗姓李、名婆谛，陇西姑臧人)邀请李邕撰写碑文。宋代欧阳修撰《集古录》，清康熙年间的《御定佩文韵府》《御定佩文斋书画谱》等多次记述此碑，可见此碑在当时和后世都有一定影响。

李邕《郑州大云寺碑》书影

　　按《郑州大云寺碑》记载，开元寺的创建时间为隋炀帝大业年前期(605年后)，碑文记载：唐高祖李渊建立唐朝当皇帝前在该寺塑造金身一尊。

　　该寺创建者名叫慈缘，但没有写明确切的创建年份和最初的名称。该寺"光灵滋茂，厦屋云阴，沙门玉立。宝座莲动，现身金光，不同于凡"。可见建寺之初的恢宏气势。

　　综合新旧《唐书》记载，推算李渊约公元708年前后任荥阳郡太守。从李渊在寺内的表现看，该寺极大可能是李渊倡议修建的，创建寺院的僧人慈缘，可能就是他的"自己人"。

　　李渊在郑州"俟时登庸"，即寻找机会、伺机登基称帝。他在寺内"从观兴感，再驾尚轫，五转欲承"。寺院内外"凤集畜云，龙睇霄极"。于是李渊"祷法力于大雄，创建漆象一躯"。后来的种种迹象表明,李渊创建这尊塑像可能就是他自己的塑像。

李邕碑文缺少的寺院名字和规模,另有文献可以补缺。京都高僧释道世花费20多年时间撰写《法苑珠林》,唐高宗总章元年(668)成书并进献给高宗李治,首次记载了该寺名称等情况:"郑州定觉寺立塔之日,感得神光,如流星入寺。设供二千,万人食不尽。"梅鼎祚编纂、明崇祯辛未年(1631)成书的《释文纪》的记述更为详细:定觉寺建新塔安葬佛骨,奉迎的舍利刚进寺,东边出现大如流星的佛光,进入佛堂。寺僧准备了两千人的斋供,实则上万人也吃不完,剩余食物分给为寺院工作的俗家人员,二百多人吃了多天才吃完。唐宋时期多部古籍作为祥瑞引用并宣扬此事。

事发唐高祖武德年初期,郑州城尚未筑城墙,金水河从双塔间流过。李邕碑文中的"郑之法宇兮在城一隅,大雄感应兮休征有殊"说明,武德四年(621)筑郑州城墙后,定觉寺被压缩到城内东北一角,此后从未易址。寺院布局以大雄宝殿为中心,而不是后期的寺院大多以寺塔为中心的格局。

有人猜测定觉寺可能是在今荥阳广武镇定觉寺村,但此期该村属洛州汜水县,假设该村有寺,应称"洛州定觉寺"或"汜水定觉寺"。该村在广武山上,地势很高,河水无法上溯流至此地,且这一带从未有过河流,自然不会出现双塔分置河两岸的景观。

定觉寺有二百多名俗家人员,足见其规模庞大。两千多人参加安葬舍利仪式,足见其影响深远。为两千人准备的斋饭上万人吃不完,足见其财力雄厚、作风奢侈。这种张扬是不是有李渊的支持,不能不令人遐想。当然,这种排场也遭到与佛教明争暗斗的道教势力,以及后期反佛型皇帝唐武宗李炎的嫉妒,为自己埋下了祸根。

二、唐初繁荣,香火旺盛数十春

唐高宗麟德二年(665)十一月初,高宗李治封禅泰山的途中经过郑州,驾临定觉寺,"道由是邦,言念兹者。寺中留绣像一帧"。"言念兹者"就是念及祖父李渊或李渊的金身塑像。李治死后,皇太后武则天"奉遗托孤,与权改物……追惟乾荫,永动皇情。明启度门,宣游觉路"。也来到定觉寺,跟李治一样"降绣像一铺"。武则天此来,与李治拜谒定觉寺有直接关系。考察李治封禅行程,十一月初至郑州属实。李邕十五岁前生活在郑汴之间,对大云寺情况必然熟稔。撰写碑文之前不足一月刚觐见过唐玄宗,如此重大事项他不会记错,也不敢乱写,否则碑碣将无法示人。——短短70年间,三位皇帝驾临并塑金身、赐绣像,增强了定觉寺的地位和影响。

武则天称帝后,定觉寺改名为大云寺。载初元年(689)秋七月,"有沙门十人伪撰《大云经》,表上之,盛言神皇受命之事。制颁于天下,令诸州各置大云寺"(《旧唐书》卷六)。"天授元年(690)十月二十九日,两京及天下诸州,各置大云寺一所。"(《唐会要》卷四十八)定觉寺改名大云寺的同时进行了改扩建,碑文记载:"乃陈诣府庭,移牒省闼。引仍旧之直,矫易恒之枉。申报旷祀,奔走宣劳,终于讼贞成,我道胜。是以颓墙堙堑,焚莱平场。广途塞开,曾耩踊出。嶷若当阳,豁若捷径。"天授二年(691),侯文衍为寺院造弥勒像一尊,正是定觉寺改名大云寺的见证。

此期反对建大云寺者或被处死。《新唐书》载:官至右丞相、辅国大将军的岑长情,因为反对建大云寺而被罢官,最终与格辅元一起"斩于市,五子同赐死"。格辅元之子格遵因此"亡命匿中牟十余年"。当时全国建、改大云寺400多座,郑州自然不会例外。

唐中宗弘道元年(683)李显复位,废《大云经》、大云寺,各地大云寺多数被毁,只有少数建于武周前、690年改名大云寺的得以保留。或因寺中有李渊的金身,李治、武则天赐予的绣像,郑州大云寺得以幸免。唐玄宗开元八年(720)还派曾任校书郎的弘文馆官员王元度为大云寺雕刻蒲台佛像一尊。李邕同年撰写碑文的海州大云寺也被保留且未改名,宋代赵明诚、李清照夫妇撰写的《金石录》记载:武后"令天下立大云寺,至开元二十六年诏改为开元寺。此碑十一年建,故犹称大云也"。

唐玄宗开元二十六年(738)正月二十,李隆基在西安延庆殿与圣光法师探讨佛法后说:"自今以后誓为佛之弟子。于天下州府各置开元寺一所,表朕归佛之本意。"(西安"大开元寺兴致"碑),六月一日又敕令各州设立(或原寺改称)开元寺,郑州大云寺也于此时改名开元寺。

此后,实力强大、财产丰厚而且不缴纳赋税的寺院不断增多,严重影响了李唐的经济和政治统治。为打击寺院经济,夺其财产充盈国库,在道教势力挑唆下,以李德裕等重臣为代表的新兴地主阶级不断上疏蛊惑,唐武宗会昌五年(845)四月,唐代唯一的反佛型皇帝李炎,敕令开展毁佛运动,天下佛寺大部分被毁。《旧唐书》:"秋七月庚子,敕并省天下佛寺。……上都、下都每街留寺两所。"李德裕奏:"诸上州国忌日官吏行香于寺,其上州望各留寺一所……下州寺并废。"除长安、洛阳外,34 个节度使治州各留 1 座,刺史治州不得留寺。"天下废寺,铜像、钟磬委盐铁使铸钱,其铁像委本州铸为农器……土、木、石等像合留寺内依旧。"郑州为刺史州,得益于供奉李渊的金身,开元寺幸免于难。反佛派并不死心,十月,李德裕上奏《请立昭武庙状》折(收入个人著作《会昌一品集》),大意是汜水县虎牢关山上有李渊、李世民塑像,因年久缺乏维护,神像色彩晦暗。希望拆掉开元寺(李文沿用旧称定觉寺),在虎牢关建造昭武庙供奉两位先祖。李炎批准奏议,很快在伏蛟山建立昭武庙。宋代宋敏求于熙宁三年(1070)完成的《春明退朝录》记载:"昭武庙乃神尧太宗塑像,今殿内有二人立,而以冠传付之貌。或云失二帝塑像,而但存侍者故也。"

李渊的塑像移至虎牢关,开元寺被废。所幸毁佛运动只收缴金属塑像、钟磬,令僧尼还俗,寺院建筑及土木石像得以保留。唐代皇帝分为崇佛、重佛、轻佛、反佛四种类型,宣宗李忱、懿宗李漼是三位崇佛型皇帝中的两位,保持各州至少一座寺院的传统。李忱即位后立即恢复佛教,大中元年(847)闰三月敕令"天下州府,应会昌五年四月所废寺宇,有宿旧名僧,复能修创,一任住持,所司不得禁止"。郑州开元寺奉敕恢复,但财产遭受重创、僧俗人员流失,唐代后期才恢复元气。

唐末皇甫枚于 910 年编纂成书的《三水小牍》记载:唐僖宗中和元年(881)"暮秋月,都监迁于荥阳郡,舍于开元寺"。此期并没有荥阳郡,荥阳郡代指郑州;文中记载,爬上寺中大梓树就能看到东城外的仆射陂,以此可以确定这就是郑州开元寺。寺中可容纳300多名都监营士兵居住,且其中一对数十人逃跑而不被发现,说明开元寺规模宏大,已恢复从前的繁盛。

三、宋代中兴,散发光芒两世纪

清末,日本建筑史学家、建筑学教授关野贞,佛教研究学者常盘大定考察研究开元寺。1906 年 9 月,关野贞拍摄了开元寺尊胜幢(尊胜陀罗尼经幢)和开元寺塔的照片,并抄录了尊胜幢铭文。1939 年 5 月出版《支那文化史迹》《支那文化史迹解说》,刊载了关野贞拍摄的照片和常盘大定撰写的介绍:开元寺“今极颓圮,可记之处寥寥,仅大塔与经幢大有可观”。

民国时期,著名建筑学家杨廷宝 1934 年末考察开元寺塔,1936 年 9 月在《中国营造学社汇刊》发表《汴郑古建筑游览纪录·郑州开元寺塔及经幢》。开元寺已完全消亡,“塔之西北不数武,有开元寺仅存之经幢焉。……(经幢上)有晚唐中和五年(885)六月十日造……犹可隐约辨析”。杨廷宝与常盘大定的记述一致,一度成为开元寺晚唐或五代时期又遭毁坏的引证。

尊胜幢铭文

郑州市博物馆《郑州开元寺宋代塔基清理简报》记录尊胜幢增刻铭文:“伏以此尊胜幢,本在市曹院内,去年废毁之时,遂即召集众人移于寺中建立。”据此推测开元寺在五代天成之前遭受过打击。其实,会昌毁佛至天成年间未发生毁佛事件,后周 955 年实施排斥佛教政策,主要针对“诸县城郭内”、二百户以下“镇坊”及村级无敕额的私设小寺院,重点是合并寺院、遣散非法僧尼,而没有毁坏寺院。增刻铭文“去年废毁之时……移于寺中建立”“天成五年……重建”指经幢本身,不涉及开元寺。

尊胜幢落款铭文即针对经幢也涉及寺院,落款并非“六月十日造",而是"六月十日建院"。落款接着说"主僧□□监修""□御吴……上柱国杨璋……等建",说明建设队伍规模大,参与人员级别高、上柱国最低为正二品武官。由此判定,在《三水小牍》所述881年的规模上,开元寺于中和五年新建一处下属寺院,建院时刻立尊胜幢,故曰寺院规模再次扩大。

开元寺真正走向中兴,是进入北宋之后。

新皇即位,大举兴建寺庙、推动宗教活动为常态。太宗赵光义敬重佛教,登基当年令各地大建佛寺,剃度僧尼17万人,五台山奉旨建寺10座,峨眉山奉诏建寺5座,在此大背景下,郑州开元寺的扩建也成为历史必然。

宋真宗景德四年(1007)二月甲午日,真宗赵恒驻跸郑州,驾临开元寺、观赏新建的开元寺塔。《宋史》《续资治通鉴长编》《资治通鉴后编》《钦定续通志》等有明确记载。江少虞于南宋高宗绍兴十五年(1145)五月编纂成书的《皇朝事实类苑》记载:"景德末,(张维)扈驾谒陵,还,经郑州,从幸开元寺,观新塔。"

随宋真宗出行的张维是著名书法家。开元寺方丈向张维求作寺碑。"僧前揖言:闻公深信内典,愿为之碑。因诺之,后为撰碑。"宋代朱长文的《墨池编》、明代陶宗仪的《书史会要》对此碑均有考证和记载。宋真宗游寺观塔、张维书写碑文,使开元寺声名大噪,开元寺再次进行了大规模扩建。

《皇朝事实类苑》书影

宋末诗人王庭珪的《卢溪文集》卷四十七《故校书郎曹公行状》记载:"君讳崇之,字唐老。……君之考司勋始迁于郑,今为郑州管城县人。……司勋讳辅,字子方……登进士第,复以文章名誉显于一时。……以文章从东坡、山谷游,名声籍甚。……唐老大观三年遂登进士第,……宣和七年七月十九日,感疾而终,享年四十有四。

是岁敌犯京洛,攒(停放灵柩,等待以后安葬)其柩于郑州开元寺泗州院。"(注:曹子方、曹崇之父子是郑州文化名人、父子两进士。曹子方与文学大家苏轼、秦观、黄庭坚、晁补之等交情甚笃、过从甚密。曹崇之官誉甚佳且书法出众)

曹崇之长时间攒灵柩于开元寺泗州院,正处于开元寺高峰期。唐代中后期至北宋,佛寺实行"寺院"二级体制,官办大寺可寺下设院,院为寺的下属机构。开元寺有泗州院,首先得有观音院、藏经院、华严院、白衣院、千佛院、释迦院、净土院、天王院等禅院,之后会有律院、分院,再后才有负有管理、服务的下属寺院,885年"建院"可能就是此类。曹崇之攒柩于服务型下院泗州院,说明开元寺僧俗人员众多,接待服务能力强,不仅能为攒柩者提供超度等法事服务,还有住宿、餐饮等服务及场所。从宋真宗游寺观塔至此期,开元寺在宋代辉煌了200多年。

四、明清衰落,神型湮灭寂无音

明代,朝廷多方面限制佛教,开元寺逐渐衰落,永乐时期已非常破败。永乐二年(1404)进士、山东参议孙子良《郑州怀古》诗:"荒城日落重门闭,古寺烟消石塔危。"永乐年间,郑州举人冯振《郑州怀古》诗:"开元寺废无僧住,广济桥荒少客游。"这两首诗充分反映了明初开元寺衰败不堪的景象。

《嘉靖志》记载:"国朝永乐十八年(1420),僧明福重建。"此为明代以后开元寺的最大规模,但是,与唐宋时期的繁盛不可同日而语。康熙志前的"开元寺"图为明福重建后的格局:全寺五进院落,前有山门,后建卧佛殿,中间为大雄宝殿。卧佛殿面阔五间,其余三间。主院沿中轴线排列山门及殿宇五所,两厢各有寮房。主院东侧有塔院,西侧为白衣阁,西南角为观音堂。此格局证明宋代开元寺确实有观音院、白衣院等下属禅院。

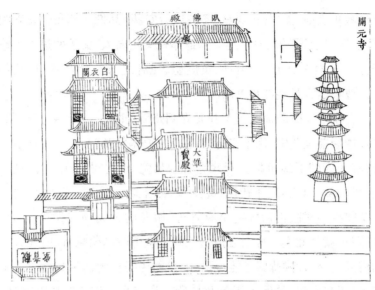

康熙《郑州志》开元寺图

至清代中叶再无重建记录，败落是必然的。嘉庆元年（1796）九月初七，书画家黄易到开元寺拓碑文，《嵩洛访碑日记》记载：开元寺"殿圮，重葺小构，仅蔽风雨。存两石佛，一天授二年侯文衍造弥勒像，一开元八年王元度造蒲台像"。嘉庆庚午（1810），中州督学姚晏《中州金石目》记载："侯文衍等造弥勒像铭，天授二年，正书；王元度造像铭，开元八年，正书。"从黄易《开元寺》图看，当时只剩卧佛殿和大雄宝殿。"殿后尊胜经幢，中和五年僧祖愿书经篆额。"大雄宝殿东北的尊胜幢，至民国中期杨廷宝考察时没有移动。侯文衍、王元度的两尊石像，证明自唐初至清代开元寺从未易址。

同治时期，开元寺更是满目疮痍。同治十二年（1873）张暄任郑州知州，倡议重建开元寺，最终只修缮了开元寺塔，后人于1885年立碑纪念。上海致用大学校长侯鸿鉴于1928年作《郑州旅行记》：是年五月至七月，侯鸿鉴到郑州考察，书中两处涉及开元寺。一是尊胜幢保存完好，"此为唐之遗迹，余以铅笔白纸，拓数十字，尚清爽。有十余字骨月丰腴而挺秀，甚佳"。二是陪同考察且谙熟郑州历史文化的学者介绍开元寺的情况："开元寺有舍利经幢，须筑亭以护之。县令张暄，拟修而未果也。""是说不见县志，而见私家记载，确有可证……其稿未刊刻。"证明开元寺史料落入私囊、最终遗失。三是"开元寺为唐时遗迹,遗有一额,为清知州张暄书"。张暄没有重建寺院却题写了山门匾额,说明此前山门得到重建,与《郑县志》"古塔晴云"图上画的大门互为佐证。民国时期,主院大部及山门消亡,这块门额无处可挂,故此侯鸿鉴《郑州杂咏》诗云:"两字开元虽剥蚀,千秋人犹说初唐。"

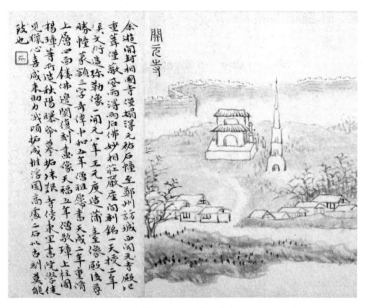

黄易开元寺图(局部)

清末,除大雄宝殿外的建筑全部消亡。1993 年版《管城回族区志》和 2002 年版《郑州大辞典》记载:开元寺卧佛殿毁于 1937 年,仅剩面阔五间的大雄宝殿。两处的记述是错误的,卧佛殿为五间、清末已不存,大雄宝殿为三间、1931 年 7 月倒塌。

1906 年只剩开元寺塔、尊胜幢和大雄宝殿,大殿北墙有裂缝。1930 年大雄宝殿南侧损坏,1931 年 7 月消亡。大殿位于开元寺塔西北,1907 年沿南墙折至塔西有围墙,塔东、塔南建有民房。1926 年后,西南部土地被占用,但不同时段房子不同,说明开元寺的地产为借用、未被侵占。1930 年,塔北、经幢南新建围墙,经幢被圈在墙外。1932 年后,塔西、西南民房消失,周围成为生产土盐和硝石的盐场。1938 年,任郑州《大刚报》编辑、前武汉市作协主席李蕤的

《怀念郑州的半截塔》记载:"抗日战争年代,郑州市的东北角有一片广场,广场上有一座塔。这座塔上半截没有了,只有下半截,人们称之为'半截塔'。"李蕤的记述与照片画面完全吻合,证明民国中期开元寺已灰飞烟灭。

1947年,在开元寺旧址建立河南省立郑州医院。1977年,郑州市第一人民医院建门诊楼,塔基周围仅存的空地被利用,至此,开元寺彻底淡出郑州人的视野。

（王曜卿　中共郑州市委党史和地方史志研究室）

郑州地名历史文化故事

郑州曾经的擎天一柱

——开元寺塔

郑州开元寺始建于隋末，唐宋时期几度辉煌，明代以后渐趋没落。清代以后，其破败景象已引不起人们重视，时属郑州"第一高度"开元寺舍利塔（简称"开元寺塔"）反而备受青睐，被誉为郑州的"擎天一柱"，直至中华民国时期，一直是郑州的地标性建筑。

跻身郑州八景

清代，开元寺塔被列为"郑州八景"之一，名"古塔晴云"。乾隆八年（1743）张钺再任郑州知州，翌年组织编纂《郑州志》，确定郑州八景。乾隆《郑州志》、民国《郑县志》中的"古塔晴云"就是开元寺塔。

"古塔晴云"作为郑州一景，曾是文人墨客休闲游览的福地，留下不少感人的诗篇。乾隆《郑州志》、民国《郑县志》的"郑州八景·古塔晴云"图后各有知州张钺的赞诗："远近群瞻卓笔形，无心出岫忽升腾，鸽王离怖梵天近，五色蒸霞绕上层。""擎天一柱映斜曛，高造浮屠上入云。伊孰当年藏舍利，烟岚雨后色平分。"张钺的郑州八景诗中亦有《古塔晴云》诗："开元初地辟，云际涌浮图；独立遗千劫，凌空占一隅。絮黏连不断，肤合有疑无；背郭炊烟起，常将霁霭俱。"清光绪年间郑州东里书院学正朱炎昭的郑州八景诗中也有《古塔晴云》诗："间云片片度晴晖，缥缈偏从断塔归。颓顶疑磨苍盖漏，无心乱化白衣飞。飘过雉堞天弥远，煖上鳌峰露已晞。幻极古今多变态，何堪翘首望依依。"

261

隋唐双塔对峙

开元寺塔影响深远,但它的历史却鲜为人知。开元寺塔究竟建于何时? 此前的史志记载均属未解之谜。

明嘉靖《郑州志》没有记载建塔时间。康熙《郑州志》、乾隆志《郑州志》、民国《郑县志》称"唐时建",均认为开元寺塔和开元寺一样,建于唐开元年间。新中国成立后对塔基地宫进行考古发掘,认定开元寺塔始建于北宋初年。古籍的记载证明,这两种观点都是错误的。

唐高宗总章元年(668),高僧释道世撰写的《法苑珠林》记载:其前身"郑州定觉寺立塔之日,感得神光,如流星入寺。设供二千,万人食不尽"。"放光,燔内向。"梅鼎祚编纂、明崇祯辛未年(1631)成书的《释文纪》记述更详:定觉寺建新塔安葬佛骨,奉迎的舍利刚进寺,东边出现大如流星的佛光,进入佛堂,承载舍利的车驾至此自动停止、无法前行。新塔塔基在河西岸,河东岸的旧塔发出三束光,进入新塔塔基。——由此确定,开元寺塔最迟建于唐初,也可能是隋末兴建开元寺的同时建塔。当时不但有塔,而且是双塔,对峙于金水河两岸。

《法苑珠林》记载的两座开元寺塔,最晚到唐开元初期已不存在,唐代著名书法家李邕的《郑州大云寺碑》记载:"借如崇建塔宇,附丽朝阙。凭县官之力,散王府之财。中使相望,匠人经始,则有之矣。未或介在草泽,僻居里间。发皇明于日中,落宠锡于天上。"说明此时开元寺没有舍利塔,而李邕把建塔视为祈福乡里、弘扬皇威的大事,所以希望"崇建塔宇",可惜直至唐代灭亡也未能重建开元寺塔。

宋初梅开二度

1007 年,宋真宗从西京返回东京汴梁的途中驻跸郑州,游开元寺、观开元寺新塔。《宋史》《续资治通鉴长编》《资治通鉴后编》

《钦定续通志》等有明确记载。江少虞于南宋高宗绍兴十五年（1145）五月编纂的《皇朝事实类苑》记载："景德末，（张维）扈驾谒陵，还，经郑州，从幸开元寺，观新塔。"这座新塔就是宋太宗太平兴国元年（976）重建的新塔。

1951年，文物部门首次清理开元寺塔基地宫，地宫内出土的石棺铭文，明确记载该塔创建于宋太平兴国元年。1977年二次发掘塔基地宫，出土有石棺、佛骨舍利和垫在石棺基座上的唐开元铜钱，再次确认开元寺塔是976年为安葬佛骨舍利而建。

唐代，大多佛教寺院是先建塔、后建寺，建寺以塔为尊，所以，很多舍利塔建在寺院中轴线上。唐初的开元寺并不符合这个规则。宋代，在寺外建塔院成为常态。明代重建开元寺时，特意为开元寺塔建造了塔院。

康熙《郑州志》称开元寺"头门内唐建舍利塔一座"，证明明代重建时主院、塔院分设的格局已改变，塔院消亡。民国《郑州志》改"头门内"为"头门外"，说明开元寺山门向寺内迁移了很多，开元寺塔已经从寺院内"移出"寺院外，开元寺规模变得更小。

身型高大雅致

旧志记载开元寺塔"高十余丈"。1961年版《郑州市文物志》记载："宋太祖开宝九年建立的砖塔一座，共十三级，高三十余米。"按清代营造尺1尺等于34.5厘米计算，塔高应在35米以上。还有一种说法：据《郑州市文物志》记载，开元寺塔"高52.7米"，纯粹是凭空杜撰、子虚乌有的谎言，1961年版《郑州市文物志》只说"高三十余米"，1999年版《郑州市文物志》根本没有对开元寺塔的专门介绍，更没有塔高的任何记载。

笔者收集到清末至民国时期的12张开元寺塔照片。按照民国时期著名建筑学家杨廷宝绘制的"塔基底面尺寸图"，按同等比例对照片进行测量，至20世纪30年代，开元寺塔残存的11层总高约38米，首层至塔檐上方约10米、至塔檐下方约8米；首层砌砖99层，按清砖的厚度，99层砖应为8米左右，证明以此方式测量的数据是准确的;第二层的高度锐减,第三层及以上每层渐次缩减,从而可计算出原塔13层(至塔檐)的总高度约42米,加上塔刹,由塔基至塔尖通高约45米,折合为15丈,符合旧志记载的"高十余丈"。

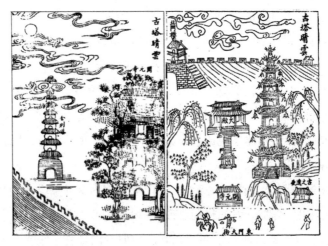

乾隆郑州、民国《郑县志》"古塔晴云"图

乾隆《郑州志》的八景图将开元寺塔身画成圆形,民国《郑县志》又将它画成正方形,说明二者都不是实景图。开元寺塔其实是八角十三层楼阁式建筑,一层供奉石雕佛像,四面有门。每层均有棚板、木梯,沿梯道旋转而上,二层以上四面有窗,可以观景。在顶层藏经阁可鸟瞰四方,全城景色尽收眼底。

近代著名学者乐嘉藻1933年出版的《中国建筑史》称"唐周天授建今之郑州开元寺塔,八方阶级形,狭檐疏层"。著名建筑学家童寯20世纪20年代编、中国建筑工业出版社2003年11

开元寺塔

月版《童寯文集》第三卷多处记述开元寺塔,将开元寺塔与嵩山法王寺塔并列为唐塔,"唐:嵩山法王寺塔,郑县开元寺塔(八角)"。这两个年代定位都是错误的。陈振主编、上海人民出版社1999年3月版《中国通史》第七卷称"宋代塔基中时代最早的是郑州开元寺塔基,平面为八角形"则为可信记载。

现存12张拍摄于1906—1937年的照片,不仅展示了开元寺塔的面貌,还可以通过画面测算塔的高度,明确拍照方位,了解周围地面建设情况的变化,还原缺乏文字记载历史真实。

几经火烧炮击

开元寺塔命运多舛、几经磨难,明清时期屡次遭受毁坏,又多次进行修葺。咸丰元年(1851),太平天国起义军攻占郑州,占据开元寺与清兵抗拒,后退入塔内坚守,与清兵在此展开决战。清兵久攻不克,就放火烧塔,致使塔中的棚板、木梯全部被毁,开元寺塔变成一个空筒。

同治十一年(1872)六月,知州张暄组织修缮,"于是刻日兴作,不数月而址基完固"。后人于光绪十一年(1885)在西面门洞内立碑纪念,杨廷宝抄录的碑文与《郑县志》所载张国源1885年撰写的《修葺古塔记》文字稍异、内容一致。按碑文记载,此次只加固了开元寺塔的塔基。从日本建筑史学家、建筑学教授关野贞1906年拍摄的照片看,清末还对首层进行修复,在外壁局部垒砌了新砖。

根据1894年任郑州学正的朱炎昭的《古塔晴云》诗中"缥缈偏从断塔归,颓顶疑磨苍盖漏"的描述,清光绪年间,开元寺塔最上两层坠毁,巍峨的十三层塔变成了半截塔、断塔,第十一层北面、东面至南面损毁严重。至20世纪30年代末,东南面已坍塌至第十层塔檐。

抗日战争期间,开元寺塔还多次遭到侵华日军的炮击和飞机轰炸。

含恨寿终正寝

抗日战争期间，开元寺塔遭侵华日军和国民党军毁坏。1938年6月5日，日军以开封铁塔为目标实施炮火打击，最终攻陷开封。沿陇海铁路西撤的国民党军怕开元寺塔像开封铁塔一样成为日军的炮击目标，在塔基堆放炸药实施爆破，终因炸药不足、塔壁厚且坚固，只炸坏了西壁，出现裂缝。1941年10月初，日军再次进攻郑州，以开元寺塔为目标轮番炮击，10月3日，巍然屹立近千年的地标性建筑轰然倒塌，30余人殒命于倒塔之下。翌日，郑州二次沦陷，日军进城。常驻开封的日本汉学家、佛学家三好鹿雄随日军进城，实地采访，撰写《郑州开元寺舍利塔》并拍摄倒塌的砖堆照片，一并发表在1941年1月15日出版的《北支·现地编辑》第四卷第二号。此前，各种史料依据20世纪80年代的个人回忆文章，认定开元寺塔于1944年再次遭日军飞机轰炸而倒塌，作为强有力的证据，三好鹿雄的图文纠正了开元寺塔倒塌于1944年的记录。

坍塌的开元寺塔

开元寺塔的遗址位于今塔湾西街，塔基在郑州市第一人民医院门诊楼下。文物部门1977年对塔基地宫进行考古发掘，发现垫在石棺与底座之间的70枚唐代"开元通宝"铜钱，再次造成开元寺建于开元年间的误解。其实,这些铜钱是宋人安葬舍利时放置的,是中原丧葬习俗,传至今日,变化的是 70 枚铜钱减少至 7 枚,摆放位置从垫在棺底改为置于棺盖。此外,地宫内出土的门额石刻、武士像、夜叉像等石雕,文物价值和艺术水准都足以令人咋舌。历经磨难、见证沧桑历史的擎天一柱,为古都郑州做出了最后的贡献!

（王曜卿　中共郑州市委党史和地方史志研究室）

郑州曾经的擎天一柱——开元寺塔

"真真假假"纷争千年的两个中牟

一、中牟邑建置沿革

史籍关于中牟的记载，首见于《管子·卷八·小匡第二十》："（齐桓公）筑五鹿、中牟、邺、盖与、牡丘（一作社丘），以卫诸夏之地，所以示劝于中国也。"齐桓公帮助卫国建筑五鹿、中牟、邺城、盖与、牡丘五座城邑以保卫中原大地，是中牟邑的建置之始。

《国语·齐语》："筑五鹿、中牟、盖与、牡丘，以卫诸夏之地，所以示权于中国也。"比《管子》少了个邺城。明万历刻本《国语八卷》在"牡丘"后注"四塞，诸夏之关也"。可见其不是行文缺漏。

明万历十年刻板《管子》书影

中牟邑始建于公元前 658 年。宋刘恕《资治通鉴外纪》："十九年春，齐桓公帅诸侯城楚丘……筑五鹿、中牟、盖与、牡丘，以卫诸夏。"周惠王十九年即齐桓公二十八年。齐桓公二十七年，齐桓公率齐、宋、曹三国的兵马抗击夷狄，狄人随后进犯卫国。翌年，齐桓公兵发楚丘，帮卫国筑五城，卫国边防城邑中牟邑由此诞生。

晋平公十二年（前 546）赵武擢升为晋国正卿，中牟为其控制。

《韩非子·卷第十二》:"中牟无令。晋平公问赵武曰:'中牟,三国之股肱,邯郸之肩髀。寡人欲得其良令也,谁使而可?'武曰:'刑(邢)伯子可。'"

中牟邑属晋国,史籍多有记载:如齐景公九年(前539)晏子在晋国结识越石父。《晏子春秋·内篇杂上第五》记载:"晏子之晋,至中牟。睹敝冠、反裘、负刍,息于途侧者,以为君子也。"晋定公九年(前503)秋卫灵公前往五氏(今邯郸市境内)而借道中牟。《左传·定公》记载:"九年……晋车千乘在中牟,卫侯将如五氏,卜过之,龟焦。卫侯曰:'可也。卫车当其半,寡人当其半,敌矣。'乃过中牟。中牟人欲伐之,卫褚师圃亡在中牟,曰:'卫虽小,其君在焉,未可胜也。'"

公元前497年赵简子赵鞅擢任晋国正卿,中牟仍属晋国。《韩非子·卷第十一》:"壬登(一作任登)为中牟令,上言于襄主曰:'中牟有士曰中章、胥己者,其身甚修,其学甚博,君何不举之?'"

鲁定公十四年(前496),赵简子家臣、中牟宰佛肸叛归卫国。时年56岁的孔子来到卫国,佛肸派人联系孔子,希望他到中牟共谋大事。《论语·阳货》:"佛肸召,子欲往。子路曰:'……佛肸以中牟畔(同"叛"),子之往也,如之何。'"

中牟邑此次归属卫国时间短暂,鲁哀公五年(前490)夏,赵简子收复中牟。《左传·哀公五年》:"夏,赵鞅伐卫,范氏之故也,遂围中牟。"中牟邑此后一直是赵氏控制的边防私邑。

公元前458年(一作周贞定王十二年,前457),中牟人臣服于齐国,但很快又归降赵襄子。《淮南子·道应训》:"赵简子死,未葬,中牟入齐。已葬五日,襄子起兵攻围之。"军吏谏襄子诛中牟之罪,襄子曰:"吾闻之叔向曰,君子不乘人于利,不迫人于险。使之治城,城治而后攻之。中牟闻其义,乃请降。"由此至公元前453年赵、魏、韩三家分晋,公元前403年三家正式成为诸侯,中牟均为赵氏私邑。

周威烈王元年(前425),赵襄子死,其子赵浣即位。公元前423年,赵浣迁都中牟邑,是为赵献侯元年。《史记·赵世家第十三》:"浣立,是为献侯。献侯少即位,治中牟。"由此至公元前386

年赵敬侯迁都邯郸，中牟邑作为赵国国都共 38 年。

周安王二十年（前 382），在魏国干预下，中牟邑复归卫国。《战国策·卷十二》："赵袭卫……残刚平，堕中牟之郭，卫非强于赵也。"

赵成侯三年（前 372），赵国伐卫，取七十三邑，中牟邑再属赵国。

公元前 361 年，魏国迁都大梁（今开封）。公元前 358 年，魏国把繁阳一带（内黄县以西）送给赵国，赵国将边陲旧都中牟邑送给魏国，中牟成为魏国领土。《水经注·溠水注》："自魏徙大梁，赵以中牟易魏。"

中牟邑也出于魏国的边陲鄙，常被其他诸侯侵占。清朱右曾《汲冢纪年存真》记载：魏惠王后元"三年（前 332），齐师伐赵东鄙，围中牟"。同年秦国打败魏国，夺得河西地区，中牟邑成为秦国领土，后被赵国夺去。

赵惠文王十六年（前 283），中牟邑复归魏国。《战国策·卷二十一》："楼子（即楼缓）遂行。后以中牟反，入梁。""梁"即魏国。此后 40 余年，魏、秦、赵三国战事不断，中牟邑归属不断变换，但总体为魏国所有。《史记·卷四十三》：悼襄王元年（前 244），赵国"大备魏。欲通平邑、中牟之道，不成"。由此，魏赵关系进一步恶化，翌年，魏安釐王、信陵君死亡，魏国形势急转直下。公元前 242 年，秦国取魏国 20 城，中牟邑最终归于秦国。

二、中牟邑之争与让

春秋战国时期，中牟邑发生过很多大事，遗存的史籍及后世史籍有大量记载，但没有说清中牟邑的位置。汉代以来，对中牟邑的位置，东周时期的中牟邑、汉初设立的中牟县之关系，历来争论不休。

班固的《汉书·地理志》："中牟，圃田泽在西，豫州薮。有管叔邑，赵献侯自耿徙此。"以此为代表，认为中牟邑就是中牟县。郦道元的《水经注》也持此观点。

杜预的《春秋左传正义》:"晋车千乘在中牟,救夷仪也。今荥(荥)阳有中牟县,回远,疑非也。"不认同中牟邑就是中牟县。

中牟邑、中牟县位置图

唐代臣瓒的《汉书集解音义》:"河南中牟,春秋之时,在郑之疆内。及三卿分晋,则为魏之邦土。赵界自漳水以北,不及此也。"确定中牟邑不是中牟县。司马贞的《史记索隐》提出"此中牟在河北"。张守节的《史记正义》认为"荡(汤)阴县西五十八里有牟山,盖中牟邑在此山侧也",认定中牟邑在汤阴县。清代江永的《春秋地理考实》、高士奇的《春秋地名考略》及康熙皇帝《日讲春秋解义》等认为"今河南彰德府汤阴西有中牟城,在牟山下,正当卫走邯郸之道",基本终结了前代的争议。

新中国成立后,史学界逐步形成定论:中牟邑在今鹤壁市。20世纪80年代出现新的一轮争议,河南鹤壁、林州,河北邢台、磁县、蔚县等力争中牟邑在自己辖区。

中牟县的新编志书持中庸观点。《中牟县地名志》:"战国时期,此属魏地,又曾属赵,置中牟邑,始有中牟之名。"持模棱两可的态度。中牟县志办明知中牟邑不是中牟县,这种纷争没有意义,而没有参与纷争。1997年版《中牟县志》彻底摒弃中牟县曾属赵国的

271

观点。

近年来,有人再提中牟邑就是中牟县,甚至说"春秋时期已设中牟县"。春秋时期,秦、晋等国曾设县,但设县极少且多在边陲;县的规格大于郡;县基本是军事防区,有别于行政区划。《左传》:"克敌者,上大夫受县,下大夫受郡。"秦国始行郡县制,郡辖县,清王应奎《柳南随笔》:"秦改封建为郡县,而郡县之名,自周时已有之。但后世郡大于县,周时则县大于郡耳。"由此可知,"春秋时设中牟县"纯属无稽之谈。

中牟县官方一直持礼让态度。400多年前,中牟县经严格论证,确定赵都中牟邑河北汤阴县(今属鹤壁市)。

现存旧志仅明正德《中牟县志》认为中牟邑就是中牟县:"中牟县……春秋为郑邑,后为晋大夫佛肸封邑,所谓'以中牟叛'者是也。其后赵献侯自耿徙居之。"

天启《中牟县志》确定中牟邑不是中牟县:"读《论语》者,敝邑沿为赵邑,而实非也。"《志地》正文仅79字,却用995字的论证得出结论:"河南之中牟,非赵之中牟。"

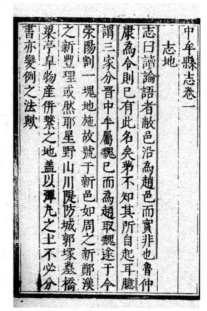

天启《中牟县志》书影

清顺治、康熙《中牟县志》:"地有圃田,郑邑也,与赵不相及。……汉始置中牟县,属河南郡,与《论语》'佛肸以中牟叛'无涉。"

同治《中牟县志》:"自汉置河南郡中牟县,始有中牟之名,非《春秋》《论语》之中牟矣。今志中牟,则应以郑之圃田为是,而中牟之名,断自汉始,在赵、在魏在荡阴。"

民国《中牟县志》还强调"中牟之名,断自汉始,在赵、在魏在汤阴,固无须词费也"。

《中牟县志》并不是专断地下结论,而是经过了严格考证。康熙《中牟县志·沿革》仅 305 字,考证文字却有 3524 字。乾隆《中牟县志·建置沿革》仅 330 字,考证部分却用了 3088 字。

20 世纪 80 年代以来,各地学者从史籍上摘录中牟邑的记载数百条,其中春秋战国史籍记载 20 余条。两千多年来论证、纷争不外乎对这些内容的词句推敲,但无法证明中牟邑和中牟县,否则就没有千年纷争了。《中牟县志》则不同,不仅列出史籍记载,且逐条加注"与五鹿并言,非此中牟""近邯郸,非此中牟""在卫北,非此中牟""属赵,非此中牟"。

《中牟县志》不仅列出史籍记载、说明理由,以康熙、乾隆《中牟县志》为例,还用 2000 多字考证了春秋战国时中牟县地域的名称为"清邑、原圃、圃田、圃泽、圃草"或"叔邑、筦(管)邑、管国",唯独没有"中牟"之名。正如清顾栋高《春秋大事表》所说:"今河南开封府之中牟县,在大河之南,系郑地,至汉初始置中牟县。春秋时未有中牟之名也。"

三、中牟县建置沿革

中牟邑不是中牟县,那么,中牟县与中牟邑有无关系? 中牟县是怎么来的?《中牟县地名志》:"西汉初置中牟县,沿袭战国中牟邑旧名。"汉初设县大都沿用秦代县名或前代邑名,地名志所言基本属于通则。

但是,中牟邑不是中牟县,如何沿袭旧邑名、置中牟县呢? 天启《中牟县志》提出假想:"臆谓三家分晋,中牟属魏,已而为赵取,魏遂于今荥阳割一块地,施故号于新邑,如周之新郑,汉之新丰,理或然耶。"

中牟邑先后属于卫、晋、赵等国,公元前 358 年归属魏国,后再被赵、秦掠夺。魏国失去中牟邑,在荥阳割出一块地,以"施故号于新邑"的方式设立中牟邑,合乎情理且符合当时实情,历史上不乏先例。苏辙《诗集传》称郑武公"所食采地,今华之郑是也。及既得虢、郐,施旧号于新邑,则今郑是也"。郑武公离开华地(陕西华县)

273

东迁到郑国，取虢、邻之地重建郑国(今新郑市)。潘岳的《西征赋》说汉高祖"摹写旧丰，制造新邑；故社易置，枌榆迁立"。指刘邦仿照沛郡丰邑的布局，在国都重建新丰邑。天启志的"臆谓"或许恰好道出了历史真相。

中牟邑之争期间，还存在河南河北两个中牟邑之说。杜预的《春秋释例》最早提出此观点："今荥阳有中牟县，谓此河南之中牟也。……哀五年，赵鞅伐卫，围中牟。《论语》佛肸为中牟宰，与赵献侯所都中牟或当是一，必非河南中牟。当于河北别有中牟。"后世不少人支持两个中牟的观点，宋吴曾的《能改斋漫录》："中牟有二，在河南、北之间，不可不辨。"清张尚瑗的《三传折诸》："有二中牟。赵鞅伐卫围中牟，即佛肸以之畔(叛)晋者。凡左传之中牟，皆在河北。今荥阳之中牟县在河南。"

不过，两个中牟邑不是同时存在，而是公元前242年中牟邑被秦国夺取后，魏国才设立新的中牟邑。

秦国夺取中牟邑，史籍上至少有两次明确记载：

第一次是公元前332年，秦国夺取魏国河西地区。此后，秦魏征战持续不断，当时魏国强大，不可能彻底放弃中牟邑，而且当时中牟县地属郑国的荥阳，魏国不可能在此新设中牟邑。

第二次是公元前242年，秦国夺魏20城，魏国彻底丢失中牟邑。公元前243年，魏安釐王、信陵君相继死亡，魏国衰败。此前魏国从郑国夺得大片领土(包括今中牟县)，在此情况下，软弱的魏景湣王"施故号于新邑"设立新中牟邑，就顺理成章了。由此至魏国灭亡仅10多年时间，新的"魏中牟邑"不见于史载是正常的，但中牟县由此而得名却名正言顺。

中牟县的设立时间，旧志只说"汉始置中牟县"，没有具体年份。两部新编《中牟县志》也没有深入考证。事实上，设立中牟县的准确时间，就是公元前206年西汉立国之时。

汉高祖即位，马上开始设立郡县，现有明确记载的古县多为公元前206年设。汉高祖十二年(前195)封左车郎中单父圣为中牟侯(一作"中牟共侯")，中牟县改称中牟侯国。汉高祖为功臣封侯，或一郡或一县，并将郡县改称"侯国"，由此可知，中牟县已经存

郑州地名历史文化故事

在。汉武帝元鼎五年(前112)废中牟侯国,复称中牟县。

四、中牟得名与牟山

中牟人普遍认为:中牟县因为境内有牟山而得名。这是一个美丽的谎言。正德《中牟县志》:"牟山在县治北五里,高一丈余,延数十里,上建名山庙。县之得名以此。"此说法随之在民间广为流传。

百余年后,天启《中牟县志》纠正了这个错误:"牟山县北五里,高丈余,长数十里,有牟山庙。县名以此,亦赵地误也。"

顺治《中牟县志》的编者没有看到天启《中牟县志》,就采用了民间的说法,又被后来的几部县志沿用,成为贻误后世的美丽谎言。

《大清一统志》记述了中牟县的牟山,但不认可"邑之得名以此"。

中牟县境内从来无山。东周时期,县境北部为圃田泽,地势低洼,连大的岗垄也无法形成。

明清旧志所载"高丈余"的牟山在县北五里,是南宋中期黄河进入县境后,决口泛滥冲积成的土丘,嘉靖三十八年(1559)已毁于黄河决口。

民国《中牟县志》所记"高数丈,长里许"的牟山也在县北五里,但不是明清旧志记述的牟山,而是官渡之战时曹军堆筑的土阜——曹公台,1938年湮没于黄水。

高丈余也罢、高数丈也罢,这两个土堆都与"山"字无缘。各类古籍所记的"牟山"以及"东牟山、大牟山、纪牟山、夷牟山、夏牟山、球牟山、兜牟山"等,共有260余次之多,均未涉及中牟县的牟山。

2018年开挖清阳湖,在牟山湿地公园堆筑了150多米高的土堆,如今也叫"牟山",希望后人别再把它当成县名由来的依据。

其实,"因牟山而得名"的不止中牟县,中牟县只是拾人牙慧。例证一:赵国中牟邑因牟山而得名,《史记正义》称:"荡阴县西五十八里有牟山,盖中牟邑在此山侧也。"——这座牟山在鹤壁市的西北的大河涧乡。例证二:山东古有东牟县,汉高祖元年设县,也是因境内有牟山而得名——这座牟山位于烟台市原福山县（古代牟国、东牟县、东牟侯国）境内。例证三：山东安丘市境内有牟山，隋开皇十六年置牟山县，后改名安丘县。《元和郡县志》称："牟山在县西南十三里，牟山县取名于此。"例证四：四川省南江县有大牟山，《蜀中广记》称："大牟县，唐武德年立，取大牟山为名。"

上述的东牟县历次迁址、撤并、改名，最终定名牟平县。牟平县与古东牟县相去甚远，因《元和郡县志》称"在牟山之阳，其地夷坦，故曰牟平"。于是，牟平县就把一座无名小山命名为牟山——这不是县名得于山名，而是山名来自县名。

中牟县的牟山也是如此：赵国中牟邑因牟山而得名，中牟县之名源自新的中牟邑，中牟县境内并无牟山，于是将一个土堆命名为牟山。

结语

顺治《中牟县志》在"牟山"后加注按语，"按：《史记正义》相州荡阴县有牟山，盖中牟邑在此山侧也"。将牟山作为联系中牟邑与中牟县的中介，点破了"中牟邑—牟山—中牟县"的关联：汤阴县西有牟山，赵都中牟邑在牟山侧；中牟县北有牟山，这座牟山不是汤阴的牟山；所以，古代的赵都中牟邑，肯定不是当代的郑州中牟县！

（**李红**　中共中牟县委党史和地方史志研究室）

郑州夕阳楼辩证

"花明柳暗绕天愁,上尽重城更上楼,欲问孤鸿向何处,不知身世自悠悠。"李商隐于唐太和九年(835)九月所写的《夕阳楼》,使"夕阳楼"和"愁绪"扯上了厘不清的关系,如赵嘏的"夕阳楼上山重叠,未抵闲愁一倍多"。韦庄的"城边人倚夕阳楼,城上云凝万古愁"。朱淑真的"夕阳楼上望,独倚泪偷流"。何应龙的"客怀处处不宜秋,秋到梧桐动客愁;想得故人无字到,雁声远过夕阳楼"。朔朝霞的"秋风江上送行舟,落叶江枫总别愁。解缆不知人去远,凭栏犹倚夕阳楼"。蘷清的"闷读离骚一片愁,含情独倚夕阳楼"。

这首诗对郑州具有非常意义,它使后人得知,唐代时郑州地区有一座闻名遐迩的夕阳楼。明代以降,郑州人无不自豪地引用李商隐诗,称"郑州古有夕阳楼"。

这座夕阳楼真的在郑州吗?它是何人建造?兴建、毁圮于何时?这是许多郑州人不愿触及的问题,因为李商隐所写的夕阳楼真的不在郑州,而是在荥阳。郑州没有夕阳楼吗?有,只是比荥阳夕阳楼晚了大约800年。

荥阳夕阳楼

《夕阳楼》题下有李商隐题记:"在荥阳。是所知今遂宁萧侍郎牧荥阳日作矣。"题记中"在荥阳"说明"夕阳楼"的位置,"是"指夕阳楼,"所知"即有恩于李商隐的"萧侍郎"萧澣,"牧荥阳日"指太和七年三月至八月萧澣任郑州刺史,"作"即建造夕阳楼。题记透露的完整信息:夕阳楼在今荥阳市,是萧澣任郑州刺史期间所建。

277

《旧唐书·卷十七》：太和七年三月"以给事中萧澣为郑州刺史"。荥阳旧志所载"夕阳楼，在县东，今废"，就是指这座夕阳楼。

有人说该诗作于太和七年萧澣任郑州刺史时，"作"即创作这首诗，题记补写于太和九年——此说欠妥：其一，两年前写诗，两年后补题记，有悖常理。其二，为说明创作时间而补题记毫无意义；这样解读，"在荥阳"三字也解释不通。其三，太和七年六月前李商隐为太原尹令狐楚的幕僚；六月后，令狐楚资助李商隐在京习业；随后李商隐的表叔崔戎任华州刺史，招他为幕僚——这一年，李商隐仕途顺达，何来"不知身世"的"绕天愁"？不在荥阳如何写出此诗？太和八年六月崔戎卒，李商隐失业，无奈回到故里荥阳。太和九年春赴京城应举不第，往来于长安、荥阳间；六月赴怀州参加崔戎周年祭；返回荥阳时得知萧澣被贬为遂宁侍郎。这一年，他科举不第，痛失有提携之恩的崔戎，有知遇之恩的萧澣被贬，加上丢了工作、前途无望，此时登夕阳楼慨叹"欲问孤鸿向何处"，则在情理之中。

有人说李商隐家在郑州，并以2008年12月城南路出土的"夕阳楼"残碑为证，称里仁街是李商隐故居，进而证明夕阳楼就在附近。这是无稽之谈：其一，郑州西大街明代始称里仁街；其二，李商隐自祖父辈举家定居荥阳坛山之原（荥阳市西南3公里豫龙镇苜蓿洼村），这是其多篇作品多次认定的事实；其三，半截残碑20世纪30年代及1983年已出土两次，挖了埋、埋了挖的残碑，价值大打折扣；且文物部门已认定此为清代残碑；郑州知州张钺也提到这块残碑："剩有残碑卧苍藓"——以"清代制造"证明"唐代存在"，根本说不通。

夕阳楼残碑

有人以宋代郑州知州祖无择的《九日登城上偶书四十字呈通判殿丞签判水部》,证明当时郑州有夕阳楼:"何处称登临,高城接远岑;酒杯深映玉,菊叶细浮金。美景年年定,衰容日日侵;感时无限思,偏动洛生吟。"诗题诗文都没有"夕阳楼"的影子,何以为据?

　　还有人将李商隐的诗题篡改为《登郑州夕阳楼》,更显幼稚可笑。

　　有人以史为据,称夕阳楼在郑州,所引最早的史证是南宋朱弁(1085—1144)的《曲洧旧闻》:"郑州有夕阳楼。"朱弁之说引自北宋宋敏求(1019—1079)的《春明退朝录》:"唐成都府有散花楼,河中有熏风楼、绿莎厅,扬州有赏心亭,郑州有夕阳楼,润州有千岩楼,今皆易其名或不复见。"宋敏求之说并不证明夕阳楼在郑州,因为那时郑州先是北宋西辅郡、后改京畿路开封府,并无"郑州"之名。此"郑州"为唐代地名,泛指包括隶属于郑州的荥阳县。新旧《唐书》中的160多处"郑州",大多数泛指郑州地区,极少确指郑州市。

　　有人认为李商隐写的"荥阳"指荥阳郡,荥阳郡管辖郑州,所以荥阳代指郑州,如《郑州市管城回族区地名志》:"宋朝因唐朝旧制,未加变更,而称郑州荥阳郡,到宋神宗熙宁五年(1072)废郑州,荥阳郡随之也不存在。则大和七年萧浣之牧荥阳,乃是荥阳郡,即郑州也。"此说本末倒置。北朝前期及唐代时期(607—618、742—757)管城县曾属荥阳郡,但绝非郑州属荥阳郡。隋开皇三年(583)废荥阳郡、置郑州,主宾换位,荥阳县改由郑州管辖。新旧《唐书》中出现70多处"荥阳",其中至少有11处称"郑州荥阳"或"郑州之荥阳"。唐天宝元年(742)至至德二年(757)复设荥阳郡,史称郑州荥阳郡,辖管城、荥阳诸县。757年以后只有荥阳县(属郑州)而不再有荥阳郡。250多年前已撤销的荥阳郡,不会对李商隐产生影响。天宝元年到至德二年的荥阳郡,比李商隐写诗的时间早78年。李商隐长期给在职官员当幕僚、写公文,他不会犯李代桃僵的错误。通读《李商隐全集》可得出结论:李商隐的全部诗文中,"郑州"出现9次、"荥阳"出现84次,二者泾渭分明,从无相互替代,所以说李商隐写的"在荥阳"不是代指郑州,而是确指荥阳县。

有人说萧澣为郑州刺史,郑州州治管城,夕阳楼自然在管城(郑州)。《汜水县志》记载,因安史之乱,"(天宝)十四年,安禄山陷虎牢,肃宗至德二年(757),郭子仪收复之,复置郑州于武牢。……武宗会昌三年(843)废州存县,改属孟州"。由此可知,萧澣任郑州刺史、李商隐写诗的835年,正处于"复置郑州于武牢"的757—843年期间,郑州治在武牢(虎牢)而不在管城,李商隐说的"荥阳"更不可能指管城(郑州)。前述各例已证明李商隐说的就是荥阳县,与郑州治管城还是治武牢没有关系。

萧澣身为郑州刺史,为何不在州治武牢或旧治管城建夕阳楼,而要跑去荥阳县建楼?因为武牢只是临时治所,到受他管辖的荥阳建夕阳楼,比到管城建夕阳楼更近、更方便。

夕阳楼在荥阳还有更直接、更权威的史证:成书于明永乐十六年(1418)的《寰宇通志》、成书于天顺五年(1461)四月的《大明一统志》均记载"夕阳楼在荥阳县,唐时建。李义山诗:花明柳暗……自悠悠"。两志对郑州、荥阳的区分十分明确,如:"郑庄公庙在荥阳县东二十里""大索在荥阳县西五十里""列子祠在郑州,祀列御寇""祭城在郑州城东北一十五里""纪信祠在荥泽县西二十五里"。这里的"荥阳县"更不能代指郑州了。《大明一统志》源自洪武三年(1370)纂成的《大明志书》,资料来源又前推近百年。《大清一统志》沿袭《大明一统志》:"夕阳楼在荥阳县城内,唐时建。李商隐有诗。"

荥阳夕阳楼的毁圮时间也有据可考。北宋诗人晁说之(1059—1129)的《景迂生集·卷九》有宋徽宗大观年间(1107—1110)创作的诗句:"日月争流泪亦流,几年不见夕阳楼,太平时节古来少,却上迷楼一望休。"创作此诗之时,恰好是荥阳县被撤销、直属郑州管城县时,他说的郑州恰好是旧时的荥阳。此诗的最大的价值是确切证明夕阳楼毁于"唐末兵火"。

康熙五十四年(1715)荥阳县丞周在丰《访夕阳楼》诗:"悠悠怀古意,何处夕阳楼?……记胜诗篇在,徘徊倚素秋。"同期荥泽县丞张子禄的《夕阳楼址次李义山韵》诗:"老树寒鸦啼晚秋,诗存人去并无楼。"这两首诗证明,乾隆晚期荥阳没有夕阳楼,连遗迹也没有;而当时郑州至少有夕阳楼遗迹,所以《夕阳楼址次李义山韵》说是荥阳夕阳楼而非郑州夕阳楼。

郑州夕阳楼

郑州夕阳楼的最早史证是明嘉靖三十一(1552)《郑州志·古迹》:"夕阳楼:在州治西,今废。有唐李商隐诗,尚存石刻。"分别比《大明志书》和《寰宇通志》晚182年、134年,可信度孰高孰低不言自明。嘉靖《郑州志》前还有一部《郑州志》,但该志编纂者并没有见过前志,即嘉靖《郑州志》称夕阳楼在郑州,没有历史传承。其中"尚存石刻"只能证明"有唐李商隐诗",与夕阳楼的位置无关。

嘉靖《郑州志》中,李商隐的"绕天愁"被改为"益新秋",愁绪陡减,与李商隐的诗意完全不符。该志另外收录了4首有关夕阳楼的诗:

一是郑州东里人冯振《夕阳楼》:"下春林杪拂红绡,嵩华西看半寂寥。十二阑干吟独倚,三千风月坐相邀。长天秋水悠悠静,孤鹜残霞缕缕飘。古往今来多送别,不堪烟景晚萧条。"冯振是宣德元年(1426)会试贡生,他作诗时的身份是乡贡进士,由此推断,其诗作于洪熙元年(1425)之前,那时还有郑州夕阳楼,可能是明代早期所建的第一座郑州夕阳楼。二是孙子良《郑州怀古》:"驻跸碑横犹有字,夕阳楼废尚存诗。平淮曾美裴丞相,今见遗坟对古陂。"三是曹琏《总咏郑州怀古》:"夕阳楼废阳回早,候月台空月上迟。欲步浮波追祭伯,细将列子论希夷。"四是高信《郑州怀古》:"大夫庙古人犹祭,仆射陂颓水漫流。草满荒郊裴相冢,烟迷故址夕阳楼。"孙子良作诗时任河南参政,曹琏同期任河南提学佥事,高信同期任河南参议,均在宣德元年之后,从他们的"夕阳楼废""烟迷故址"可知,宣德年间郑州夕阳楼已不存在。

第二座郑州夕阳楼约建于清初、倾圮于康熙中后期。清初诗人王士禛(1634—1711)《夕阳楼》诗云:"野塘菡萏正新秋,红藕香中过郑州,仆射陂头疏雨歇,夕阳山映夕阳楼。"此诗作于康熙三十五年(1696)七月初八,证明当时郑州有夕阳楼。有人说王士禛诗中的"夕阳楼"泛指夕阳映照的楼宇,并非实指郑州夕阳楼。王士禛《渔洋诗话》:"郑州夕阳楼,李义山有诗。余过之,题诗云:野塘菡萏……夕阳楼。""余过之,题诗"足以说明夕阳楼的存在,否则他将无处题诗。

施浚雍正四年至五年(1726—1727)任南阳府叶县知县,卸任后寓居郑州,其《卖花声·夕阳楼遗址》词云:"日夕晚凉遵,策杖城头,城根带碧于油□,依旧残阳红日□,不见高楼。好句玉溪留,断碣重搜,天涯王粲迨壮游,试凭女墙随意望,想落沧洲。"(载民国《郑县志》。原文不合词调,□处缺字,或为刻印错误)其标题《夕阳楼遗址》及文中的"不见高楼",证明雍正年间郑州夕阳楼已毁圮,仅存城头遗址。

乾隆三年至六年(1738—1741)张钺任郑州知州,其《夕阳楼久废追次玉谿生原韵二绝》诗:"咏诗人去几经秋,云影山光何处楼;徒倚危栏增晚思,闲情无那笛声悠。""无情花柳自春秋,四句诗同八咏楼;剩有残碑卧苍藓,斜阳去水总悠悠。"证明乾隆初郑州没有夕阳楼,只剩一块残碑,大抵就是2008年出土的残碑。

乾隆八年至十二年(1743—1747)张钺再知郑州,乾隆乙丑年(1745)修建第三座郑州夕阳楼,并作《重修西城楼记》:"郑之有夕阳楼也,相传在州治西,玉溪诗云'上尽重城更上楼'。而王士贞(禛)之过郑州也亦有'夕阳山映夕阳楼'之句,则今之所谓西城楼是也。……乙丑秋淫雨过度,楼忽倾颓。余择日鸠工,……而兹楼于是乎又焕然一新矣。"这段话说明:(1)1745年秋郑州西城楼倒塌,他予以重修;(2)他把重修的西城楼称为夕阳楼;(3)他没有把自己重建的郑州夕阳楼混同于李商隐所写的荥阳夕阳楼。

张钺另有《重修南城楼记》:"昔有夕阳楼……今遗址渺不可问,惟因玉溪一诗,……楼仅以人传也。"郑州署守何源洙《初秋郊行即目》诗:"惆怅夕阳似终古,不知何处昔时楼。"诗后自注"玉溪夕阳楼今莫可考。"他们不仅不知道李商隐所写的夕阳楼遗址在何处,也不知道前两座郑州夕阳楼在何处。清代戏曲家朱景英乾隆十六年(1751)作《登郑州夕阳楼》诗:"独上高楼思渺然,中原形胜夕阳边。

郑州地名历史文化故事

九河带雪声趋海，二室盘云势到天。"就是张钺重修的夕阳楼。

第三座夕阳楼数十年后又圮，之后，人们逐渐把郑州夕阳楼混同于荥阳夕阳楼。民国《郑县志·古迹》："夕阳楼：在州治城上西南隅，有唐李商隐诗刻石。今废。"张钺重修的夕阳楼在西城，即西城楼。《郑县志》说夕阳楼在"州治城上西南隅"，与第三座夕阳楼位置不同，指的是道光十八年至二十年（1838—1840）知州王宪重修的夕阳楼——第四座郑州夕阳楼。

王宪《管城留别》诗："……波连三水秋同涨，两落千村愿未酬，记取他年鸿爪印，系情多在夕阳楼。"诗后自注"州城西南隅旧有夕阳楼一座，日久倾塌，余捐资重修，悬有匾额"。——张钺把西城楼当作夕阳楼，王宪把西南城楼当作夕阳楼，可见，乾隆以后把前代不同的夕阳楼混为一谈了，更把郑州夕阳楼与荥阳夕阳楼混为一谈了。事实上，除了"夕阳楼"之名外，这几座夕阳楼间毫无关系，与李商隐所写的荥阳夕阳楼更无关系。

清末郑州诗人司星聚（1846—1901）《西城烟树》诗："烟光绕树树连城，郁郁葱葱一带横，暗杂晨炊飘断续，浓遮午日失阴晴。林端隐堞高笼雉，叶底如簧细唧莺，偶向夕阳楼上坐，喜看画图听人声。"写的是第四座郑州夕阳楼。这座夕阳楼让郑州人形成重九日登夕阳楼的习俗，《郑县志·风俗志》："重九日……。郑地平衍，惟夕阳楼上极高，其登高欢饮者，必簪菊泛萸，犹有古人之遗俗焉，西望嵩华峰头，豪兴正复不浅。"《郑州文史资料》第十九辑《郑州古城貌印象》称："记得1926年郑州的古城墙四周还是用蓝色砖垒成的。……在城西南角建有一座楼，名夕阳楼，是用蓝砖垒成的。楼高约有两丈，宽有一丈多，成方形……"第四座郑州夕阳楼1926年还完好无损。1928年，冯玉祥规划建设郑州市，2月20—29日拆除郑县城墙，郑州夕阳楼随之寿终正寝。

1997年创建郑州古玩城，第五次重建郑州夕阳楼，有文称："古籍记载：'夕阳楼位于郑州城外西南五里许。楼建在三层砖楼基础上，飞檐斗拱，雕梁画栋，高耸入云，蔚为壮观。须晴日，夕阳西下时分，余晖在琼楼之巅镀上一层华丽的金色……。'"未知这部秘不示人的"古籍"是什么，遍查《四库》系列及郑州地区所有志书，均无

"夕阳楼位于郑州城外西南五里许""建在三层砖楼基础上"的记载；也未知"夕阳西下时分，余晖在琼楼之巅镀上一层华丽的金色"之类的词句，是哪个朝代的古人撰写的"现代化"古文。唯愿历史文化研究领域不再出现"在夕阳楼原址重建"之类以讹传讹、制假造假的游戏，免得混淆以致湮灭荥阳夕阳楼和郑州夕阳楼的历史文化价值！

郑州古玩城夕阳楼

（**王曜卿**　中共郑州市委党史和地方史志研究室）

儒学圣地嵩阳书院

嵩阳书院位于登封城北3公里的峻极峰下,山峦环拱,古朴雅致,是宋代四大书院之一。嵩阳书院以悠久的历史和理学发源地闻名。

历史沿革

嵩阳书院始建于北魏太和八年(484),初名嵩阳寺,佛教寺院。隋炀帝大业年间改名嵩阳观,为道教活动场所。弘道元年(683),唐高宗两次访问道士潘师正,都以嵩阳观为行宫。五代后唐清泰年间,进士庞式、舒元等在此聚众讲学,后周时改为太乙书院,成为儒学圣地。

嵩阳书院

宋至道年间(995—997)赐名太室书院,1035年重修后赐名嵩阳书院,拨学田百余亩。北宋鼎盛时期,儒学洛派理学大师二程(程颢、程颐)在此讲学,声名大噪,与河南睢州应天书院、湖南岳麓书院、江西白鹿洞书院并称四大书院,名儒司马光、范仲淹、韩维、吕诲、李纲等曾在此讲学。

金大定年间(1161—1189)更名为承天宫,明代重修后复名嵩阳书院,并建二程祠。清康熙年间(1662—1722)修建了先贤祠、先师殿、三贤祠、丽泽堂、藏书楼、道统祠、博约斋、三益斋,邀名士冉觐祖等讲学,使书院再次复兴,规模日渐扩大。

乾隆后期日趋衰落。20世纪80年代后成为旅游胜地。

建筑布局

嵩阳书院职责有三:讲学,供祀,藏书,建筑布局与职责密切相关。现存格局基本保持清代建筑布局,南北长128米,东西宽78米,中轴线建筑五进,由南向北依次为山门、先圣殿、讲堂、道统祠和藏书楼;两侧配房相连,共106间,多为硬山滚灰筒瓦房。

先圣殿。正中有孔子塑像,两侧为孔子四大弟子颜回和曾子、子思和孟子的画像石碑。先圣殿和道统祠都是供祭祀用的,每年春秋两季奉祀先圣、先贤,祭祀对象一是先圣孔子,包括先圣殿的儒学四圣、先师十哲画像及七十二名贤。二是程朱理学的程颢、程颐、朱熹三贤。三是与书院有关的先儒、先资与儒学道统三圣人。

讲堂。正房三间,二程讲学处,"程门立雪"之事发生于此。陈列有教学用具及二程讲学图。

道统祠。陈列帝尧、大禹和周公的半身塑像,像后悬挂"帝尧巡狩嵩山""大禹嵩山治水""周公阳城测景"3幅大型图画。

藏书楼。1684年建,1739年重修,1989年翻修。陈列清代存书57册及其他文物展品。

泮池。位于讲堂后,池上有青石拱桥。孔子故乡在山东曲阜泮水之滨,泮池建筑便成了古代高等学府的象征,儒生考中秀才后"入泮",要绕池一周,然后到先圣殿拜孔子圣像。

除中轴线上的五进代表性建筑外,还有博约斋等斋室和考场、蒋公井等,其命名也凸显了儒学思想的影响。

博约斋。广博学习与精细研究相结合。由博返约的修行方式是儒家的治学宗旨与门径。

敬义斋。主敬与集义,是二程为学和修养方法的要领。

三益斋。益者三友:友直、友谅、友多闻。意思是使人受益的朋友有三种,正直的朋友,真诚而可信赖的朋友,博学而见识广的朋友。

四勿斋。非礼勿视、非礼勿听、非礼勿言、非礼勿动。意思是不符合礼制规定的不能看、不能听、不能说、不能动。

教学特点

一、嵩阳书院既是教育教学机构,又是学术研究机构。司马光在此讲学时编写《资治通鉴》9~21卷。耿介在管理、讲学之余研究儒学,编撰《中州道学编》《孝经易知》《理学要旨》《嵩阳书院志》等书。

二、盛行"会讲制度",允许不同学派会讲,争辩争鸣。耿介主持书院,延请名儒和学官吴子云、林尧英、徐乾学等前来观摩与讲学。

三、教学"门户开放",不受地域限制,吸纳各地士子前来讲学,拥有一大批名儒、学者,使"天下学者,闻风向附,倾动朝野",如《四书五经详说》《尚书详说》的作者、一代巨儒、中牟人冉觐祖。

四、注重培养自学能力,以问难论辩的形式启发学生思维能力。宋代二程的教学方法主要是答疑解惑,与弟子讨论问题。耿介常在敬义斋接受"生徒质疑问难于其前",详解慢说,直至融会贯通。

五、教师不仅以学识教育学生,更以品德气节感染学生。五代时,一批满腹经纶、精悉儒家经书的学者把嵩阳观作为授徒场所,其学识与气节对生徒有着深刻影响。

名师优生

曾在嵩阳书院讲学的名师主要有：

范仲淹（989—1052）：字希文，宋神宗年间在嵩阳书院讲学，其《游嵩山》中"不来峻极游，何以小天下"的名句为世人传诵。

程颢（1032—1085）、程颐（1033—1107）：程颢字伯淳，程颐字正叔，洛阳伊川人，兄弟二人并称"二程"，北宋理学家、教育家，先后在嵩阳书院讲学10余年，使该书院闻名全国。

李纲（1083—1140）：字伯纪，号梁溪居士，福建邵武人。北宋兵部侍郎，力主抗金。曾在嵩阳书院讲学8年，卒于崇福宫。

元好问（1190—1257）：字裕之，号遗山，金末文学家、历史学家，著名诗人。青年时为避兵祸，辗转嵩山近10年，常到嵩阳书院讲学。

耿介（1622—1693）：顺治九年（1652）进士，康熙三年（1664）主持嵩阳书院。康熙十三年与知县叶封重修书院，康熙二十五年再度大兴书院。

冉觐祖（1637.6—1719.1）：出生于中牟县大孟镇万胜村，17岁入庠，19岁补廪，27岁得中乡试第一名举人，时人尊称其"河南解元"，分别与耿介等同期的河南名儒合称"中州三先生""中州八先生"。康熙二十八年（1689）到嵩阳书院任教，耿介不仅聘其为主讲、委以其重任，还尽力提供良好条件，为之大力宣传造势，开创学者闻风踵至的局面。这不仅因为他学识渊博，还因为他处事中庸，为人谦逊、和善、真诚，固守"小处不立异，大处不苟同。不立异，和于俗以免害；不苟同，严其守以植品"的信条。冉觐祖讲授《孟子·口之于味》一章时，"剖析天人，分别理欲，众皆悚听"。他制作《天理主敬图》一幅，《为学大指》十八则，耿介为之刻印发给学生，从而引起轰动，后进之徒闻风而至，书院不能容。两个课件（一幅挂图一个提纲）成为冉觐祖教学生涯标志性成果，后世记述冉觐祖事迹者无不提及，其间还选择10余篇教学文稿刻印成《学文测》一册。一年后，冉觐祖进京应试，康熙三十年进士及第，以汉书庶吉士任职翰林院,康熙帝夸奖他"气度老成",赐宴瀛台。他一生著作超过2.4万叶(两个半页对折为1叶),叠放厚度达20米以上。他的《四书玩注详说》《五经详说》最具影响,康熙五十四年朝廷编纂《五经》,康熙皇帝亲谕"中州冉某有《五经详说》,可取来采用",并"上谕纂修官奉朕命住取"。

嵩阳书院历代培养的人才主要有:

冯吉(919—963):字惟一,五代至北宋初人,太常少卿。善属文,工草隶,好琵琶,人称"三绝"。北宋初年奉诏撰写《明宪皇太后谥议》,为人称道。

吕蒙正(944—1011):字圣功,宋初河南洛阳人,太平兴国二年(977)丁丑科状元。三次登上相位,封许国公,授太子太师。

滕子京(990—1047):名宗谅,字子京,北宋河南洛阳人,历任大理寺丞、知州等官。

王铎(1592—1652):字觉斯,明末清初人,天启二年(1622)进士,官至礼部尚书。善于书法,与董其昌齐名,有"南董北王"之称。

藏 书

清代藏书86万册,书籍来源有四。

皇帝赐书。一些帝王为显示对儒学和教育的重视,常常赐书给嵩阳书院。宋太宗和宋真宗曾赐给嵩阳书院九经及子、史类书籍。

私人捐赠。康熙二十三年(1684)河南巡抚王日藻捐银建藏书楼,各地通过驿站送来很多经书供收藏和阅读。江西瑞州府同知焦贲享、鲁山县教谕李兆元都曾购书多种捐赠嵩阳书院。

购置书籍。耿介主持书院时曾购置大量书籍。

书院刊刻。书院刊刻的书籍扉页下均有"嵩阳书院校梓"字样,内容主要是教材、师生文集和主讲者的著作,如冉觐祖的《为学大指》《天理主敬图》等。

碑　刻

中岳嵩阳寺碑。立于牌坊内小广场阶梯下东侧,东魏孝静帝天平二年(535)刻立,高3.05米、宽1.1米、厚0.26米。碑首雕有6条盘龙,龙爪相互扭结形成一个弧拱形佛龛,龛内浮雕佛像一尊。碑正面上半部雕刻大佛一尊,数尊小佛像环绕其周。下半部为八分隶书撰写的《中岳嵩阳寺碑铭序》,全文956字,介绍了生禅师开辟嵩阳寺,建佛殿、塔庙的功德及雕刻造像的经过。其书法方正宽博,有专家称其"汉后唐前隶书之冠"。碑背面分12层,雕刻佛像94尊,是研究中国古代浮雕艺术和书法艺术的宝贵实物资料。

大唐嵩阳观纪圣德感应之颂碑。通高9米、宽2.04米、厚1.05米,是嵩山地区最大的石碑。唐玄宗天宝三年(744)刻立,记述了嵩阳观道士孙太冲为唐玄宗李隆基炼丹九转的故事。李林甫撰文,唐著名书法家徐浩八分隶书,字态端正,刚柔适度,笔法遒雅,是书法珍品。背面和两侧有欧阳永叔跋文和游人题词,多是唾骂撰文者李林甫的文字。石碑由三部分组成,下部为精雕长方形石座,四面刻有十个石龛,前后各三、两侧各二,龛内十座浮雕武士像。中部碑身上刻碑文。碑首分三层,上层为素面束腰带座宝珠,宝珠两边两只卷尾石狮,后脚盘蹬在宝珠基座上,前爪把持宝珠,狮嘴吞吻宝珠;中层上面浮雕连续的大朵云气图案;下层四边稍大于碑身,前面篆刻额文,额文两边浮雕双龙、麒麟。此碑是唐代石刻艺术珍品,也是研究嵩阳书院历史沿革不可缺少的史料。

将军柏

书院内原有3株古柏,西汉元封元年(前110)汉武帝刘彻游嵩岳,见柏树高大茂盛,遂封为大将军、二将军和三将军。大将军高12米,围粗5.4米,树身斜卧,树冠浓密宽厚,犹如一柄大伞。二将军高18.2米,围粗12.54米,虽然树皮斑驳,老态龙钟,却生机旺盛,虬枝挺拔。树干下部有一南北相通的洞,好似门庭过道,树洞中可容五六人。两根弯曲如翼的庞然大枝左右伸张,形若雄鹰展翅,金鸡欲飞。每当山风吹起,枝叶摇动,如鸣佩环,犹闻丝竹之音。三将军毁于明末。此树从受封至今已2000多年,赵朴初留有"嵩阳有周柏,阅世三千岁"的诗句。最可惜的是那棵"三将军",因为自己最高最大却被封为"三将军"而非常恼恨,据说是受封后当时就"气死"了!

经林学专家鉴定,将军柏为原始柏,树龄4500年,是我国现存最古最大的柏树。

（**李红**　中共中牟县委党史和地方史志研究室）

贾鲁治河始末

　　郑州境内有一条尽人皆知的贾鲁河,是为了纪念元末治水名臣贾鲁而取名的。提起这条河,不少郑州人能讲出一堆故事,或关于贾鲁,或关于贾鲁河,或关于贾鲁治理黄河,但是,对于贾鲁治理贾鲁河的事,则鲜为人知⋯⋯

悲壮一生的贾鲁

　　贾鲁,字友恒,1297 年出生于今山西省高平市。《元史》记载:贾鲁少时有远大抱负,元仁宗恢复科举制度后,他抓住良机,于延祐四年(1317)、至治三年(1323)两次参加乡试,均在第一场"明经"考试中考中乡贡进士。第一次因为达不到元朝规定的"年满二十五岁",未能参加会试;第二次是泰定帝登基开设的恩科,考生大增,他再次错失进士及第的

贾鲁公像

机会,只能按规定以儒学教授职衔。泰定元年(1324),28 岁的贾鲁成为东平路(今泰安市东平县)官办学校的一名教书先生。在这里,贾鲁对境内的黄河以及治理经常泛滥的黄河产生了浓厚兴趣。

　　此后十年,贾鲁先后转任宪史、中书省行省掾,都是没有品级的办事员,奋斗多年才升任至从六品的潞州潞城县县尹(县令);约

元顺帝元年(1333)调入主管全国政务的中书省衙门,任正六品的丞相东曹掾。

元顺帝登基后,奸佞权臣伯颜倒行逆施,独断专行,仇视并排挤汉人,甚至于至元三年(1337)十二月奏请元顺帝,企图杀尽天下张王刘李赵五姓汉人;废除科举,不许太子读汉书,不许汉人学习蒙古文。汉官陷于水深火热。贾鲁无辜地被降为从七品的户部主事,他心灰意冷,没有按时赴任,后来父亲患病,借机辞职回归故里,孝敬双亲,钻研医术。父亲病逝后,他又钻研治河技术,希望有朝一日重返山东治理黄河,解救百姓。

至元四年,脱脱任御史大夫兼同知枢密院事,翌年伯颜被革职、流放。至元七年改元后,脱脱任中书省右丞,拨乱反正、重振朝纲,推行汉法、重用汉人。贾鲁看到希望,结束丧假返回朝廷,任从七品的太医院都事。

至正三年(1343)三月,脱脱授意47岁的贾鲁参与《宋史》编纂。通过编修国史,贾鲁结交了不少显赫政要和学界大儒,也接触了大量的前人治水资料,学习了历代治河经验和河工技术。

贾鲁复职后的几年,山东黄河频繁决口,灾害日益加深。至正四年农历五月,连下大雨20多天,黄河暴溢,山东曹县的白茅堤决口,贾鲁上书提议治河,却遭到成遵、秃鲁等人强烈反对。

至正五年,《宋史》编纂完成,朝廷派宣抚使到各地宣传朝廷德政,访问民间疾苦,洗雪冤假错案。贾鲁成为山东道奉使宣抚幕僚官,山东宣抚团首领。在山东,贾鲁亲见黄河泛滥、民不聊生,屡次上疏请求治河而未获准。回京后,贾鲁升任正七品的中书省检校官。在脱脱丞相扶持下,贾鲁先后任正七品的监察御史,正四品的御史台都事、工部郎中,从三品的都水监、右司郎中、都漕运使,正三品的工部尚书,从二品的总治河防使,至正十二年二月升任正二品的中书省副丞相。

至正八年(1348)二月任济宁路郓城行都水监,后任都漕运使。52岁的贾鲁巡视黄河,在郑州治理汴河并发展漕运,这就是以其名字命名的郑州贾鲁河。至正九年十二月,贾鲁上奏关于治理黄河、解百姓疾苦的21件事,付诸实施的8件中有7件与疏浚河道、发展漕运业有关。

至正九年五月,黄河再次决口白茅,自山东济南府到直隶河间府,黄河水漫入运河,危及元朝的航运、盐场两大经济命脉。贾鲁再次上疏请求治河,由于国库空虚、财政困难,元顺帝最终没有做出决断。

至正九年,脱脱重新担任丞相,大力支持贾鲁治河。至正十一年四月,贾鲁以工部尚书身份兼任总治河防使,开始了他的治河大业。经他治理的黄河,后来也被命名为贾鲁河。

至正十二年二月,贾鲁到濠州镇压郭子兴领导的农民起义,至正十三年春不幸死于军中,年仅 57 岁。贾鲁死后还被扣上"不恤民力""不念国家隐忧"的帽子,还将白莲教起义归咎于他。因贾鲁浚河挖出独眼石人,加上起义军散布的"石人一只眼,挑动黄河天下反"民谣,成为诋毁贾鲁的口实。治理黄河的有功之臣,临终背上了一口大黑锅。

不畏艰辛治黄河

元朝统治不足百年,黄河决口和较大漫溢多达 14 次。至正四年正月至五月,黄河分别在河南汴梁、濮阳金堤及山东曹县的白茅决口。贾鲁倡议:必须堵住北边的决口,疏通南边的故道,使黄河回归故道。不大兴土木,则水患不能根绝。贾鲁的倡议遭到反对,理由是连年灾荒,民不聊生,聚集 20 万人治河,民工一旦造反,后果比水灾更严重。

至正六年,贾鲁再上万言书倡议治河。至正八年二月任都水监后,他现场勘查,绘制地图,撰写方略,提出治河二策:一是在北岸修筑防水坝,限制河水漫延,这样投资少,财政压力小;此为保住两大经济命脉的权宜之计。二是疏浚故道,堵塞决河,使河水复归故道;此为彻底解决河患的最佳方案。后因贾鲁调任右司郎中,此事被搁置。

至正九年五月,黄河再决曹县白茅,农民起义接连不断。脱脱多次召集大臣商议,始终议而不决。至正十年十二月商议治黄,众人全都反对,只有贾鲁坚持治理。至正十一年春的一次商议,贾鲁再提治河二策,并拍案而起、大声疾呼:河患必须治理,工程必须上马! 脱脱力排众议,确定以贾鲁的第二方案治理黄河。

至正十一年农历四月初四,元顺帝下诏疏浚黄河故道,命工部尚书贾鲁兼任总治河防使,官阶升至二品,授以银质官印,统领河南汴梁、河北大名的15万民众及2万官军治理黄河。

四月二十二,贾鲁开始召集工匠,七月疏通故道,八月向故道放水,九月故道通航,十一月十一日全部工程完毕,黄河回归故道。贾鲁在不足190天的工期内治好长达七年半的河患,工程之浩大,完工之迅速,为我国古代治河史上所罕见。元顺帝授予贾鲁荣禄大夫、集贤大学士,赏赐金银,封赠三代。命翰林大学士欧阳玄作《河平碑》记其功绩:"鲁习知河事,故其功之所就如此。""鲁能竭其心思智计之巧,乘其精神胆气之壮,不惜劬瘁,不畏讥评,以报君相知人之明。"清人徐乾说:"古之善言河者,莫如汉之贾让,元之贾鲁。"

堵口时,27艘大船逆流一字排开,用粗麻绳和竹缆捆绑桅杆。用绳索捆绑,27艘船连为一体,使其成为牢不可破的船阵。在船阵前抛下大锚,用800尺竹索将船阵系于深埋两岸的木桩。船底铺垫梢料后装满碎石,用木板封闭船舱,甲板层用3道横木固定桅杆,横木前堆放竹笆、稻草和碎石,横木后边用木桩支撑。准备就绪,击鼓为号,船阵下沉,堵死决口。贾鲁给这种设施取名水帘桅,成为治黄史上的一个创举。清代水利专家靳辅对水帘桅堵塞决河倍加钦佩,赞赏"贾鲁巧慧绝伦,奏历神速,前古所未有"。

扑朔迷离贾鲁河

史书对贾鲁疏浚、开挖贾鲁河的记载不详,几乎无人知道贾鲁治理贾鲁河的真实情况,凭空杜撰之辞、穿凿附会之说掩盖了真相。有人说至正十一年贾鲁治理黄河的同时治理贾鲁河——此言差矣!贾鲁治黄不足 190 天,既要驻守工程一线、夜以继日地指挥治河,还要应付刘福通领导的农民起义,客观上没有时间和精力外出,主观上不敢擅离职守。这期间他从未到过郑州。有人说贾鲁治理好黄河后来到郑州——也是无稽之谈,治黄结束回京后仅一个月,他就奉命到濠州镇压农民起义并死于军中,没有机会来到郑州。

很多史料记载贾鲁治河,首尾不能相顾,甚至指鹿为马。同一部书不同章节、一篇文章不同部分记述的贾鲁河,指的也不是同一条河。民间传说更是添油加醋、神乎其神,给人云里雾里的感觉。那么,哪条河才是真正的、由贾鲁亲自治理的贾鲁河呢?

历史上的"贾鲁河"至少 8 条,第一条是至正十一年贾鲁亲自治理的山东境内的黄河一段。第四条和第六条、第五条的部分河段,以及古汴河的部分河段,是至正八年后期到至正九年初贾鲁亲自治理的郑州贾鲁河,时地变迁,无法与现在的某一河道对应。至正八年后期,贾鲁任都漕运使,《明史·贾鲁传》记载:为摸清河道情况,贾鲁沿黄河泛滥的中下游堤段,往返数千里实地勘测,绘制地图。其间他长住郑州,传说住在今惠济区贾河村。重点针对汴河进行治理,他由惠济桥起进行清淤疏浚,部分地段开挖新河,作为治理黄河的分流配套工程,同时恢复汴梁至郑州、荥泽漕运。其间,至正九年正月成立、设在开封的河南行都水监,为贾鲁征集民工、军士上万人,成为他的得力帮手。贾鲁此行还在归德府谋划了让黄河改行商丘以北、复归故道的大事。

第一条:山东省境内的贾鲁河。贾鲁治理黄河,主要工程在山东曹县至江苏徐州段。当地命名贾鲁治理的河段为贾鲁河,大部分在山东境内。《行水金鉴·卷一七 河水》记载:"贾鲁河自黄陵南达白茅,放于黄堌等口,即今贾鲁河故道也。"就是指这条河。《明史》记载:"贾鲁河,嘉靖前犹为运道,后废。"各种史料的记载,明嘉靖以前都是指山东贾鲁河,万历以后多指郑州流向中牟的贾鲁河。

第二条:河南商丘境内的贾鲁河。自考城县(今属兰考县)城北四十里向东,流经商丘县、虞城县,至夏邑县出河南境。此河仅《大清一统志》有记载,且存在时间较短,知之者不多。

第三条:荥阳县贾鲁旧河。明代前期曾被称为贾鲁河,后称贾鲁旧河。这条河由荥阳孙家渡口向东,经河阴县境向东北,沿黄河故道流经荥泽县、郑州北、中牟县北,进入祥符县四府营,至仪封县、考城县入商丘境内的贾鲁河故道,过归德府,流入江苏宿迁。

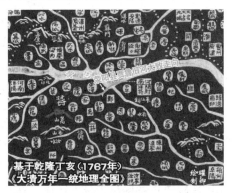

基于乾隆丁亥(1767年)《大清万年一统地理全图》

第四条:小贾鲁河。处于索河下游,贾鲁亲自治理的贾鲁河故道,后人称小贾鲁河。明代后期,索河自荥阳县流向东北,须水自河阴县南汇入,京水自荥泽县南汇入。三河汇流,向南至郑州北三十里,称汴河。明代田鉴的《贾鲁河》诗:"二三年间事,深为水患忧,恐来侵汴国,导去过徐州,罔恤蒸民苦,惟从贾相谋,开通徒竭力,终久向南流。"嘉靖《郑州志》:汴河在城北三十里。此汴河从郑州北折向东南,流入中牟县南北走向的中

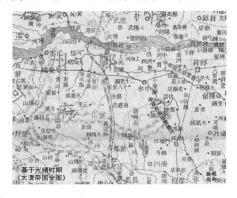

基于光绪时期《大清帝国全图》

部,当地人称贾鲁河,是为中牟县中部贾鲁河。

第五条:中牟县中部贾鲁河。汴河自郑州北向东南入中牟,经

白沙北、中牟县城北,再向东流至韩庄村北,向东南流入祥符县安家口。明沈德符《万历野获编·贾鲁河故道》记载:"查荥阳之东,广武山南,一水东流,经郑州、中牟之北,祥符之西,繇朱仙镇南,经尉氏、扶沟、西华之东,沈丘之南。《元史》名为郑水,土人名为贾鲁河者也。南至周家口,与颍水合流。"即指此河,文中的"繇朱仙镇南"指知县乔璧星治理时期曾改道至朱仙镇南,这也是后来的贾鲁河河道。

明末清初,这条河的中牟段称"滩头河",天启《中牟县志》记载:滩头河是黄河的支流,从荥泽县惠济桥流入县北,向东南入尉氏县。与《万历野获编》记载一致。《大清一统志》成:《中牟县志》记载的滩头河在县北,从荥泽县流入,向东南流入尉氏县,是贾鲁开挖的河道。

综合天启《中牟县志》的记载:明嘉靖三十八年(1559)年黄河决口,黄河水借道贾鲁河,漫入小清河,导致小清河决溢、淹没农田,其后知县乔璧星(1582年任)、陈幼学(1596年任)对它进行了20年的长期治理。这次洪灾中,位于中牟县北五里的牟山被冲毁、消失。

第六条:中牟县北部贾鲁河。清初顺治康熙时期,汴河自荥泽县向东,郑州段改道至郑州北五十里,流入中牟县北部。康熙、乾隆《郑州志》:"汴河,离郡城五十余里。"中牟境内河道也向东北环绕二十里。乾隆《中牟县志》记载:这条贾鲁河也称小清河,自县北三十里向东,至新(辛)庄流入祥符县。河道在祥符境内折向东南,经朱仙镇北流入陈留县,过陈留县折向东南,最终注入淮河。

乾隆四十四年九月的上谕说:"贾鲁河系元时所开,其时黄水即由此河经行,归入江南……其后贾鲁河梗塞,改用今河。"其中的"今河"以及"元时所开"贾鲁河,都指这条河。贾鲁所开河从朱仙镇过中牟县东流入汴河,沿汴河到荥泽县,是宋代的运河。南宋以后,大运河渐渐枯竭,航运业衰落,贾鲁治理它的一个动因就是恢复漕运。明代以后,贾鲁河屡屡淤塞、改道、更名,乾隆时期大体恢复贾鲁治理时的线路。

明清《郑州志》没有专设条目记载贾鲁河。嘉靖《郑州志·艺文》中,翰林编修郑环的《重建郑大夫庙记》有所介绍:郑州知州洪宽(1472—1479年在任)明成化年间曾修筑贾鲁河、京水河堤,说明郑州对贾鲁河的称呼非常普遍。康熙、乾隆《郑州志》记载:汴河,今名贾鲁河,又名小黄河,贾鲁曾经治理过。与《大清一统志》记述的"自郑州以下通名贾鲁河"相吻合,说明当时郑州将汴河称为贾鲁河。这条贾鲁河清乾隆后期淤塞消失,所以同治、民国《中牟县志》都没有记载它。

第七条:中牟县东部贾鲁河。县北贾鲁河淤塞后,改道至明中期汴河故道——此为宋真宗时期的河道,自县北万胜镇向东流入开封。此故道明初复通,正统六年荥泽县知县李全水奏请闭塞,改流黄河。中牟县东贾鲁河起于此河,从东漳南部向南,至大李庄东,由店李口折向东南流入尉氏县。顺治、乾隆《中牟县志》及民国时河南省河务局编的《豫河续志》有记载。绘制《大清一统天下全图》的阎咏在《目游四海记》中说:郑州北有贾鲁河,自荥泽县东流,入中牟县;元末经贾鲁治理恢复漕运,郑州至朱仙镇称贾鲁河。河南巡抚李鹤年的《朱仙镇新河记碑》与此照应:出自荥阳西南的各条山溪,汇合京水、须水、索河、郑水,向东流至祥符县,经朱仙镇流到周口;贾鲁治理后更名贾鲁河。

第八条:郑州—中牟东南部贾鲁河。此为现在的贾鲁河,穿郑州城区折向东南,经圃田北至白沙南,绕中牟老县城外围向东南,经韩寺镇胡辛庄流入开封、尉氏县,过扶沟县、西华县,至周口市汇入颍河。

民国十六年(1927),河南督军冯玉祥组织疏浚贾鲁河中牟段,因工程巨大且经费不足,未能全部竣工,后被泥沙淤塞。民国二十五年春,国民政府令沿河各县开挖疏浚,当年六月初竣工。此前已成书的民国《郑县志》《中牟县志》都没有记述这条贾鲁河。民国《郑县志》征引的各类文牍多处提及贾鲁河,但基本都不是指的这条河。

1938年黄河决口,夺道贾鲁河。九年后黄河归流,贾鲁河没有大改道,总体保持灾前的走向。中华人民共和国成立后多次治理贾鲁河,主要是裁弯取直,加宽浚深,没有改道,走向未变。

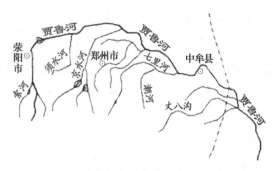

贾鲁河上游支流示意图

有关贾鲁河源头的记载也是乱象丛生。仅《大清一统志》就有三种说法:一是贾鲁河源自荥阳县东南,至荥泽县西南与索河汇合。二是说《郑州志》记载的贾鲁河有二源,西源出自密县圣水峪,中源出自方山暖泉,两条河在合河口合流后称索水。三是说《郑州志》记载的贾鲁河有三源,西二源出自荥阳界,东源出自梅花山北麓。三种说法与《郑州志》记载不尽一致。

阎咏的《目游四海记》说贾鲁河有三源:西源出自密县圣水峪;中源出自暖泉、冰泉;东源出自九仙庙。三源在张家村合流后称合河,到京水镇称京水河,须水、索河汇入后称双桥河。后来对贾鲁河源头的认定,大体采信阎咏的说法。

(王曜卿　中共郑州市委党史和地方史志研究室)

郑州地名历史文化故事